KB097777

서중석의 현대사 이야기 ⑮

서중석의
현대사
이야기

서중석 답하다
김덕련 묻고 정리하다

15

유신 체제 붕괴
김재규는 배신자인가

오월의봄

일러두기
본문의 추가 보충 설명은 모두 김덕련이 정리했다.

책머리에

1

우리는 21세기에 들어와 극렬한 '역사 전쟁'을 겪고 있다. 역사 전쟁은 한국과 일본 사이에, 또 한국과 중국 사이에 벌어지는 것으로 알고 있는 사람들이 많겠지만, 오히려 한국 사회 내부에서 더 치열하다.

사실 최근에 와서야 비로소 역사 교육이 정상적인 길로 들어서는가 싶었다. 박정희 한 사람만을 위한 1인 유신 체제의 망령인 국정 역사 교과서가 21세기 들어 사라졌고, 가장 중요한데도 공백이나 다름없었던 근현대사 교육이 이루어지면서 한국사 교육이 조금씩 자리를 잡아가고 있었다. 이런 흐름을 따라 이제 극우 반공 체제나 권력의 손아귀에서 벗어나 역사 교육이 학문과 교육 본연의 자세로 조심스럽게 나아가는 듯싶었다.

우리 현대사에는 조금 잘될 듯하다가 물거품이 된 경우가 종종 있다. 역사 교육도 그렇다. 교육의 현장이 순식간에 전쟁터가 된 것이다.

2008년 이명박 정권이 들어서자마자 수구 세력은 오염된 현대사를 재교육하겠다고 나섰다. 과거 중앙정보부 간부, 수구 언론 논설위원 등이 포함된 강사들이 서울을 비롯해 전국 각지로 보내져 학생과 교육계, '사회 지도층'을 상대로 현대사 재교육에 나섰다. 강사라기보다 유세객遊說客이라는 표현이 맞겠지만, 이들 중 현대사 전공자라고 볼 만한 사람은 없었다. 현대사 전공자가 아니면 역사학자도 잘 모를 수밖에 없는 한국 현대사, 특히 해방 전후사를 수구 세력 이데올로기 대변자들한테 맡긴 것이다. 얼마나 다급했으면 그렇게 했을까 싶지만 해프닝이나 다름없었다.

거기까지는 그나마 양호했다. 그해 8월 15일은 공교롭게도 정부 수립 60주년이 되는 날이었는데, 특히 이날을 벼르고 벼르던 세력들이 광복절을 건국절로 명칭을 변경해 기념해야 한다고 나섰다. 일부는 뭐가 뭔지 모르고 가담했겠지만, 그것은 역사 교육의 목표, 국가 기강이나 민족정기를 한순간 뒤집어엎고 혼란에 빠트릴 수 있는 위험천만한 행동이었다. 친일파를 건국 공로자로 만들 수 있는 건국절 행사장에는 참석하지 않겠다고 독립 운동 단체가 단호히 선언하고, 독립 운동가들이 자신들이 받은 서훈을 반납하겠다고 강경히 주장해서 간신히 광복절 기념식을 치를 수 있었다.

가을이 되자 일선 역사 교사들에게 날벼락이 떨어졌다. 지금 쓰는 교과서를 바꾸라고 난리를 친 것이다. 모든 권력을 총동원해서 압력을 가해왔다. 그 전쟁터 한가운데에 서서 교사들은 어떤 사념에 잠겼을까. 역사 교사로서 올바르게 산다는 것이 무엇이라고 생각했을까. 그렇지 않으면 기구한 우리 현대사를 되돌아보았을까.

그로부터 5년 후 박근혜 정권이 등장하자 또다시 역사 전쟁이 벌어졌다. 이번에는 역사 교과서를 둘러싼 전쟁이었다. 2004~2005년부터 구체적인 본색을 드러내고 조직적으로 활동하며 수구 세력 내에서 역사 문제에 대해 강력한 발언권을 확보해온 뉴라이트 계열이 역사 교과서를 만든 것이다.

뉴라이트 계열 역사 교과서는 어이없이 참패했다. 일본 극우들이 2001년에 만든 후쇼샤 교과서보다 더한 참패였다. 일제 침략, 친일파와 독재를 옹호했다고 그 교과서를 맹렬히 비판하던 쪽도 전혀 상상치 못한 결과였다. 그 교과서가 등장하기 몇 달 전부터 수구 언론이 여러 차례 크게 보도해 분위기를 띄우고, 권력이 여러 방법으로 지원을 하는 등 나름대로 총력전을 폈으며, 수구 세력이 지배하는 학교 재단도 있었기 때문에 어느 정도는 채택될지도 모른다고 크게 우려했는데 결과는 딴판이었다.

2

왜 역사 전쟁에서 이승만을 띄우는가. 박정희의 경제 발전 공로는 진보 세력 일부도 인정하기 때문에 이제 이승만만 살리면 다 된다고 보기 때문일까. 그렇지 않다. 근현대 역사에서 너무나 중요한 '비결 아닌 비결'이 거기 내장되어 있기 때문이다.

우리에게는 '역사의 죄인'이 있다. 우리 역사에서 제일 큰 죄인은 누구일까. 우선 친일파, 분단 세력, 독재 협력 세력이 쉽게 떠오를 것이다. 이승만을 존경하는 사람들에는 여러 유형이 있다. 친일파, 분단 세력, 독재 협력 세력이 거기 포함된다. 이들은 이승만을 살리고 나아가 그를 '건국의 아버지' '국부'로 만들어놓을 수만 있으면 '역사의 죄인'에서 벗어날 수 있다고 믿는 것 같다. 나아가 이승만이 국부가 되면 권력이나 사회적 지위, 기득권을 계속 움켜쥘 수 있다고 확신하고 있는 것 같다.

역사 전쟁은 수구 세력이 일으키는 불장난이라는 생각이 들 때가 있다. 60~70년 전 역사를 가지고 지금 아무에게도 득이 되지 않는 소모적인 전쟁을 일으킬 필요가 없기 때문이다. 사실을 왜곡하는 일 없이, 개방 시대에 맞게 그 시대를 폭넓게 이해하도록 가르치면 되는 것이다. 문제는 친일파, 분단 세력, 독재 협력 세력은 그렇게 생각하지 않는다는 데 있다. 자연인으로서 친일파는 생명이 다했지만, 정치적·사회적 친일파는 여전히 강성하다. 그러니 자꾸 문제를 일으킨다. 어두운 과거를 떨치고 새 출발을 할 때 보수주의가 자리 잡을 수 있는데, 비판자들을 마구잡이로 '종북'으로 몰아세우고 대통령 선거에서 NLL로 황당무계한 공격을 하는 데서 알 수 있듯이, 그들은 과거를 떨치지 못하고 독재 권력이 행했던 과거의 수법에 의존하고 있다. 이렇듯 수구 세력이 정치적 생명을 연장하려고 하기 때문에 역사 전쟁이 지겹게도 반복되고 있는 것이다.

우리에게는 '역사의 힘'이 있다. 항일 독립 운동과 반독재 민주화 운동이 줄기차게 계속된 것도, 우리 제헌 헌법에 자유·평등의 독립 운동 정신이 담겨 있는 것도 역사의 힘이다. 우리 국민이 친일파, 분단, 독재를 있어선 안 되는 잘못된 것으로 보는 것도 역사의 힘이다. 막강한 힘의 지원을 받은 역사 교과서가 참패한 것도 그렇다. 2014년에 국무총리 후보가 역사의식 때문에 순식간에 추락한 것도 역사의 힘이 아니고서는 설명하기 어렵다. 그런데도 해방-광복 70주년이 되는 2015년에 들어서자마자 역사 교과서를 국정화하겠다는 소리가 들리고, 수구 언론은 과거처럼 '이승만 위인 만들기'에 노력하고 있다.

진보 세력은 역사의 죄인 혐의에서 자유로울까. 현대사 진실 찾기, 역사 바로 세우기를 방기한 것은 어떻게 설명할 수 있을까. 1980년대에 운동권은 극우 반공 세력의 역사관을 산산조각 냈다고 생각하기도 했지만, 그것은 자만이었다. 현대사 진실 찾기를 방기할 때, 그것은 또 하나의 이데올로기이자 도그마로 경직될 수 있었다. 진보 세력은 수구 세력이 뉴라이트의 도움을 받아 근현대사 쟁점에 나름대로 논리를 세워놨는데도 더 이상 자신을 채찍질하지 않았다.

1980년대에 그렇게 현대사에 열을 올리던 사람들 가운데 몇이나 해방과 광복, 광복절과 건국절의 차이를 설명할 수 있을까. 그들은 단정 운동에 대해서 어느 정도 지식을 가지고 있을까. 이승만이 대한민국을 건국한 국부가 아니고 제헌 국회에서 표결에 의해 선출된 초대 대통령에 지나지 않는다는 것은 또 얼마나 알고 있을까. 한마디로 이승만 건국론이 잘못된 주장이라는 것을 일반 사람들에게 구체적인 사실을 들어 조리 있게 설명해줄 수 있을까. 현대사의 이런저런 문제를 가지고 생각이 다른 사람들과 논전을 벌일 경우 상대방을 얼마나 설득할 수 있을까.

3

나는 역사 전쟁이 싫다. 특히 요즘은 이제 제발 그만두었으면 싶은 마음이 간절하다. 내가 현대사에 관심을 가진 것이 1960년대 중반부터이니, 반세기라는 긴 세월 동안 극우 세력의 억지 주장이나 견강부회와 맞닥트리며 살아온 셈이다. 하지만 어떡하겠나. 숙명이려니 하고 받아들이지 않을 수 없다.

2013년 6월 제자와 지인들 앞에서 퇴임사를 하면서 이런 이야기들을 전했고, 젊은이들이 발분하여 현대사를 공부해줄 것을 거듭 당부했다. 그러고 나서 얼마 후 프레시안 김덕련 기자에게서 현대사 주제들을 여러 차례에 걸쳐 인터뷰하고 싶다는 요청이 왔다. 그다지 부담이 없을 것 같아 응했다. 한국전쟁부터 시작했다.

김덕련 기자는 뉴라이트가 제기한 문제들을 포함해 여러 가지를 예리하게 추궁했다. 당연히 쟁점 중심으로 얘기가 진행됐다. 그런데 곧 출판 제의가 들어왔다. 출판을 한다면 좀 더 체계적으로 인터뷰를 이끌어가야 할 것 같았다. 그래서 이승만 건국 문제, 친일파 문제, 한국전쟁과 이승만 문제, 집단 학살 문제, 5·16쿠데타 평가, 3선 개헌과 유신 체제, 박정희와 경제 발전 문제, 부마항쟁과 10·26과 광주항쟁, 6월항쟁 등 중요 쟁점을 한층 더 깊이 파고들어가기로 했다.

욕심도 생겼다. 이승만에 대해서는 직간접적으로 다룬 여러 저작과 논문이 있지만, 박정희에 대해서는 두세 편의 논문과 일반적인 글이 있을 뿐이었다. 그렇지만 현대사에서 박정희는 18년이라는 커다란 몫을 가지고 있고, 1960~1970년대의 대부분이 포함된 그 18년은 정치적으로나 경제적으로나 대단히 중요한 시기였다. 그 중요한 시기 동안 박정희가 집권했으니, 그 시기를 통사로 한번 써야 하지 않겠느냐는 의무감 비슷한 것이 있었다. 그러던 차에 인터뷰가 책으로 나오게 된다니, 박정희 집권 18년의 전체 상을 박정희 중심으로 살펴보고 싶은 의욕이 생겼다.

해방 직후의 역사도 1980년대에 와서야 연구되었지만, 박정희 시기도 마찬가지였다. 그 당시 한국인의 대다수가 박정희의 창씨 명을 알지 못했고, 심지어 그가 남로당의 프락치였다는 사실조차 모르고 있었다. 적지 않은 사람들이 막 보급되던 TV 화면에 빠지지 않고 등장하는 박정희의 모습을 그의 참모습으로 알고 있었다. 더욱이 1990년대 중반, 특히 IMF사태 이후 박정희 신드롬이 일어나면서 그는 대단한 능력자로 신비화되기도 했다.

나는 박정희가 쿠데타를 일으켰던 그때부터 이미 박정희의 모습을 지켜보았다. 덧칠하지 않은 있는 그대로의 박정희를 볼 수 있었다. 그는 그렇게 특별한 능력이나 지식을 가진 사람이 아니었다. 다만 권력에 대한 집착이 생사를 초월하도록 강했고, 상황을 판단하는 총기가 있었으며, 콤플렉스도 있었고, 색욕이 과했다.

그런데 나는 박정희의 저작, 연설문집, 그에 관한 여러 연구와 글을 들여다보면서 의외로 일제 때의 군인 경험이 그의 일생에 지대한 영향을 미쳤음을 알게 되었다. 유신 체제, 민족적 민주주의-한국적 민주주의, 민족과 주체성 강조 등 '정치 이념'이 해방 이전의 세계

관에서 먼 거리에 있지 않았다. 일제 때 군인 정신으로 민족, 주체를 강조하게 되었다는 것이 아주 이상하게 들릴지 모르겠지만, 거기에 박정희의 박정희다운 특성이 있고, 한국 현대사의 일그러진 자화상이 담겨 있다.

김덕련 기자와 인터뷰를 하게 된 것은 행운이다. 그는 대학 시절 국사학과에 재학 중일 때 내 현대사 강의를 들었다고 하는데, 현대사 지식이 풍부하고 문제의식이 날카로웠다. 중요 쟁점도 놓치지 않았고 미묘한 표현도 잘 처리했다. 거기다 금상첨화 격으로 꼼꼼하며 자상하기까지 하다. 김덕련 기자와 나는 이러한 작업에 잘 어울리는 좋은 팀이라고 생각한다. 출판에 대해 자신의 철학을 가지고 있고 공들여 편집하느라 애쓴 오월의봄 박재영 대표에게도 감사드린다.

서중석

차례

유신 체제 붕괴

연표

1979년

4월	신현확 부총리, 경제 안정화 종합 시책 발표
5월	유신 정권, 중화학 투자 조정 방침 발표(5·25 조치)
	신민당 총재 선거에서 김영삼 승리
8월	YH사건
10월	공화당·유정회, 김영삼 국회의원직 제명안 전격 처리
	중앙정보부, 파리에서 김형욱 납치·살해
	부마항쟁
	김재규의 10·26 거사로 유신 정권 붕괴
11월	국회, 만장일치로 헌법개정심의특별위원회 구성안 가결
12월	12·12쿠데타

1980년

5월	5·17쿠데타
	광주항쟁
	김재규 처형
8월	국가보위비상대책위원회(국보위), 중공업 분야 투자 조정 단행
9월	국보위, 또다시 중화학 투자 조정 단행

유신 체제 붕괴

유신 권력에 결정타 날린 부마항쟁
낮에는 학생 시위, 밤에는 민중 항쟁

유신 체제 붕괴, 첫 번째 마당

김 덕 련 부마항쟁은 유신 정권에 결정타를 날린 역사적 사건임에도 오늘날 많이 잊힌 투쟁이라는 생각이 든다. 부마항쟁이 있었는지조차 잘 모르는 이들도 적잖은 것 같고, 다른 한편으로는 부마항쟁은 김영삼 제명 때문에 일어난 것 아니냐고 단순하게 이해하는 경향도 있는 것 같다. 후자의 경우 광주항쟁은 김대중 문제 때문이라고 일부에서 오해하는 것과 닮은꼴이다. 부마항쟁, 광주항쟁이 일어나는 데 각각 김영삼, 김대중 문제가 여러 요소 중 하나로 작용했다고 볼 수는 있지만, 두 정치인과 관련된 사건들이라고만 생각하는 것은 두 항쟁을 특정한 지역에 가두고 그 의의를 제대로 파악하지 못하게 만드는 위험한 논리다. 그런 의미에서 부마항쟁이 어떠했는지부터 찬찬히 살폈으면 한다.

서 중 석 부마항쟁은 1960년 4월혁명, 1980년 광주항쟁, 1987년 6월항쟁과 함께 대표적인 민주화 운동이자 민중 항쟁이다. 그럼에도 많은 사람이 '부마항쟁? 어디서 들은 것 같긴 하다' 하는 식으로 알 듯 모를 듯한 상태에 있다. 부마항쟁을 잘 모른다, 이 말이다.

왜 이렇게 부마항쟁을 아는 사람이 드문가 하면, 우리 현대사를 잘 모르기 때문에도 그렇지만 부마항쟁이 제대로 보도되지 않았기 때문이기도 하다. 부마항쟁은 1979년 10월 16일 부산에서 일어났는데, 17일까지 어떤 언론 기관도 보도하지 않았다. 18일 0시를 기해 계엄이 선포되니까 보도하기 시작했다. 계엄 선포는 국가 중대사이고 정부에서 선포했기 때문에 긴급 조치 9호와 상관없이 언론에서 크게 보도했다. 그 이전에는 계엄을 선포할 정도로 큰 사태가 일어났는데도 아무런 보도도 없는 그런 나라였다. 전 세계에 이런 나라가 있을 수 있는 건가 하는 생각이 드는데, 이유는 아주 간

부산에 비상 계엄을 선포했다고 보도한 1979년 10월 18일 자 동아일보. 부마항쟁은 1979년 10월 16일 부산에서 먼저 일어났는데, 17일까지 그 어떤 언론 기관도 보도하지 않았다. 18일 0시에 비상 계엄이 선포되니까 보도하기 시작했다.

단했다.

제대로 보도하기는커녕
취재조차 막은 부끄러운 언론

── 무엇 때문이었나.

긴급 조치 9호 때문이었다. 긴급 조치 9호 아래에서는 유신 체제를 비판하거나 반대하는 또는 권력 쪽에서 볼 때 모욕한다고 할까 헐뜯는 어떤 것도 보도하지 못하게 돼 있었다. 그런 내용을 전달하는 것만으로도 처벌을 받게끔 돼 있었다. 거기에는 유언비어 금

유신 체제 붕괴

지도 들어 있었는데, 그 유언비어라는 게 어디까지가 유언비어인지 도무지 알 수 없게 돼 있었다. 실제로는 어떤 것이라도 유언비어로 단정해 때려잡을 수 있었다.

1975년 긴급 조치 9호 선포 이래 언론 매체를 통해 시위 소식을 접할 수 없었던 한국인들이 계엄을 선포할 만큼 엄청난 규모의 시위가, 그것도 제2의 대도시이자 영남 최대 도시인 부산과 마산에서 일어났다는 보도를 접했을 때 얼마나 충격을 받았을까. 자료가 없어 알 수는 없지만 굉장히 큰 충격을 받았을 것이다. 그럼에도 불구하고 부마항쟁이 뇌리 깊숙이 남아 있지 않은 이유는 설명하기가 어렵지 않다. 계엄 선포라고 해서 1979년 10월 18일에 크게 보도가 되기는 했으나, 유신 권력 또는 계엄사의 통제로 실상이 제대로 보도되지 못했다. 여전히 코끼리의 한 귀퉁이만 보도됐을 뿐이었고, 그러고는 10·26이라는 대사건이 일어났다. 그러니 일반 시민에게 부마항쟁이 기억되기가 어려웠다.

— 그래도 명색이 신문사이고 기자들인데, 부마항쟁 같은 일대 사건에 나 몰라라 하기도 어려운 노릇 아닌가.

부산에 두 개의 큰 신문사가 있다. 10월 16일에 그렇게 거대한 사건이 일어났으니, 신문사에서는 당연히 가서 취재해 보도하자는 얘기를 해야 하는 것 아닌가. 그런데 한 신문사에서는 기자들을 거리에 나가지 못하게 했다. 취재를 아예 하지 말라는 것이었다. 그리고 기자들이 개별적으로 취재를 열심히 해온 경우에도 17일 아침 편집국 회의에서 이것에 관한 얘기가 한마디도 안 나왔다고 한다.

'어제 우리 지역에서 이렇게 큰 사건이 일어났다. 이것에 대해 어떤 식으로 쓸 것인가', 편집국 회의에서 이런 논의를 마땅히 해야 하는 것 아닌가. 만약 쓸 수 없다면, 못 쓰는 상황에 대해서라도 문제를 제기하든가 했어야 하는 것 아닌가. 그런데 그 엄청난 사건에 대해 편집국 회의에서 한마디도 얘기를 안 했다고 한다. '쓰지도 못할 것을 알아서 뭐할 거냐. 그러니까 취재하지 마라. 쓰지 못하게 돼 있는 건데 뭐하러 회의 안건으로 올리느냐', 이런 상황이었다고 한다. 오히려 취재하러 간 기자들이 질책을 받고, 기자들한테 그렇게 중요한 현장에 가지도 못하게 하는 기막힌 세상이었다.ˆ 그런데 계엄이 선포된 후 그런 신문사들의 데스크 쪽에서 '이제 살았다', 이랬다고 한다.

── 그렇게 안도한 이유는 무엇인가.

'이젠 계엄사에서 하라는 대로만 보도하면 되니까 큰 근심을 덜었다', 이런 얘기다. 조갑제 기자가 6월항쟁의 뜨거운 열기 속에서 《유고》라는 책을 1, 2권으로 냈다. 여기서 유고라는 건 박정희의 유고, 즉 10·26을 가리킨다. 글의 내용상 부마항쟁이라기보다는 부산 항쟁이라고 해야 할 터인데, 그 부산 항쟁에 대해 취재를 잘해서 쓴 것이 그 책에 실려 있다. 부마항쟁 당시 조갑제는 부산 국제신문 기자였는데, 물론 이 사람도 그 당시 신문에 한마디도 쓰지는

● 금족령과 상관없이 개별적으로 현장에 나간 기자들 중 상당수는 현장에서 곤란한 상황에 직면해야 했다. 《부마민주항쟁 10주년 기념 자료집》에는 다음과 같이 기록돼 있다. "밖에서는 연속 전화가 걸려왔다. …… 취재에 임하고 있는 기자들은 고민을 호소해왔다. 기자 신분임을 밝혀도 시위대는 시위대대로, 진압대는 진압대대로 기자를 마구 폭행한다는 것이었다." 오랫동안 제대로 보도하지 않은 대다수 언론에 대한 민중의 분노와 공권력의 경멸이 결합해 발생한 현상이었다.

못했다.

조갑제가 그 책에서 이런 얘기를 했다. 1979년 10월 18일 계엄이 선포됐을 때 부산에서건 서울에서건 다른 신문들은 다 계엄사 발표대로만 내보냈지만 동아일보 하나만은 진실을 한마디라도 집어넣으려고 애를 썼다고 하면서, 그렇게 몇 마디라도 진실을 보도하려고 노력하면 할 수도 있는 건데 다른 모든 신문이 그렇게 하지 않은 것 아니냐고 썼다.

그처럼 언론이 보도하지 않은 가운데 부산에 계엄이 선포되고 마산에 위수령이 발동되면서 부마항쟁은 일단락되고 곧 10·26이 일어났다. 그러니까 일반 사람들한테는 '부마항쟁? 어디서 들은 것 같긴 한데……', 이렇게 돼버리고 만 것이다. 굉장히 큰 민주화 운동, 시민과 학생들의 항쟁이었는데도 그렇게 돼버렸다.

항쟁에 불을 붙인 부산대 학생들,
"고생 많다" 응원한 시민들

—— 부마항쟁, 어떻게 전개됐나.

부마항쟁은 10·26과 직결돼 있다. 그렇기 때문에 부산과 마산에서 항쟁이 어떻게 전개됐는가를 살펴볼 필요가 있다. 먼저 부산을 살펴보자. 1979년 10월 15일 부산대에서 두 개의 유인물이 돌았다. 시위를 선동하는 선언문('민주 선언문', '민주 투쟁 선언문')이었다. 그렇지만 학생들이 거의 모이지 않았다. 그래서 15일 거사는 실패로 돌아갔다.

16일 상황은 달랐다. 이날 오전 10시경 부산대 상대 2학년 학생인 정광민이 중심이 돼서 유인물을 뿌리고 학우들이 있는 강의실에 뛰어들어 선언문을 나눠준 뒤에 '투쟁하러 나가자'고 선동하면서 시위가 시작됐다. 40여 명이 일제히 강의실을 박차고 나왔다. 시위에 참여한 학생이 계속 늘어나서 조금 지나면 2,000여 명이 됐다. 학생들은 새로 만든 정문, 이걸 신정문이라고 부르는데 여기서 경찰하고 투석전을 벌였다.

그렇게 투쟁을 하면서 몇몇 학생이 놀라운 발상을 하게 된다. 뭐냐 하면 시내로 빠져나가자는 것이었다. 교문에서 경찰하고 싸울 게 아니라 시내에 나가서 투쟁하자는 것이었다. 1,000여 명의 시위대는 구정문 옆 블록 담장을 무너뜨리고 '유신 철폐' 구호를 외치며 드디어 학교 밖으로 진출했다. 경찰의 허를 팍 찔러버린 것이다. 다른 학생들도 다른 쪽 담을 넘어 거리로 나왔다.

—— 시민들 반응은 어떠했나.

부산대가 외진 데 있어서 중심가까지는 꽤 멀지 않나. 학생들이 버스에 탈 때 여성 차장은 차비도 안 받으려 했고, 승객들은 어깨를 두드리면서 손을 잡아줬고, 운전기사는 격려의 말을 해줬다. 경찰차가 쫓아오자 버스를 더 빨리 운전한 기사도 있었다. 이러니까 버스에 탈 때부터 학생들은 신이 났다고 할까, 기세가 올랐다. '시민들이 이렇게 우리를 지원하는구나', 이걸 느낀 것이다.

낮에 고려신학대와 동아대 학생들이 가세한 학생 시위대는 남포동과 광복동을 중심으로 한 중구 지역 도심지에서 계속 시위를 했는데 이게 부산에서는 서구, 동구로 퍼져 나가고 나중에는 마산 지역으로까지 번지게 된다. 학생들은 시내에서 경찰에 쫓기면 거미줄처럼 뻗쳐 있는 골목으로 숨거나 시민들 사이에 섞여 있다가 다시 쏟아져 나왔다. 일종의 도시 시위 게릴라전이라고 할 수도 있는 방식으로 경찰과 끈질기게 싸웠다.

시민들은 이렇게 여러 군데에서 도시 시위 게릴라 투쟁을 벌이는 학생들에게 힘을 실어줬다. 학생들을 추격하는 경찰을 향해 시민들은 건물 위에서 재떨이, 화분, 병 등을 던져 진압을 방해했다. 어떤 데서는 옥상에서 색종이 가루를 시위대 쪽에 쫙 뿌리기도 했다. 상인들은 쫓기는 학생을 보면 셔터를 내리고 숨겨줬다. "학생들 고생 많다", "밥 먹었느냐"고 하면서 음료수도 내놨다. 호주머니를 털어 십시일반으로 모은 돈으로 김밥, 빵, 우유, 삶은 계란, 박카스, 음료수 같은 걸 사서 시위대에 던져주는 시민들도 있었다. 시민들은 일방적으로 시위대를 응원했고 경찰을 비난했다. 학생을 잡아가는 경찰에게 연탄재를 던지기도 했다. 학생들이 "유신 철폐", "독재 타도"를 외치자 충격을 받은 시민들도 있었지만, 곧 학생들을 성원했다.

오후 5시쯤 됐을 때 국제시장 골목에서는 수많은 학생과 시민들이 뒤섞여, 멀리서 보면 막 출렁이는 것처럼 시위를 벌였다. 오후 6시경이 되면서 시위에 변화가 오기 시작했다. 학생 시위 차원을 넘어서 민중 항쟁으로 바뀌기 시작한 것이다. 어둠이 내리면서 시위 주도권은 점차 학생들로부터 시민들에게 넘어가고, 아주 과격하다고 할까 격렬하게 시위가 전개된다.

어둠이 깔리면서 민중 항쟁으로 변모
파출소 부수고 박정희 사진 태우고

── 시민들이 주도권을 갖게 된 후 시위 양상, 구체적으로 어떠했나.

오후 7시 부산 도심의 대로가 시위 인파로 넘쳐흘렀다. 수만 명의 거대한 시위 행렬이 쫙 밀려왔다가 밀려가는 모습을 보였다. 대학생은 이젠 소수가 돼버렸다. 넥타이를 맨 퇴근길 회사원부터 노동자, 상인, 접객업소 종업원, 무직자, 재수생, 교복을 입은 고등학생까지 시위에 참여했다. 이때 재수생과 고등학생들이 많이 참여한 걸로 나와 있다. 완연한 민중 항쟁이었다.

무척이나 시위가 많았던 박정희 정권 18년이었지만, 민중 항쟁은 처음이었다. 4월혁명도 부마항쟁과 같은 민중 항쟁은 아니었다. 1960년 3·15 제1차 마산의거, 4·11~13 제2차 마산의거를 제외하면 대부분이 학생 시위였고, 4·19 시위도 학생이 주도했다. 1년도 안 지나서 더 규모가 큰 민중 항쟁이 광주에서 일어나지만, 부마항쟁은 1919년 3·1운동 이후 최대 규모의 민중 항쟁이었다.

수만 명의 성난 민중은 "유신 철폐", "독재 타도", "박정희 물러가라", "언론 자유", "김영삼 총재 제명을 철회하라" 등을 목이 터져라 외쳤다. "부가가치세 철회하라"는 구호도 나왔다. 그토록 외치고 싶었던 "독재 타도", "유신 철폐"를 마음 놓고, 실컷 외칠 수 있다는 것만으로도 그렇게 뿌듯할 수가 없는 투쟁이었다고 한다.

밤 8시 경찰 진압대가 도심의 밤하늘을 온통 최루가스로 뒤덮어버렸다. 학생들과 시민들이 돌과 병으로 대항하면서 밀고 밀리는 싸움이 계속 벌어졌다. 경찰이 숫자가 적으니까 퇴각하게 되는데,

▲ 부산대학교 운동장에 모여 있는 시위대.
　촬영: 김탁돈(전 국제신문 기자) 소장

▶ 부산대 앞에 진을 치고 있는 기동대.
　촬영: 김탁돈(전 국제신문 기자)
　소장: (사)부산민주항쟁기념사업회

▼ 동래경찰서 앞을 지나는 시위대.
　촬영: 김탁돈(전 국제신문 기자)
　소장: (사)부산민주항쟁기념사업회

◀ 경찰을 피해 온천장 방향으로
나가고 있는 부산대 학생들.
촬영: 김탁돈(전 국제신문 기자)
소장: (사)부산민주항쟁기념사업회

▶ 거리를 행진하는 시위대와
그들을 바라보고 있는 시민들.
촬영: 김탁돈(전 국제신문 기자)
소장: (사)부산민주항쟁기념사업회

퇴각하는 경찰을 향해 군중은 야유를 퍼부었다. 그러면서 파출소, 언론 기관들을 공격하기 시작했다. 밤 8시 40분경 남포동에 있는 남포파출소를 습격, 파괴했다. 시위대는 달아나는 경찰을 공격하고 기동순찰차, 작전차 등 여러 대를 불태우거나 부쉈다.

밤 9시 이후에는 경찰이 더욱더 갈피를 못 잡았다. 그러면서 밤 10시부터 통행금지를 실시한다고 발표하기는 했다. 그렇지만 밤 10시 바로 그 시간에 군중은 부평파출소를 파괴했다. 곧이어 밤 10시 반에는 보수파출소, 10시 50분에는 중앙파출소를 부쉈다. 다음 날 새벽 1시까지 계속된 민중들의 항쟁으로 남포·부평·보수·중앙·제1대청·흑교파출소 등 모두 11개의 파출소가 파괴됐다. 또 시위대는 여러 파출소에서 박정희 사진을 떼어냈다. 박정희 사진은 시위대에 의해 불탄 채 짓밟히고 길바닥에 나뒹굴었다. 부산일보, 부산 MBC도 습격당했다.

이날 부상자도 많이 나왔다. 부마민주항쟁 진상 규명 및 관련자 명예 회복 심의위원회의 《부마민주항쟁 진상 조사 보고서(안)》(2018)에 따르면 학생 67명, 경찰관 56명이 중·경상을 입었다. 그리고 학생 282명을 포함한 시민 400명이 연행된 것으로 나와 있다.

유신 쿠데타 7년 되던 날, 다시 타오른 항쟁의 불길

—— 17일 상황은 어떠했나.

10월 17일은 다 알다시피 유신 쿠데타가 일어난 지 꼭 7년이 되는 날이었다. 부산대는 임시 휴교 조치를 내렸다. 그러나 부산대 학생 1,000여 명이 오전에 다시 구정문 앞으로 모여들어 "유신 철폐", "학원 사수" 등을 외치면서 시위를 벌였다. 이들은 전날에 이어 다시 시내로 나가게 된다. 이때 동아대에서도 2,000여 명이 교내에서 시위를 하다가 시내로 빠져나와 시위의 물꼬를 트고 초기에 시위를 주도했다. 그러면서 몇 갈래로 시위대가 형성됐다. 이날 동아대에서 많은 학생이 참여했고 대동고, 동아고, 성지고 등에서 고등학생도 꽤 많이 참여했다.

밤이 되자 전날과 똑같은 현상이 벌어졌다. 200명 내지 300명으로 이뤄진 시위대가 여러 개 조직돼서 부산 각지를 누비고 다녔다. 시민들은 경찰들의 머리 위로 연탄재, 화분, 빈 병 등을 집어던졌다.

시위대는 오후 7시 25분경 충무파출소를 부수고, 서부경찰서에 돌을 던진 다음에 동대신파출소를 또 파괴했다. 그런 식으로 서구 지역을 휩쓸었다. 오후 8시 20분경 부산역 방면에서는 초량1파출소를 습격하고 부산진역 쪽으로 올라갔는데, 부산진역 앞에 있는 동부경찰서에서 경찰과 격전을 벌였다. 그리고 나서 2,500명 정도 되는 시위대가 부산역, 시청 쪽으로 진출했다. 또한 중부세무서, 서대신3동사무소를 습격했다.

식품 접객업소 종업원과 일반 사람들이 다수였던 국제시장 시위대는 제2대청파출소를 박살내고 방범 오토바이를 불태웠다. 군중들은 "독재 타도", "유신 철폐", "언론 자유"를 외치면서 돌과 유리병을 던지며 경찰에 대항했다. 이들은 KBS도 공격했다. 부산역 방면에 있던 시위대는 현장 시찰을 나온 정상만 2관구사령관 일행의 차량 3대도 부쉈다. 미국 문화원 앞에서 시민들이 벌겋게 불이

부산대에 붙은 대자보를 보고 있는 학생들. 대자보에는 이런 구절이 적혀 있다. "휴교령이 내려 진다면 그것은 평화적이고 정당한 의지의 표현을 폭력적으로 봉쇄하려는 불순한 의도라 할 수 밖에 없다." 촬영: 김탁돈(전 국제신문 기자) 소장: (사)부산민주항쟁기념사업회

붙은 연탄을 경찰을 향해 던진 것은 경찰에 큰 충격을 줬다. 시민들의 시위대 성원에 경찰의 사기는 매우 위축됐다. 17일 부산 서구, 중구, 동구는 시위대 구호가 없는 곳이 없었고, 박정희 사진이 짓밟히고 불태워졌다. 경찰은 전날과 마찬가지로 3,400여 명을 투입했지만 항쟁의 불길을 잡지는 못했다.

18일 새벽 1시 30분까지 항쟁이 계속됐는데, 이날 시위에서는 파출소, 경찰서, 구청, 세무서 등의 공공 기관, KBS·MBC와 부산일보 등 언론 기관에 대한 공격이 크게 늘어났다. 이날 시위로 경찰서 2곳, 파출소 10곳이 파손되거나 불탔고, 파출소 4곳이 두세 차례 습격을 받았다. 경찰 차량 6대가 완전히 불타고 12대가 파손됐다. 경남도청과 중부세무서, MBC, KBS, 부산일보, 일부 동사무소 등이 파괴되고 돌팔매질을 당했다. 파출소, 경찰서라든가 관공서, 언

▲ 지나가는 시위 대열을 막는 경찰 기동대.
　촬영: 김탁돈(전 국제신문 기자)
　소장: (사)부산민주항쟁기념사업회

▼ 시위 대열과 섞여 있는 경찰 기동대.
　촬영: 김탁돈(전 국제신문 기자)
　소장: (사)부산민주항쟁기념사업회

론 기관들이 전날보다 더 많이 공격당한 것이다. 국제신문사는 시청 옆에 있어서 피해를 면했고, 기독교방송국은 시위대 공격에서 제외되었다. 그 밖의 중구, 서구, 동구에 있는 언론사와 공공건물은 거의 모두 습격을 받았다. 이날 학생 75명, 일반 시민 386명이 연행되었고, 학생 23명, 경찰 50여 명이 다쳤다. 그런 속에서 18일 0시를 기해 부산 지역에 비상 계엄이 선포됐다.

비상 계엄 극약 처방한 박정희, 이번에도 월권한 차지철

── 비상 계엄을 선포한 건 1972년 유신 쿠데타 이후 7년 만이다. 어떤 과정을 거쳐 결정됐나.

10월 17일 저녁 청와대 영빈관에서 유신 선포 7주년 기념 만찬이 열렸다. 가수들이 나와서 박정희가 좋아하는 흘러간 옛 노래를 부르고, 공화당과 유정회 의원들은 두 패로 나뉘어 노래자랑을 했다. 그러고 있는데, 내무부 장관이 여러 차례 박정희한테 접근해서 귓속말을 했다. '부산 사태'에 대해 보고한 것이다.

밤 10시 30분 비상 연락을 받은 장관들이 국무회의실로 모여

● 이때 모든 언론사가 공격 대상이 된 것은 아니다. CBS는 시위대의 공격 목표에 들어가지 않았다. 기독교계 일부의 민주화 운동과 발맞춰 보도, 시사 교양 프로그램 등을 통해 유신 체제에서도 나름대로 진실을 알리려 노력한 곳으로 인식됐기 때문이다. 진실 보도라는 사명을 저버리고 권력의 나팔수 노릇을 하던 언론사가 민중에게 공격당하는 일은 4월혁명(서울신문), 광주항쟁(광주 MBC·KBS) 때에도 발생했다.

들었다. 밤 11시 30분경 총리 주재로 국무회의가 열렸다. 여기서 비상 계엄 선포가 제안됐는데, 이것에 다 동조한 건 아니었다. 일부 장관은 '좀 신중해야 하지 않느냐'고 얘기했고 이용희 통일원 장관은 서명을 못하겠다고 버텼다. 계엄을 선포하려면 국무위원들의 서명을 받아야 하는데, 이용희 장관이 버티면서 애를 먹었다고 한다. 조갑제 책에는 구자춘 내무부 장관, 노재현 국방부 장관, 박찬현 문교부 장관도 비상 계엄을 펼 만한 사태는 아니라고 개인적으로는 판단하고 있었지만 박정희의 의지가 워낙 굳어서 어쩔 수 없었다고 증언한 것으로 쓰여 있다. 부산 현지에 있던 2관구사령관 정상만 소장도 군을 투입할 필요가 없다고 보고했지만 소용없었다. 임시 국무회의는 17일 밤 11시 30분께 시작돼 18일 0시 20분께 부산에 비상 계엄 선포를 의결했다.

박정희가 그야말로 극약 처방을 한 것이다. 그런데 박정희 유신 권력은 이 비상 계엄을 선포하는 과정에서도 위법 월권 행위를 저질렀다.

── 어떤 식으로 월권했나.

비상 계엄 선포안이 상정되기 전에 이미 비상 계엄에 따른 조치가 취해졌다는 것은 문제가 있다. 《부마민주항쟁 진상 조사 보고서(안)》에 따르면 10월 17일 저녁 부산 지역 기관장들이 대책을 숙의할 때 최석원 부산시장은 차지철 경호실장으로부터 비상 계엄 선포 통보를 받았다. 차지철은 이날 밤 9시 30분경 육군 군수기지사령관 박찬긍 중장한테 전화를 했다. 계엄사령관으로 임명되었다는 것이었다.

이뿐만 아니라 청와대는 국방부 장관이나 육군 참모총장과 상의하지 않고 제3공수특전여단과 해병 7연대에 시위 진압을 위한 출동 명령을 내렸다. 이에 따라 군은 임시 국무회의가 열리기도 전에 출동 준비를 마치고 밤 11시 30분경 병력을 출동시켰다. 《부마민주항쟁 진상 조사 보고서(안)》에 따르면, 정상만 제2관구사령관은 16일과 17일 부산시장의 군 투입 요청에도 불구하고 병력 출동을 미뤘다. 그러나 청와대는 17일 18시경부터 비상 계엄을 결정하고 제3공수특전여단과 해병대의 출동을 명령했다. 그와 함께 박찬긍 군수기지사령관을 계엄사령관에 임명하고 23시경부터 군 병력을 시위 진압에 투입했다. 그리고 나서 박정희는 정당성을 확보하기 위한 요식 행위로 23시 30분에 임시 국무회의를 열어 18일 0시 20분경 비상 계엄 선포를 의결한 것이다. 따라서 국무총리 소속 '부마민주항쟁 진상 규명 및 관련자 명예 회복 심의위원회'의 《부마민주항쟁 진상 조사 보고서(안)》이 지적한 대로, 박정희 유신 권력이 17일 밤 11시경 군 병력을 부산에 투입한 것은 명백히 위법 행위였다. 그리고 부산 지역의 작전을 맡고 있는 2관구사령관이 계엄사령관으로 임명되는 것이 통례인데, 2관구사령관이 소극적이어서 그랬는지 군수기지사령관이 계엄사령관으로 임명됐다.

그런 가운데 18일 새벽 2시경 부산의 계엄사령부에 김재규가 나타났다. 야간에 비행기로 급히 내려온 것이다. 김재규는 박찬긍 중장 등 여러 사람을 통해 상황을 파악하고 현지를 시찰했다.

계엄이 선포되자 부산 시내에 등장한 탱크(위).
가스차와 장갑차 앞에서 보초를 서고 있는 군인(아래).
촬영: 김탁돈(전 국제신문 기자)
소장: (사)부산민주항쟁기념사업회

1980년 광주의 비극 조짐 드러낸
공수 부대의 무자비한 폭력

—— 계엄 선포 후 상황은 어떠했나.

18일 0시를 기해 부산 지역에 비상 계엄이 선포되고 2개 여단의 공수 부대 등이 투입됐다.* 박정희는 비상 계엄에 즈음한 특별 담화문에서 "부산에서 지각없는 일부 학생들과 이에 합세한 불순분자들이 공공질서를 파괴하는 난폭한 행동으로 사회 혼란을 조성"했다고 개탄하고, 악랄한 선동과 폭력으로 난동 소요화한 반국가적, 반사회적 행동을 발본색원하겠다고 밝혔다. 그는 또 이 담화문에서 "급변하는 국제 정세와 세계 경제의 가중하는 어려움, 그리고 북한 공산 집단의 군비 증강과 최근의 무장 간첩 침투 등 우리를 둘러싼 내외 현실은 잠시의 방심도 허용될 수 없는 비상한 시국"이라고 아니할 수 없다고 주장했다. 계엄 당국은 대학을 휴교시키고, 집회와 시위 등 모든 단체 활동을 금지하고, 언론과 출판을 검열하고, 사업장 이탈이라든가 태업을 금지하고, 야간 통행금지 시간을 연장하고, 영장 없이 체포할 수 있다고 알리는 포고문을 시내 곳곳에 붙였다. 탱크와 장갑차를 앞세운 계엄군이 각 대학, 관공서에 들어왔다.

이때 여단장 박희도 준장이 이끌고 온 공수 부대가 부산 시민들에게 무자비한 폭력을 자행했다. 얼굴에 시커먼 위장 크림을 바른 공수 부대는 참나무를 깎아 만든 몽둥이로 시민들을 마구 폭행했다. '건방지다'면서 시민을 소총 개머리판으로 때려 뇌 수술을 받

---

* 공수 부대와 더불어, 포항에 있던 해병대도 일부 동원됐다.

게 하고 그랬다. 공수 부대의 폭행은 계속해서 일어났다. 백번 양보해서 곤봉으로 때릴 때에도 어깨 밑을 갈겨야 하는 것 아닌가. 그렇지만 공수 부대원들은 머리를 많이 때렸다. 다친 사람들은 대부분 머리에 상처를 입었다. 심지어 경찰조차 군인들한테 맞았다. 동부 경찰서의 한 경위는 공수 부대원들이 시민을 무자비하게 때리는 걸 말리다가, 다른 형사 2명과 함께 10여 명의 공수 부대원한테 몰매를 맞았다.

— 1980년 오월 광주를 떠올리게 하는 모습 아닌가.

조갑제 책에도 그렇게 쓰여 있지만, 광주항쟁에서 나타나는 공수 부대의 폭력은 이미 부산에서 많이 드러났다. 계엄이 선포된 건 부산에서 시위가 어느 정도 가라앉았을 때였다. 큰 시위는 16일, 17일에 있지 않았나. 일부에서 18일에도 시위를 계속하고는 있었다.

공수 부대가 무자비하게 폭행하는 속에서도 18일 오후 7시 20분경 부영극장 부근에서 300여 명의 학생이 시위를 벌였고, 8시경 남포동 동명극장 앞에 300여 명의 학생, 시민이 집결해 "계엄 철폐", "독재 타도"를 외치면서 스크럼을 짜고 시위를 벌였다. 얼마 후 시위 인원은 2,000여 명으로 늘어났다. 이들은 시청을 향해 전진했다. 그러자 시청을 방어하던 공수 부대가 최루탄 공세를 펴부으면서 대검을 꽂은 총을 앞세우고 돌진해왔다. 차려 총 자세로 시위대를 향해 달려든 공수 부대원들은 닥치는 대로 총을 휘둘렀다. 공수 부대원들의 소총 개머리판에 수많은 시민이 다쳤다. 시위대는 비 내리는 남포동, 광복동 거리로 흩어졌다.

서면 로터리에도 오후 8시 30분이 지나자 약 1만 5,000명의 군중이 모여들었다. 이들은 학생들이 "계엄 철폐", "유신 철폐" 구호를 외치며 시위를 벌이자 시위대에 호응하면서 이곳을 지키던 해병대에 야유를 보냈다. 해병대와 시위대는 쫓고 달아나기를 반복했다. 지원군이 도착하면서 계엄군의 폭력적 진압이 더 심해졌고, 시위대는 흩어졌다. 계엄군의 무차별적 폭력에 시민들의 피해가 속출했다.

　10월 18일의 시위에는 시민들이 대거 참여했다. 체포된 사람 87명 중 일반인이 81명이었다. 10월 19일 오후 7시 27분경에도 400여 명이 운집해 남포파출소를 습격했다. 공수 부대원들은 이들 시위대원 126명을 검거했다.

"박정희 물러가라"와 부유층 공격이 함께 나타난 마산 항쟁

유신 체제 붕괴, 두 번째 마당

부산에서 불붙은 항쟁,
마산으로 번지다

김 덕 련 부마항쟁의 다른 한 축인 마산의 상황은 어떠했나.

서 중 석 1979년 10월 16일 부산에서 일어난 시위는 마산으로 번지게 되는데, 부산에서 통학하는 일부 학생들을 통해 부산 시위 소식이 전해졌다. 그러면서 17일부터 경남대가 술렁였다. 18일 7시경 학교 곳곳에서 "독재자 박정희 파쑈 물러가라!", "박정희의 앞잡이 공화당을 말살하자!", "학도여! 독재자들의 만행을 보고만 있으렵니까" 등의 격문이 발견되었다.

부산 시위 소식과 격문 등으로 분위기가 술렁술렁하자, 18일 오후 2시 18분경 학교는 휴교령을 발표했다. 그러나 학생들은 흩어지지 않고 도서관 주변에 모여들었다. 그때 국제개발학과 2학년 학생인 정인권이 2시 50분경 학생들에게 '부산에서 저렇게 독재와 맞서 싸우고 있는데 우리가 가만있으면 되겠느냐. 우리도 싸우자'고 외치면서 투쟁에 불이 붙었다. 순식간에 1,000여 명으로 불어난 학생들은 스크럼을 짜고 교문 쪽에서 시위를 벌이기 시작했다.

오후 3시 30분경까지 교내에서 시위를 벌이던 학생들은 오후 4시 30분경 후문을 통해 시내로 나와 시위를 벌이며 경찰과 투석전을 펼쳤다. 몇 갈래로 나뉘어 싸우던 학생들은 '3·15의거탑에 모이자'고 외쳤고 다른 학생들한테 그걸 알렸다. 오후 5시 30분경 3·15의거탑 주위에 학생 500여 명이 모여들었다. 19년 전, 그러니까 1960년에 이승만 정권의 3·15 부정 선거를 규탄하며 일어섰던 마산 시민들의 의로운 뜻을 기리는 그곳에 모여든 학생들은 "독재 타도", "유신 철폐" 등의 구호를 외치며 시위에 들어갔다.

학생들은 날이 어두워지자 "시내로 가자"고 외치면서 시내로 진출하기 시작했다. 이들은 저지하는 경찰에 맞서 돌을 던졌다. 남성동파출소 쪽에서 경찰이 최루탄을 발사했고 학생들은 불종거리로 나왔다. 그러면서 학생들은 많은 군중과 만나게 된다. 불종거리, 창동, 부림시장, 오동동 이쪽은 마산의 중심지로 상가 밀집 지역이었다. 그 일대에서 군중이 대거 참여하면서 시위가 커지기 시작했다.

"박정희 물러가라", "대한민국 만세"
부유층에 대한 적대감 드러내기도

— 부산에서는 어둠이 깔리고 시위 주도권이 학생들로부터 여타 시민들에게 넘어가면서 시위가 더 격렬하게 전개되고 민중 항쟁 양상을 띠었다. 마산에서는 어떠했나.

시위대는 주변 상가나 사무실을 향해 "불 꺼", "불 꺼"라고 외치면서 강제로 소등을 시켰다. 불 켜진 상점, 사무실, 민가에는 사정없이 돌멩이를 던졌다. 그러면서 마산 중심지 일대가 암흑천지로 변했다.*

시위에 참여한 군중에는 10대 후반, 20대 초반이 많았다. 이들

---

* 불을 끄게 한 것은 경찰의 '채증'에 대한 거부감 때문이었다. "경찰이 옥상에서 사진을 찍는다"는 말이 나온 후 "불 꺼"라는 외침이 시위대에서 터져 나왔다.

청년들이 주축이 된 선봉대는 경찰을 향해 빈 병, 돌멩이, 벽돌 등을 던지며 격렬하게 맞섰다. 경찰도 난폭하게 진압했다.

수천 명의 시위 군중은 불종거리 근처에서 "박정희는 물러가라", "언론 자유 보장하라"고 외치면서 시위를 벌였다. 학생 비중은 역시 여기에서도 줄어들고, 행동의 주도권이 이제는 학생의 손을 떠나 일반 군중에게 넘어갔다. 시위대는 "공화당사를 때려 부수자"고 외치면서 공화당사 쪽으로 밀려갔다. 어둠 속에서 몰려오는 시위 군중을 본 경찰은 차를 버리고 도망갔다.

이런 과정을 거치면서 항쟁 규모는 점점 더 커지게 된다. 시위대는 오동동 다리에서 경찰 차량을 부수고 다리 아래에 처박아버렸다. 그러고 나서 공화당사로 향한 시위대는 공화당 경상남도 지부 사무실이 있는 건물 4~5층까지 유리창을 모두 박살을 내버렸다.

시위 군중은 점점 숫자가 늘어나서 수천여 명에 이르렀다. 이들은 수출 자유 지역 후문 앞에 있는 양덕파출소에 진출했다. 경찰은 모두 도망간 상태였다. 청년들은 텅 빈 파출소에 들어가서 집기를 부수고 유리창도 박살을 내버렸다. 대통령 사진이 담긴 액자를 벽에서 떼어낸 다음에 내동댕이쳐 박살을 내버리고 사진을 쭉 찢어버렸다. 그러고 나서 태극기를 높이 쳐들었다. 그러자 주위 군중은 "잘한다", "박정희 물러가라", "대한민국 만세"를 외치며 환호성을 올렸다. 심지어 "박정희를 죽여라"라는 구호도 나왔다. 또한 시위 군중은 산호파출소를 공격하고 회원동파출소에 불을 지르고 역전파출소의 유리창 같은 것도 모두 깨버렸다. 그러면서 시내 중심가 여러 곳에서 시위대는 경찰과 계속 공방전을 벌였다.

부림시장 일대는 완전히 철시를 했는데 여기에는 대형 직물 판매 가게들이 밀집해 있었다. 대개 부유층이 소유한 상점들이었다

시위 군중이 파괴한 마산 산호파출소 모습. 촬영: 김탁돈(전 국제신문 기자) 소장: (사)부산민주항쟁기념사업회

고 하는데, 시위대는 그런 상점들을 공격했다.

　　마산 쪽은 그야말로, 김재규가 이야기한 대로 민란에 가까웠던 것 같다. 시위대는 버스나 택시의 경우 그냥 보내줬지만 관용차, 자가용 같은 것에 대해서는 다른 태도를 취했다. 관용차, 자가용에 불이 켜져 있으면 가차 없이 헤드라이트를 부숴버렸고 때로는 차를 뺏기도 했다. 그런 방식으로 적대감을 드러낸 것이다. 그뿐 아니라 샹들리에가 켜진 고급 주택이나 고층 건물에도 돌을 던져 유리창을 부쉈다.

―― 계급적 적대감을 그처럼 분명하게 표출한 것은 한국전쟁 이후 있었던 다른 여러 항쟁과 비교해볼 때 특이하고 그런 점에서 주목할 만한 모습이다. 1960년대부터 박정희 정권이 밀어붙인

압축 성장으로 인해 시간이 갈수록 점점 더 커져간 격차와 떼어놓고 생각할 수 없는 문제다. 다시 돌아오면, 그 이후 시위 상황은 어떠했나.

시위대는 공화당사에 돌멩이를 던지고 각목 등으로 기물을 파괴했다. 또 양덕파출소, 북마산파출소, 회원파출소, 산호파출소를 부수거나 불을 질렀다. 3·15의거탑에 재집결한 시위대 800여 명은 한 사람이 버스를 몰고 경찰 저지선으로 돌진해 경찰 저지선을 돌파하고 암흑의 시가지를 휩쓸었다. 오동파출소, 남성파출소, 자산파출소, MBC, 마산소방서도 공격받았다. 밤 10시 20분경 시위대는 마산경찰서를 공격했다. 부산지검 마산지청과 법원 앞에서도 "사법부의 양심을 지켜라" 등의 구호를 외쳤고, 기물을 파손했다.

시위대 중 일부는 동성동에 있던 박종규의 집으로 몰려갔다. 이때 박종규는 공화당 국회의원이자 대한체육회장이었고, 경남대의 사실상 교주였다.* 그전에는 오랫동안 대통령 경호실장으로 있으면서 이후락, 김형욱과 함께 대단한 세력가로 꼽힌 사람이다. 대단한 세력가였기 때문에 사실 마산 쪽 지역 사업도 좀 했다. 수출자유 공단이 마산에 세워진 것도, 창원 공단이 만들어진 것도 박종규와 관련됐다고 이야기할 정도로 세도가 당당했다. 그렇지만 시

• 경남대는 1946년 9월 국민대학관이라는 이름으로 문을 열었고 1952년 해인대로 이름이 바뀌었다. 해인대는 1960년 4월혁명 당시 다른 대학보다 훨씬 빨리 시위가 일어난 곳이기도 하다. 1961년 해인대는 마산대로 다시 이름이 바뀌었다. 1970년, 현직 경호실장 박종규는 마산대를 운영하는 삼양학원 이사장에 취임했고 얼마 후 학교 법인 삼양학원을 경남학원으로 바꿨다. 이듬해(1971년)에는 학교 이름도 경남대로 바꿨다. 그러면서 학교 분위기도 달라졌다. 4월혁명 때 시위를 했던 해인대의 전통은 박종규 이사장 취임 후부터 부마항쟁 때까지는 찾아보기 어려웠다. 한편 경남대 총장을 했고 김대중 정부에서 통일부 장관을 맡았던 박재규는 박종규의 동생이다.

위대는 박정희뿐만 아니라 박종규에 대해서도 강한 분노, 적개심을 드러냈다. 박종규 집은 2층으로 된 좋은 주택이었는데, 군중의 돌팔매질 공격을 받았다.

시위대는 군중을 계속 새로 흡수하면서 공공건물을 주로 공격했다. 경찰관들은 대개 총을 들고 피신했다. 북마산파출소는 각목, 쇠파이프, 벽돌 등으로 무장한 시위 군중한테 박살이 났다. 북마산파출소를 공격한 사람들 중에는 룸펜 청년이라고 불린, 소위 불량배라고도 이야기되던 사람들이 꽤 있었다고 한다.

이승만 정권 무너지던 그때를 떠올리게 한
마산 시민들의 격렬한 투쟁

— 몇 가지 차이가 있긴 하지만, 상당 부분 4월혁명 당시 마산을 다시 보는 느낌이다.

밤 11시 45분경 조금 지나서 시위대는 마산시청을 공격하기 시작했다. 시청 건너편에 있는 마산세무서에도 돌멩이가 날아들었다. 상인으로 보이는 사람들이 주먹을 치켜들고 "부가가치세를 철폐하라", "부가세를 없애라"라고 외쳤다. 군중은 세무서를 향해 "잘먹고 잘살아라"라고 하면서 욕설을 퍼부었다. 내가 이 얘기를 왜 계속하느냐 하면 뒤에 이야기할 분석에서 이때 사람들이 왜 이렇게 나왔는지가 나오기 때문이다.

시위대는 마산경찰서로 달려가기 시작했다. 그러면서 경찰과 접전을 벌인다. 시위 군중이 경찰과 한참 동안 공방전을 벌이면서 연좌 농성에 들어가자, 주위 가게에서는 음료수를 박스째 가져와 시위 군중한테 전달하기도 했다. 시위대는 마산경찰서로 계속 돌진했지만, 여러 차례에 걸친 진입 시도는 실패했다. 시위 군중은 "유신 헌법 철폐하라", "박정희는 물러가라", "김영삼 만세" 등의 구호를 외치면서 계속 싸웠다.

이때 경찰 지원 병력이 도착하기 시작했다. 마산 경찰이 자체 인원으로는 어떻게 해볼 수가 없으니까 함안, 고성 등 주변 지역 경찰서에서 인원을 지원받은 것이다. 이렇게 경찰이 인원을 늘려 반격을 가할 무렵인 밤 10시를 전후해 가을비가 조금씩 내렸다. 아직 위수령이 발동되지 않았는데도 밤 10시 30분경에는 창원에 있던 보병 제39사단 병력 약 1개 대대가 트럭을 타고 마산으로 이동해 시내에 투입됐다. 군인들은 군가를 부르며 군인이 아니고 민간인인데도 시위대를 연행하기 시작했다.

—— 위수령을 공식적으로 발동한 시점은 20일 정오 아닌가.

마산에 투입된 군대는 밤 11시경 시내 주요 공공건물 경비에 들어갔다. 이때는 위수령 발동 전전날이었는데, 위수령을 내리기 전인데도 군인들을 투입해 위법적으로 민간인을 연행한 것이다. 북마산파출소 일대에서 고함을 지르면서 파출소를 공격한 시위대 중 일부가 남성동파출소 쪽으로 내려가다가 밤 11시경 착검을 하고 장갑차를 앞세우고 행군해오는 군인들하고 마주치는 일도 벌어졌다. 다음 날인 19일 새벽 군인과 경찰은 공동으로 조를 짜서 수색 작업을 벌였다. 골목골목을 다니며 청년들이 눈에 띄기만 하면 무조건 연행했다.

18일에 이렇게 시위가 거세게 일어나자 일부 회사에서는 일을 다 끝낸 노동자들을 회사 밖에 못 나가게 하기도 했다. 잔업을 마치고 집으로 돌아가려는 노동자들의 퇴근을 막고 회사 안에서 강제로 재웠다. 노동자들이 시위대에 합류하지 못하게 그렇게 한 것이다. 한편 잔업을 마친 창원 공단의 현대양행 노동자들은 10여 대의 버스를 타고 퇴근하다가 시위에 가담했다. 현대양행은 몇 달간이나 계속된 지독한 임금 체불로 노동자들의 큰 불만을 사고 있던 거대한 중화학 기업이었다.

18일 시위는 19일 새벽 1시경까지 전개되었다. 시위대는 끊임없이 이동하며 8개의 파출소에 불을 질렀고, 기물을 파괴했다. 그리고 여러 파출소가 두세 차례 반복해 공격받았다. 이날 시위로 288명이 검거되었다. 4월혁명 당시 마산을 보는 것 같다고 질문에서 얘기했는데, 1960년 3·15 마산의거에 참여했던 한 시민은 "시위 전개 양상이 자유당 정권이 무너지던 그때 모습과 비슷하다. 그 모습이 떠오른다"고 나중에 말했다. 마산 시위는 부산 시위보다도 계급투쟁적 성격이 더 드러난 민중 항쟁이었다.

**바짝 긴장한 유신 권력,
공수 부대 급파하고 '불순분자 폭동'으로 왜곡**

── 19일 상황은 어떠했나.

19일 시내에선 대청소가 이뤄졌다. 대검을 꽂은 총을 든 군인들이 시청, 파출소, 방송국 등 공공건물에서 경비를 섰다. 그리고 장갑차와 탱크가 시가지를 누볐다. 19일 오후 5시경에는 5공수여단 25대대 병력이 마산에 급파됐다. 아직 위수령이 발동되거나 계엄이 선포되지 않았다는 점에서 이것은 위법 행위였다. 18일 새벽 서울 근교에 있던 부대를 포함한 공수 부대 2개 여단을 부산으로 긴급 이동시켰는데, 그중 일부 병력을 마산으로 보냈다. 위수령 발동 전이었는데도 10월 18일 박정희는 박찬긍 부산 지역 계엄사령관에게 "마산 지역 소요 사태를 파악해서 재량에 따라 필요한 조처를 하고 공수 특전 여단 1개 대대를 마산으로 이동시켜 39사단장을 지원하라"고 지시했다.

내무부는 19일부터 마산시, 창원 출장소 일원에 야간 통행금지 시간을 밤 10시부터 다음 날 새벽 4시까지로 연장한다고 발표했다. 마산시는 매달 25일에 열리던 반상회를 앞당겨 19일 오후 6시에 일제히 열게 했다. 그리고 반상회 자리에서 '부산 사태, 마산 사태는 불순분자들의 폭동'이라고 설명했다. 같은 시각 3·15의거탑 주위에 군용 대형 버스 2대, 경찰 트럭 1대, 전경 1개 중대 등을 배치했다. 경남 서부 지역 경찰서장들이 호출되어 지구별로 파출소를 맡았다. 그러나 항쟁의 불길은 가라앉지 않았다.

— 19일 시위, 어떻게 전개됐나.

날이 어두워지자 사람들은 또다시 시내 중심가로 몰려들었다. 오후 6시에서 7시경 불종거리에서 수백 명의 시위대가 "유신 철폐" 등을 외치며 시위를 벌였다. 창동, 불종거리, 오동동 일대의 상가, 유흥업소는 밤이 되자 셔터를 내리고 철시했다. 그러면서 이 지역은 암흑천지로 변했다. 밤 8시경, 전날 큰 시위가 있었던 창동 네거리 일대에 모인 시위대는 마산경찰서를 공격하기 위해 분수 로터리로 진출하면서 주변 건물의 유리창을 닥치는 대로 파손했다. 전날처럼 헤드라이트나 실내등을 끄지 않고 정차해 있던 관용차, 자가용은 시위대의 몽둥이와 돌멩이에 박살났다. 시위대가 분수 로터리에 도착하자 북마산 방면에서도 많은 군중이 몰려와 합류했다.

경찰과 군인들은 MBC 쪽으로 가는 전신전화국 앞 도로를 경계하고 있었다. 시위대는 경찰 저지선으로 돌진했다. 경찰은 MBC 앞까지 밀려났다. 시위대는 관제 언론의 상징인 MBC를 향해 돌을 던져 건물 3층까지 유리창을 박살내버렸다. 수천 명에 달하는 군중이 이 일대에 운집해 연좌 농성을 벌였다. 밤 8시경 3·15의거탑에 모인 시위대는 장갑차에 돌을 던지며 저항했고, 이어서 추산동사무소에 돌을 던졌다. 밤 8시 55분경 해군 통제부 일부 병력이 마산으로 이동하기 시작했다.

박정희 정권은 빨갱이몰이라는 익숙한 방식을 활용해 부마항쟁의 배후를 조작하려 했다. 수사관들은 항쟁 과정에서 검거된 사람들을 '남민전(남조선민족해방전선 준비위원회)과 관련돼 있다고 자백하라', '북한의 지령을 받지 않았느냐', '간첩과 연계돼 있지 않느냐'는 식으로 몰아붙였다. 항쟁에 참여했던 한 동아대 학생은 당시 고문을 당하던 중앙정보부 간부라고 밝힌 인물로부터 받은 심문에 대해 이렇게 증언했다. "솔직히 이야기하더라만. '자네들 순수한 마음으로 했는 거는 안다. 아는데 정부에서 수습을 하기 위해서는 자네들을 갖다가 용공 분자로 몰 수밖에 없다. 그래야만이 수습이 된다. 그러니 더이상 고생하지 마라. 거부해봤자 고생만 하지.' 그리고 여기에서 인제 이북하고 이북 간첩 연계됐다는 이야깁니다." (유신 선포 40년 역사 4단체 연합 학술 대회 자료집, 〈역사가, '유신 시대'를 평하다〉, 138쪽)

이처럼 유신 정권은 조작에 필요한 자백을 받아내기 위해 고문도 서슴지 않았다. 그러나 부마항쟁은 남민전과도, 북한과도 상관이 없었다. 당국은 총기 관련 조작도 시도했다. 1979년 10월 20일 마산경찰서장은 18일 밤 불순분자가 인명 살상용 사제 총기를 발사하고 도주했다고 발표했다. 그렇지만 현장에 있던 사람들은 그런 총소리를 듣지도, 사제 총기를 보지도 못했다고 증언했다. 2010년 진실·화해를 위한 과거사 정리 위원회는 부마항쟁에 참여한 시민들이 조사 과정에서 물고문을 비롯한 각종 고문과 성희롱 등을 당했으며, 사제 총기를 사용했다는 마산경찰서장의 발표는 사실이 아닌 것으로 드러났다고 밝혔다.

1979년 10월 20일 최창림 마산경찰서장이 18일 밤 불순분자가 인명 살상용 사제 총기를 발사하고 도주했다고 발표하고 있다. 촬영: 김탁돈(전 국제신문 기자) 소장: (사)부산민주항쟁기념사업회

시위 군중은 통금 시간이 지난 밤 11시 55분경까지 여러 대隊로 나뉘어 곳곳에서 경찰과 투석전을 벌이며 대치하다가, 경찰과 군인이 합동 총공세를 펴자 흩어지기 시작했다. 시위 군중은 북마산, 해안 도로, 남성동 일대로 뿔뿔이 흩어졌는데, 일부는 계속해서 시위를 벌였다. 북마산, 마산역, 산복 도로, 오동동 등지에서도 산발적인 시위가 벌어졌다. 시위 군중은 수십 명씩 몰려다니며 파출소, 동사무소 등을 집중적으로 습격했고 경찰은 차를 타고 다니며 진압했다. 20일 새벽까지 시가지 전역에서 시위가 산발적으로 계속됐다. 19일 시위로 학생 22명, 일반인 165명이 경찰에 연행되었다.

전날과 달리 이날 시위에는 대학생들이 거의 참여하지 않았다. 주로 10대 후반, 20대 초반의 실업자, 노동자, 그리고 고등학생들이 많이 가담했다. 19일 새벽과 마찬가지로 군인들은 골목길을 돌아다니며 청년들만 보면 무조건 잡아들였다. 그 청년들을 버스에 태우고 무자비하게 두들겨 팬 다음에 경찰서 유치장으로 끌고 갔다. 마산 시위로 연행된 505명과 구속된 60명 중 상당수가 부산과 마찬가지로 혹독한 고문을 받았다. 또 비상 계엄이 아니고 사후적으로 내린 것이긴 하지만 위수령이기 때문에 구속자들은 일반 검찰에 회부되어야 하는데, 연행자들을 불법 구금 상태로 10월 26일까지 조사했고, 구속자 일부는 군 검찰에 회부되었다.

위수령 이틀 전 군대부터 투입, 요건도 못 갖춘 위수령 발동

— 그 후 위수령이 발동되는데 발동 요건을 충족하기는 했나.

20일 정오를 기해 마산시 및 창원 출장소 일원에 위수령을 발동했다. 그러니까 사실상 마산 시위가 끝나고 나서 위수령을 발동한 것이다. 위수령은 원래 그 지역 행정 책임자의 요청이 있으면 위수사령관이 육군 참모총장에게 보고해 승인을 받거나, 긴급할 경우 즉시 군 병력을 투입하고 사후에 육군 참모총장에게 보고해야 한다. 이처럼 위수령은 반드시 광역시장이나 도지사의 군 병력 출동 요청이 있어야 발동될 수 있는데, 김성주 경남 도지사는 병력 출동 요청을 한 적이 없었다. 이런 조치는 유신 권력이 내린 것이다. 앞에서 말한 것처럼 위수령을 발동하기 전, 그것도 전전날인 18일에 이미 군이 투입되고, 19일 부산 계엄사령부에 배속된 제1공수특전여단 제2대대가 20일 0시 45분에 마산에 도착했다. 박정희 지시에 따른 조치였다. 부산에 주둔하고 있던 제5공수특전여단은 20일 오전 8시 40분경에 마산으로 이동 준비하라는 지시가 내려왔다.*

《부마민주항쟁 진상 조사 보고서(안)》에 따르면, 조옥식 마산 지역 위수사령관(39사단장)은 육군 참모총장의 사전 승인을 받지도, 참모총장에게 사후 보고도 하지 않았다. 조옥식은 참모총장의 승인을 받도록 되어 있는 것 자체를 몰랐다.

조옥식은 위수령에 따른 병력 출동 절차를 거치지 않고 10월 18일 오후 6시에 병력을 마산 시내에 출동시켰다. 이어서 그날 밤 포병 4개 대대와 39사단 병력, 전차 3대 등을 출동시켰다. 밤 11시 30분경 조옥식은 장갑차 30대의 호위를 받으며 마산경찰서에 도착했고, 군인들은 닥치는 대로 시위대를 연행했다. 조옥식은 '상부의 명령'이어서 군을 출동시켰다고 말했다고 하는데, '상부'가 어딘지는 밝히지 않았다.

마산에서 18, 19일에 군대를 출동한 것, 부산의 공수 부대를 마산으로 보낸 것은 위수령 절차를 따르지 않은 위법적, 불법적 처사였다. 10월 20일 12시를 기해 위수령이 발동된 것은 이러한 병력 출동 절차의 위법을 '해결'(《부마민주항쟁 진상 조사 보고서(안)》에는 '치유'라고 쓰여 있다)하기 위해서였다. 그러나 위의 《부마민주항쟁 진상 조사 보고서(안)》에서 지적한 대로 20일은 '재해 또는 긴급 사태'가 전혀 아닌, 평온한 상태였다. 그러므로 위수령 발동 요건에 해당하지 않는, 그런 면에서 위법적 조치였다. 이뿐만 아니라 《부마민주항쟁

• 조갑제의 《유고》에 따르면, 박정희는 부산 지구 계엄사령관인 박찬긍 중장에게 두 번이나 직접 전화를 걸어 "마산은 당신 책임 지역이 아니지만 현지 부대장과 의논해 자네 책임 지역으로 생각하고 도와줘"라고 말했다. 그 후 박찬긍은 공수 부대를 마산에 급파했다.

진상 조사 보고서(안)》에 의하면, 문제가 생기자 조옥식 위수사령관이 10월 20일 낮 12시를 기해 마산시 일대에 병력 출동을 명령했다는 내용의 서류가 뒤늦게 작성됐다는 것이다. 중앙 정부에서 위수령에 의거해 위수 부대의 출동 명령을 발하고 사후에 경남 도지사가 군 병력 투입을 요청한 것처럼 처리했다는 얘기다. 당시 김성주 도지사는 부재중이어서 병력 출동을 요청할 수 없었다.

부산에 계엄이 선포되기 전에 일어난 위법·월권 행위나 마산에서 있었던 위법 행위는 유신 권력이 어떠한 성격의 권력인가를 적나라하게 말해준다. 또 박정희는 걸핏하면 군대를 동원했다. 학생과 시민들에게 극단적인 위압을 가해 앞으로 유신 권력이 어떤 식으로 대처할 것인지를 보여주기 위해 그랬던 것 같다.

《부마민주항쟁 진상 조사 보고서(안)》에는 계엄이 선포된 18일 새벽 부산에 내려온 김재규 중앙정보부장이 대통령 하사금을 전달했고, 계엄군은 장교와 사병 구분 없이 1만 원씩 하사금을 받았다는 내용이 나온다. 정당성이 없는 권력이기 때문에 이러한 하사금이 뒤따른 것이 아니냐, 또 국군을 사병화하려는 것이 아니냐는 논란이 생길 수 있을 것이다.

2018년 9월 11일 국무회의에서 위수령을 폐지했다. 위수령은 1965년 한일협정 비준 반대 시위, 1971년 학생 시위, 1979년 부마항쟁 등 세 차례에 걸쳐 발령되었다. 1950년 3월 27일 대통령령으로 이승만 정부에 의해 공포된 위수령은 헌법과 법률에서 근거를 찾을 수 없으며, 계엄 선포에 관한 엄격한 규정을 우회하여 병력을 쉽게 동원할 수 있도록 허용하여 국군을 국내 정치의 수단으로 오용할 수 있는 길을 열어놓았다는 비판을 받았다. 그래서 헌법에 위반된다는 지적을 받았는데, 2018년에 와서야 사라지게 되었다.

부마항쟁은 김영삼 제명 때문?
박정희 경제 파탄이 항쟁 불렀다

유신 체제 붕괴, 세 번째 마당

학생들, 김영삼 제명보다
YH사건에 더 큰 관심 보였다

김 덕 련 부마항쟁 원인을 살폈으면 한다. 1979년 부산과 마산에서 항쟁이 발생한 건 김영삼 제명 때문이라고 여기는 이들도 있다. 그 부분, 어떻게 생각하나.

서 중 석 박정희 집권 시기 최대 규모의 민중 항쟁이었던 부마항쟁이 왜 일어났느냐. 많은 사람이 부마항쟁은 김영삼 의원직 제명 때문에 일어났다고 얘기하고 있다. 부산과 마산이 김영삼의 정치적 기반이라고 볼 수 있는 지역이기 때문에 그렇게 생각할 것이다. 김영삼 제명이 부마항쟁에 영향을 끼친 건 확실하다. 그렇지만 그게 어느 정도 영향을 끼쳤느냐 하는 건 좀 더 생각해봐야 한다.

예컨대 학생들의 경우 부산대 교정에서 있었던 시위에서도, 시내에 나왔을 때에도 김영삼 제명을 거론한 구호는 안 나왔다. 부마항쟁에 대한 저서를 낸 김하기는 "김영삼을 연호하는 구호가 나온 것은 10월 16일 오후 6시 이후 시청 앞 시위가 처음이다"라고 썼다. 시위 군중 속에 김영삼 지지자가 있을 수 있었고, 또 김영삼을 지지해서라기보다는 박정희의 김영삼 제명에 분노해서 항쟁에 참여한 시민도 많았을 것으로 보인다. 김영삼 제명을 계기로 박정희 유신 정권에 대한 불만이나 분노가 폭발한 것이라고 보는 것이 오히려 부마항쟁의 기본적 성격을 더 드러내는 것으로 볼 수 있다.

── 전에 YH사건을 다룰 때 학생들이 부마항쟁을 일으킨 중요한 계기가 바로 YH사건이었다고 얘기했다. YH사건과 부마항쟁

1979년 10월 4일 자 동아일보. 여당 측이 김영삼 총재에 대한 제명을 강행하려고 하자 신민당 의원들이 국회의사당 단상을 점거했지만, 결국 징계안은 통과됐다는 소식을 전하고 있다.

의 관련성, 어떤 식으로 나타났나.

부마항쟁은 YH 문제와도 뗄 수 없는 관계를 맺고 있다. 10월 15일 시위가 불발로 끝나긴 했지만 그날 부산대 학생들이 뿌린 민주 투쟁 선언문을 보면 "모든 경제적 모순과 실정을 근로자의 불순으로 뒤집어씌우고 협박, 공포, 폭력으로 짓눌러왔음을 YH사건에서 단적으로 보여주고"라고 해서 YH사건이 큰 계기가 됐다는 것을 시사했다. 또한 학생들은 이 선언문에서 저임금 노동자 문제를 상

《한국민주화운동사 2》에 따르면, 10월 16일 밤 10시쯤 부산 광복동 시위 군중 속에서 "김영삼"을 연이어 외치는 목소리가 나오자 다른 한쪽에서 "여기서 김영삼이가 왜 나와? 우리가 김영삼이 위해 시위하나?"라는 반론이 터져 나오기도 했다. 조갑제도 《유고》에서 "부산 민중 봉기가 김영삼의 국회의원직 제명에 큰 자극을 받은 것은 확실하지만 데모대가 그의 이름을 입에 올린 것은 필자가 확인할 수 있는 한 한 번뿐이었다"고 밝혔다.

당히 큰 비중으로 언급했다.

부산대 학생들은 10월 16일에 뿌린 선언문에서 1894년 동학혁명 때처럼 폐정 개혁안이라는 것을 제시했는데, 거기에 "YH사건의 당사자 같은 반윤리적 기업주 엄단"을 명시해서 요구했다. 두 선언문 어디에서도 김영삼 문제는 거론되지 않았다.

경남대 시위를 일으키는 데 앞장선 정인권은 증언에서 첫 번째 분노와 자극은 YH사건이었고 그다음이 정치적 음모와 파괴 공작이었다고 밝혔다. 김영삼 사건이 그다음이었다는 것이다. 학생들이 YH사건과, 빈부 격차 속에서 노동자들이 너무나 심하게 당하고 저임금으로 고생하는 문제에 대해 더 큰 관심을 보여줬다는 것을 이 선언문들이나 여러 증언은 얘기하고 있다.

"우리가 돼지 새끼냐"
'유신 대학' 오명 딛고 떨쳐나서다

── 18년에 걸친 장기 집권, 특히 1972년 친위 쿠데타를 일으켜 유신 체제라는 기괴한 1인 독재를 구축한 것 또한 항쟁 원인에서 빼놓을 수 없지 않나.

부마항쟁이 일어난 데에는 유신 체제가 굉장히 큰 요인이 됐다. 10월 15일 부산대 학생들이 뿌린 민주 선언문, 여기서는 유신 헌법을 "악의 근원"이라고 했다. 그날 같이 살포된 민주 투쟁 선언문에서는 박정희와 유신과 긴급 조치 등을 "불의의 날조와 악의 표본"이라고 규정했다. 부산대에서 16일에 살포된 선언문, 그러니까 상대 2학년 정광민이 중심이 돼서 뿌린 그 선언문에서는 유신 헌법을 "한 개인의 무모한 정치욕을 충족시키는 도구"라고 규정하면서 유신 체제 타도의 선봉에 서자고 촉구했다.

시위에 나선 시민, 학생들의 압도적인 구호가 "유신 철폐", "독재 타도"였다. 10월 16일 점차 어둠이 깔리면서 학생 시위대가 이젠 민중 시위대로 변했고 시위형 투쟁이 항쟁형 투쟁으로 변모해갔는데, 거대한 조수처럼 밀려드는 수만 인파의 시위 행렬에서는 "유신 철폐", "독재 타도"를 목이 터져라 외쳤다.

── 그런데 유신 쿠데타 이후 부산과 마산은 유신 반대 시위를 찾아보기 어려웠던 지역 아닌가. 그런 부산과 마산에서 대규모 항쟁이 일어났다는 점도 눈에 들어온다.

광주항쟁에서도 나타나고 다른 시위에서도 볼 수 있는 것이지만, 이 시위에는 학생들의 자괴감이라고 할까 미안함 같은 것도 작용했다. 시위가 일어날 무렵 부산과 마산의 대학생들 사이에서는 서울의 모모 여대에서 가위를 보냈다느니, 남성의 그것을 자르라는 뜻일 텐데, 면도칼을 보냈다느니 하는 소문이 나돌았다.

10월 16일 부산대 시위에 참여한 한 학생은 "서울에서 내려온 친구들로부터 시위 소식을 접할 때마다 '유신 대학'이라는 오명에 대한 강한 모멸감과 자괴심을 금할 수 없었다. 대다수 학생들이 느끼고 있었던 공통된 감정이었다. 이러한 심리적 요인들이 10·16 시위에서 학생들의 힘을 결집하는 데 큰 역할을 했다고 본다"고 증언했다.

10월 18일 경남대 도서관 앞에서 정인권도 "우리 경남대학이 이게 뭐냐. 돼지 새끼만 모였다는 평을 받고 있다"고 해가면서 학생들을 분발시켰다. 3·15의거탑에 모였을 때 학생들은 시민들이 지켜보는 가운데 탑 앞에서 "선배님, 못난 후배를 꾸짖어주십시오. 우린전국 대학생들이 유신 헌법 철폐 시위를 벌일 때 학교 당국의 농간으로", 박종규가 인수해 사실상 교주 역할을 한 것과 뗄 수 없는 대목일 터인데, "유신 찬성 데모를 해버린 못난 후배들입니다"라고 묵념을 올리고 그 자리에서 "독재 타도", "박 정권은 물러가라"는 구호를 외쳤다. 이처럼 학생들은 자신의 지역과 대학에 대해 강한 자부심을 가졌는데도 유신 체제에서는 반독재 투쟁을 못하고 있었기때문에 자괴심을 갖고 있었는데, 그게 부마항쟁에서 상당히 작용했다.

유신 경제 파탄이 항쟁 불렀다
"이 사태에는 계급 전쟁의 요소가 있다"

—— 학생들뿐만 아니라 시민들, 특히 하층민이 대거 참여했다는 점이 부마항쟁의 중요한 특징으로 보인다. 왜 그런 현상이 발생한 것인가.

앞에서 말한 여러 요인도 항쟁 원인으로 작용했지만, 시민들이그렇게 많이 가담한 것, 저녁만 되면 학생들이 아니라 시민들이라고 할까 군중 또는 민중이 중심이 된 시위로 항쟁이 전개되는 모습을 띠게 된 것은 유신 경제의 실패, 파탄, 그리고 그것의 귀결로서나타난 민중의 소외와 불만이 그대로 작용한 것이었다.

지주형 교수는 미국 정부 자료를 통해 부마항쟁을 분석했는데, 이 문제에 대해 앞으로 인용할 미국 자료는 모두 지 교수가 찾아낸 것이다. 이에 따르면 주한 미국 대사 윌리엄 글라이스틴도 경제 문제를 중시했다. 글라이스틴은 1979년 10월 25일 미국 국무부에 보낸 전문에서 "현 단계에서 시위의 기본 원인은 지난 수 주간에 고조된 정치적 긴장을 배경으로 한 경제적인 것으로 보인다"고 평가하며 경제적 요인에 무게를 두었다. 미국 CIA 또한 당시 한국이 안고 있던 경제적 문제를 부마항쟁의 원인으로 보았다. 글라이스틴은 한 소식통에 따르면 "이 사태에는 계급 전쟁의 요소가 있다"고 하는데, "이 가정이 맞다면 단순한 학생 시위보다 더 중요한 문제를 박 정권"에 제기한다고 봤다. "계급 전쟁"이라는 말을 주한 미국 대사가 했다는 것은 대단히 놀랍고 의미심장하다.

　　10월 16일 부산대에 살포된 선언문에는 이렇게 돼 있다. "특히 고도성장 정책의 추진으로 빚어진 수없는 부조리, 그중에서도 재벌 그룹에 대한 특혜 금융이 기업주 개인의 사욕을 채우기에 급급했으며 특수 권력층과 결탁하여 시장을 독점함으로써 막대한 독점 이윤을 거두어 다수의 서민 대중의 가계를 피폐케 했다. 터무니없이 낮은 생계비 미달의 지불, 극심한 소득 분배의 불균형 때문에 야기된 사회적 부조리를 상기해보라."

　　1978년 12·12총선 결과에 대한 청와대 비서진의 분석에서건 중앙정보부 분석에서건 경제 문제가 큰 사안이었다. 부가가치세, 물가고, 노풍 피해 같은 것이 큰 요인으로 작용했고 특히 "공화 위에 재벌 있다"는 야당 공세에 속수무책이었다고 그쪽에서 털어놓지 않았나. 이 시기에 재벌 편향 정책과 맞물려 빈부 격차가 극심했다. 이건 유신 말기로 올수록 더욱더 극심하게 나타나는데 그것으로 인해 소외된 실업자, 노동자 같은 사람들의 강한 반발이 시위에서 드러났다.

재벌의 경제력 집중은 중화학 공업화가 진전되는 것에 비례해 해마다 커져갔다. 그리하여 1979년의 경우 전체 제조업 출하액에서 상위 5대 재벌이 차지하는 비중이 16.3퍼센트, 10대 재벌의 경우 22.7퍼센트, 20대 재벌이 차지하는 비중이 30.3퍼센트였다. 이런 재벌과 특권층의 결탁, 정경유착과 부정부패 문제가 너무나 심각했다. 그래서 상류층은 물도 따로 사서 마시고 심지어 혼인도 자기들끼리만 하는 식으로 계층 간 위화감이 극심한 상태에 이르렀다는 것이 그 당시 지적되고 그랬다. 미국 CIA 문서는 경제 문제가 심각하다는 것을 여러 면에서 짚고 있는데, 그중 하나가 양극화 문제였다.

── CIA는 이 문제에 대해 어떻게 파악했나.

CIA 문서에 따르면 경제기획원 관료들은 여러 가지 문제들이 명백히 있다는 데 동의했는데, 가장 큰 문제는 소득 분배에서 양극화가 일어나고 있다고 대중이 생각한다는 점이었다. 대중은 노동자와 기업 중역 사이의 거대한 소득 차이를 인식하고 있을 뿐만 아니라, 부자들이 저소득층은 받을 수 없는 불공정한 세금 혜택 등을 받고 있다고 주장한다는 것이다. 대중은 정부가 경제난이 진실로 얼마나 심한지를 왜곡하고 숨기려 하고 있다고 느낀다고 경제기획원 관료들이 지적한다고 이 문서에는 나와 있는데, 그것은 경제기획원 관료들이 미국 CIA 직원에게 우회적으로 표현한 것이고 실제로는 자신들의 견해가 아닐까 생각된다.

물가도 서민들, 노동자들을 굉장히 힘들게 하는 요소였다. CIA 문서에도 관료들이 물가 폭등을 문제로 지적하고 있으며 1979년 25~30퍼센트, 1980년 20퍼센트에 달하는 물가 상승을 예측하면서 관료들이 대중의 저축 성향이 감소했음을 전하는 내용이 나온다.

그렇잖아도 물가고가 심각했는데, 제2차 석유 파동까지 가세하면서 1979년에는 1978년보다 물가가 더 심하게 뛰었다. 부가세가 1977년에 도입된 것도 중소 상공인, 특히 영세 상공인들한테는 큰 부담이 됐다. 조세 부담률도 계속 높아졌다. 1975년에 15.4퍼센트였던 것이 1978년에 16.9퍼센트로 높아졌고 1979년에는 17.2퍼센트가 됐다.

세금 문제가 심각하다는 것은 유신 정권도 알고 있었다. 10월 26일 배포된 CIA 문서에는 최규하 총리가 관료들에게 국민의 경제적 불만을 검토하라고 지시하면서 제기한 첫 번째가 과세 제도의 변경 가능성에 대한 연구, 특히 부가가치세 개편을 강조한 것으로 나와 있다. 그러나 이 문제를 떠맡은 경제기획원 관료들은 여기에는 시간이 걸린다는 반응을 보였다. 저소득층에 대한 보조금 증가도 어렵다고 판단했다. 이들은 박정희가 승인한 예산이 방위비 증가를 위해 이런 것들을 삭감했기 때문이라고 지적했다. 이런 것들을 보면, 박정희가 부가가치세 실시 쪽의 손을 들어준 것은 방위비 증가 등을 위해 세수를 늘리려는 목적이었을 가능성이 크다.

주택 부족으로 저임금 노동자들의 셋방살이도 힘들어졌다. 그런 속에서 서민들이나 실업자들, 노동자들의 큰 불만을 산 것이 1970년대 중반부터 불어닥친 투기였다. 투기 광풍이 빈부 격차를 더욱 실감 나게 했다. 1978년에는 전국의 토지 가격 등귀율이 무려 49퍼센트나 됐다.

곤두박질친 경제…
유신 경제 전반의 구조가 문제였다

—— 유신 말기에는 중화학 공업에 대한 과잉 중복 투자 문제도 심
각하지 않았나.

중화학 공업은 유신 체제를 상징하는 대표적 산업으로서 우리
나라 산업 구조까지 바꿔놓기는 했지만, 1970년대 말에 가서는 유
신 체제의 발목을 잡아버렸다. 재벌 판도는 정경유착과 관련돼 있
었는데, 정부 보증으로 얼마나 큰 규모의 중화학 설비 차관을 도입
하느냐에 의해 판가름 났다. 대재벌들은 충분한 자기자본 없이 무
리하게 차입했다. 그러면서 중화학 공업에 뛰어든 기업들의 평균
자기자본 비율이 20퍼센트 수준에 그쳤다. 중복 과다 투자로 문제
가 심각한 상태에 이르자 박정희 정권은 중화학 공업 총 투자 규모
의 30퍼센트나 투자 보류 또는 중지시키는 투자 조정을 하지 않을
수 없었는데, 그것도 유신 권력 붕괴 5개월 전인 1979년 5월에 가서
야 했다. 그러나 이것도 대단히 미흡했을 뿐만 아니라 적극적인 시
행 의지가 약했다. 중화학 공업에 대한 대대적인 조정 작업은 10·26
이후 전두환·신군부 정권에 의해 이뤄졌다.

그런데 이때 중화학 공업이 특히 문제가 된 것은, 그리고 그것
이 마산 같은 곳에 바로 영향을 끼친 건 조업이 제대로 안됐다는
점이다. 처음부터 수출 가능성 같은 걸 제대로 따졌어야 하는데, 그
렇게 하지 않고 거대한 차관을 도입해 막 공장을 지은 것이다. 1979
년 12월을 기준으로 가동률을 보면 기계류는 60.1퍼센트, 비철 금속
은 69.6퍼센트, 전기 기계는 69.4퍼센트, 운송 장비는 35.3퍼센트였

1978년 8월 8일 현대양행을 시찰하고 있는 박정희. 현대양행은 오랫동안 임금 체불이 계속되는 곳으로 꼽혔다. 부마항쟁 당시 현대양행 노동자들도 시위에 가담했다. 사진 출처: 국가기록원

다. 창원 기계 공단의 경우 평균 가동률이 1979년 12월 현재 50퍼센트 미만이었다. 부마항쟁 때 잔업을 마친 창원 공단의 현대양행 노동자들이 퇴근하다가 시위에 가담하게 된다고 지난번에 얘기하지 않았나. 현대양행도 임금 체불이 오랫동안 계속된 곳으로 꼽혔다. 나도 여기 가봤지만, 엄청 큰 공장이었는데 가동이 멈춰서 세계 최대의 창고가 돼버렸다는 말을 1980년경에 듣게 된다.

—— 외채 문제도 만만치 않지 않았나.

이렇게 중화학 공업 부문이 불황에 허덕이면서 경기가 곤두박질쳤는데, 그에 더해 외채 문제도 위험 수위에 이르렀다. 외채를 갚기 위해 새로운 외채를 계속 도입해야 할 뿐만 아니라 위험하기 짝이 없는 단기 외채를 대량으로 도입하지 않을 수 없는 상황을 맞이했다. 그래서 외채 망국론이 이 무렵 등장하게 된다.

그러면서 경제 성장률이 1976년 14.1퍼센트, 1977년 12.7퍼센트로 굉장히 높았던 것이 1978년에는 9.7퍼센트로 대폭 낮아졌다. 지금으로 봐서는 상당히 높은 수치로 보이지만 그 당시에는 대폭 낮아진 수치였다. 특히 1978년 하반기, 말경으로 가면 더 나빠진다. 그게 12·12선거 결과에 부분적으로 나타난 것이다. 1979년에는 6.5퍼센트로 더 낮아진다.

1980년에는 -5.2퍼센트를 기록했다. -5.2퍼센트 부분은 다른 자료의 경우 -5.7퍼센트로 나오기도 하는 등 자료마다 수치가 다르긴 하다. 한국이 마이너스 성장을 한 건 한국전쟁 중이던 1952년 이후 처음 있는 일이었다. 4월혁명이 일어난 1960년, 굉장히 어려울 수밖에 없었던 그해에도 플러스 성장을 했다. 그런데 1980년에 마이너스 성장을 했다는 건, 성장률로만 보면 경제 상황이 훨씬 더 나빴다는 것을 보여준다. 이와 같은 규모의 마이너스 성장을 기록한 건 농업 문제도 있었지만 1970년대 말의 연장선상에서 일어난 일이다. 그만큼 한국 경제가 유신 말기에 나빴다. 여기서 주목할 것이

● 유신 말기 경제 상황이 얼마나 좋지 않았는가를 보여주는 지표 중 하나가 임금 체불 현황이다. 노동청이 1979년 6월 20일 발표한 자료에 따르면, 1979년 5월말까지 임금 체불액은 136억 300여만 원(296개 업체)으로 1978년 같은 기간의 체불액 19억 5,100여만 원(240개 업체)의 무려 7배에 이르렀다. 이에 대해 동아일보는 "늘어난 건수에 비해 금액의 증가폭이 엄청나게 높다는 사실은 올 들어 대기업 도산 등으로 인한 대형 체불이 급격히 증가한 것을 보여주고 있다"고 보도했다.

있다.

── 무엇인가.

1976년, 1977년에는 유례를 찾기 어려운 경제 호황이 있었고 그래서 수출 100억 달러 목표를 조기에 달성하는 일까지 있었는데, 그러한 것들은 중동 건설 특수에 크게 힘입은 중화학 공업 건설과 수출이 많이 작용했다는 점이다. 이때 수출 증가 역시 중동 특수에 크게 힘입었다. 그런데 사실 중동 특수는 유신 말기에도 괜찮았다. 그런데도 경제가 그렇게 나빠진 것이다. 그리고 오일 쇼크가 물가고나 불황에 크게 영향을 끼친 건 사실이지만, 되짚어보면 제1차 오일 쇼크로 산유국이 돈을 많이 벌면서 우리가 중동 특수라는 굉장히 유리한 경제적인 조건을 갖추게 된 것 아닌가. 또 제2차 오일 쇼크가 있으면서 산유국이 다시 거대한 오일 달러 보유국이 된 것 아닌가. 그래서 한국에 중동 특수가 계속 있게 된 것이다.

내 얘기는 이 시기에 경제가 이렇게 나빠진 것은 유신 체제 경제의 전반적인 성격에서 그 문제를 찾아야 한다는 것이다. 여러 가지 면에서 제2차 오일 쇼크가 부정적인 영향을 끼친 건 사실이지만, 앞에서 말한 것처럼 오일 쇼크와 중동 특수 같은 것을 함께 봐야 하는 것이다. 중동 특수는 계속 괜찮았는데도 한국 경제는 왜 이 시기에 나빴는가 하는 부분을 유신 체제와 연결해 깊이 있게 분석할 필요가 있다.

김재규 거사-유신 붕괴의
직접적 요인이 된 부마항쟁

—— 항쟁 발생 지역의 경제 상황도 고려하지 않을 수 없는 요소 아
닌가.

부산, 마산 지역의 경제가 이 시기에 다른 지역보다 더 나빴
던 것으로 나타나는 지표가 몇 가지 있다. 예컨대 부도율도 높아서
1979년 부산은 전국의 2.4배, 서울의 3.0배로 나와 있다. 부산 경제
는 수출에 많이 의존했는데, 1979년 수출 증가율이 10.2퍼센트로 전
국 수출 증가율 18.4퍼센트보다 훨씬 낮았다. 저임금을 토대로 하고
있었던 마산의 수출 공업 단지에서도 휴업, 폐업을 하는 업체가 늘
어났다. 1979년 9월 현재 마산에서 24개 업체가 휴·폐업에 들어갔
고 6,000여 명이 일자리를 잃었다. 대구, 부산, 경남 지방에 많이 있
는 섬유, 신발 등 수출 중심 노동 집약 산업도 타격을 입었다. 최대
규모의 중화학 공업 단지 중 하나인 창원 공업 단지도 불황에 시달
렸다. 앞에서 말한 것처럼 현대양행의 경우 가동이 제대로 안됐다.
그리고 조갑제 책을 보면 부산 지역 상인들한테 부가세가 아주 많
이 부과된 걸로 나온다.

이런 것들이 부마항쟁에 불을 지르는 데 영향을 끼쳤다. 시위
상황에서도 그것을 느낄 수 있다. 《부산민주운동사》에는 10월 16일
어둠이 깔리면서 시위 주도권이 시민들한테 넘어갔다고 기술돼 있
는데 그때 노동자, 상인, 접객업소 종업원, 교복을 입은 고교생들이
혼연일체로 구호를 외치고 투쟁했다고 쓰여 있다.

— 마산 쪽은 어떠했나.

마산의 경우도 마찬가지였다. 마산 항쟁에 참여한 사람 중 한 명의 증언을 들어보자. 21세였던 이 사람은 창원 공단에서 일했다. 그 회사에서 12시간 간격으로 맞교대를 했는데, 월급은 고작 7만 원에서 8만 5,000원 정도였다. 회사 내부에서는 서로 실업자가 되지 않으려고 몸부림치는 분위기였다고 한다. 이 사람은 이런 상태에 있다가 퇴사한 지 1개월이 됐을 때 항쟁에 참여하게 된다. 저임금, 나쁜 작업 환경과 억압당한 노동자 권리 같은 것이 불만을 크게 키웠고, 밑바닥 실업자들이 증가 일로였으며 노동자, 농민, 소시민들이 아주 힘들었을 뿐만 아니라 퇴폐 향락 산업, 비리, 부조리가 판을 쳐서 시위에 나서게 됐다고 이 사람은 증언했다. 경찰 자료로 보이는 '마산 지방 대학생 소요 사건에 관한 보고서' 중 검거 학생 분석 부분을 보더라도 부산과 마산에서 나온 여러 기술, 각종 증언과 대체로 일치한다.

그렇기 때문에 부마항쟁에서 시민들이 학생 시위를 적극 성원하고 옹호했으며, 학생과 더불어 싸웠고, 나중에는 시위대의 주류를 이룬 것이다. 상황이 이러했을 뿐만 아니라 공권력에 대한 야유와 욕설이 쏟아져서 경찰이 대응하기도 힘들었다. 심지어 경찰 작전 차량에 불길이 솟자 경찰 간부가 그 차량을 구하기 위해 돌격하라고 명령했는데도 경찰이 따르지 않는 사태도 벌어졌다.

— 시민들 중에서도 하층민이 시위대에서 상당한 비중을 차지한 것 역시 이러한 사정과 뗄 수 없는 관계를 맺고 있는 것 아닌가.

이은진 교수는 부마항쟁이 시내 중심 인구 밀집 지역에서 일어났으며, 가장 격렬히 그리고 밤 시위지만 끈질기게 참여한 계층이 일용 내지 비공식적 분야에 종사하는 떠돌이 또는 자유노동자들로 구성된 주변 노동자들이었고, 주변의 자영 상인층이 지원하면서 더욱 시위가 커진 것으로 분석했다. 마산 시위에는 노동자들이 많이 가담했는데, 주한 미국 대사관이 미국 국무부에 보낸 내용대로 10월 19일 시위에는 마산 수출 자유 지역의 대다수를 차지하는 10대 후반 여성 노동자들과 고교생들도 많이 참여했다.

부산 시위와 마산 시위 참여층은 대체로 영세 상인, 영세 기업 노동자들과 반실업 상태의 자유노동자, 구두닦이, 식당 종업원 등 접객업소 종사자, 상점 종업원, 그리고 도시 룸펜 부랑아로 불린 사람들이나 무직자였다. 그런 사람들이 대부분을 차지했다. 여기에 회사원 등 중간층 시민들도 상당수 호응해 비조직적 민중 항쟁 양상을 보였다. 검거된 사람들 직업을 보면, 부산은 검거된 1,058명 중 학생은 397명, 재수생 57명이었고, 잡급직 129명, 공원 121명, 회사원 81명, 상업 43명, 노동 47명, 선원 27명, 운전수 17명 등이었다. 무직도 115명이나 되었다. 마산에서 10월 18, 19일에 검거된 475명에는 공원 127명, 회사원 84명, 노동 64명과 무직 84명이 다수를 차지하고 있다.

이 사람들은 중화학 공업화 과정에서 다양한 혜택을 누리며 엄청나게 몸집을 불린 재벌, 정경유착, YH사건에서도 잘 드러난 기업주의 비윤리적 행태, 돈과 권력 있는 자들의 부동산 투기, 각종 특혜, 특권층의 스캔들 같은 것에 대해 불만이 클 수밖에 없었다. 그와 함께 고물가, 경제 불황, 과다한 세금, 저임금 장시간 노동, 열악한 작업 환경, 실업, 셋방살이 등도 이들이 시위에 뛰어들게 한

부마항쟁 당시 MBC와 국제신문 건물을 지키고 있는 계엄군. 시위 참여자들은 오랫동안 진실을 제대로 보도하지 않은 MBC, KBS 등의 언론 기관을 공격했다. 촬영: 김탁돈(전 국제신문 기자) 소장: (사)부산민주항쟁기념사업회

요인으로 작용했다. 그런 것들로 인한 좌절과 체념, 무력감, 앞길이 보이지 않는 암울한 생활 같은 것과 떼어놓고 생각할 수 없다는 말이다. 또한 자신들의 고향인 농촌 문제, 이건 마산에서 이런 일이 많았다고 하는데, 즉 피폐한 농촌 상황도 이들이 시위에 참여하게 한 원인 중 하나로 작용했다. 이 시기에 농촌이 아주 피폐하지 않았나.

이처럼 박정희 유신 체제와 연결된 극심한 빈부 격차, 권력형 비리, 부패와 억압, 장기 영구 집권과 1인 독재, 그리고 김영삼 제명이 보여주는 정치적 폭주 같은 것이 항쟁의 큰 배경을 이루고 있었다.

부마항쟁은 3·1운동 이후 최대 규모의 민중 항쟁으로도 볼 수 있다. 그뿐 아니라 한국의 시위 역사상 보기 드물게 계급 투쟁적 양상이랄까 성격도 있었다. 이 점에서 부마항쟁은 근현대 역사에서 대단히 특이한 역사적 위상을 차지하고 있다. 그도 그럴 것이 이 시기에는 산업화가 급속히 진전되고 있었다. 또 '천민 자본주의', '빈익빈 부익부 현상'이라는 당시의 유행어가 의미하듯이 유신 권력과 기업주의 도덕성이 허물어질 대로 허물어져 있었고, 노동자나 서민의 삶은 힘들고 고달팠다. 많은 연구가 있어야겠고 더 면밀히 검토해봐야겠지만 1970년대 후반기, 1980년대 전반기에는 의식화, 조직화는 되지 않았지만 계급 투쟁이 일어날 만한 소지가 적지 않았다. 10·26으로 일시적으로는 약간 해소되는 면도 보였지만 권력자, 기업주 등 가진 자들에 대한 노동자와 도시·농촌 서민들의 부정적 인식이 대단히 강했다.

——— 이른바 공권력 확립을 무엇보다 중시하는 쪽에서는 '시위 양상을 보면 민주화 운동이 아니라 사실 폭동 아니냐'고 볼멘소리를 할 수도 있을 것 같다.

부마민중항쟁은 김재규가 말한 대로 민란이나 봉기의 성격을 지니고 있었지만, 난동이라고 보기는 어렵다. 시위대가 공격 대상으로 삼은 게 무엇인지를 살펴볼 필요가 있다.

시위 참여자들은 우선 유신 독재의 주구라고 본 치안 기관, 공화당사, 그 밖의 공공 기관을 공격했다. 그리고 오랫동안 진실을 제대로 보도하지 않은 MBC, KBS, 신문사 등의 언론 기관을 공격했다. 또한 그런 곳들과 관련된 차량 등을 공격하고 파출소에 있던 박정희 사진을 떼어버렸다. 마산에서는 상류층과 관련 있는 자가용이나 고급스러운 건물이나 민가를 파손하기도 했다. 그렇지만 파출소를 점거해도 무기고는 그대로 놔뒀다. 흉기도 지니지 않았다. 병원 같은 공공시설은 손대지 않았다. 상점에서 물건을 약탈하지도 않았다.

부마항쟁은 유신 체제의 실상, 유신 경제 정책의 성격이 잘 드러난 가운데 유신 체제와 사회, 경제의 구조적 문제를 들고나온 학생들과 서민, 하층민들의 불만이 화산처럼 폭발하면서 터져 나온 항쟁이다. 김재규가 거사하는 직접적인 계기가 바로 이 부마항쟁이다. 그런 점에서 부마항쟁은 유신 붕괴의 직접적 요인이었다. 부마항쟁으로 박정희 유신 체제가 무너진 것이다.

박정희 "내가 직접 발포 명령"
차지철 "100만~200만 죽인다고……"

유신 체제 붕괴, 네 번째 마당

김 덕 련 부마항쟁을 거치며 유신 독재는 붕괴로 치닫지 않나.

서 중 석 1978년 12·12선거 이후 유신 체제는 심각한 위기 징후를 보여주고 있었다. 1979년 5월말 신민당 전당 대회에서 김영삼이 총재로 선출되면서 그것이 가시화됐다. 특히 YH 여성 노동자들의 신민당사 농성과 김영삼 의원직 제명을 전후해 유신 정권에 대한 민심 이반이 현저했는데, 그것이 민중 항쟁으로 나타난 것이 부마항쟁이었다.

부마항쟁이 발발하면서, 겉으로는 평온해 보이기도 했지만 유신 체제의 붕괴 양상이 가파르게 진행되고 있었다. 박정희 유신 권력은 극단적으로 경직화하고 있었고, 권력 내부의 분열과 이반이 심화됐다. 유신 권력을 보위해야 할 중앙정보부장 김재규는 결심을 굳히고 있었다.

유신 말기는 1945년 8·15 직전의 일제 말기를 연상케 하는 점이 있다. 일제의 거짓 선전으로 대다수의 한국인과 일본인은 일제 패망이 코앞에 닥쳤다는 것을 잘 몰랐지만, 권력 핵심에서나 전쟁의 현실을 직접 접한 사람들은 그렇지 않았다. 1960년 4·19는 이승만 정권 붕괴를 가시화했는데, 그로부터 몰락까지는 꼭 1주일('피의 화요일' 4·19→'승리의 화요일' 4·26)이 걸렸다. 부마항쟁이 발발한 날로부터 10·26까지는 10일, 부마항쟁이 발발해 부산에 비상 계엄이 발동된 1979년 10월 18일부터 10·26까지는 딱 8일이 걸렸다.

박정희의 호언장담 "나를 누가 총살하겠나"
차지철 "100만~200만 죽인다고 까딱 있겠나"

── 이제 김재규의 거사 부분을 살폈으면 한다. 부마항쟁 현장을 살펴본 후 김재규는 어떤 모습을 보였나.

부산에 계엄이 선포된 직후인 1979년 10월 18일 새벽 부산에 간 김재규는 그날 오후 항공편으로 서울에 와서 바로 청와대로 직행했다. 박정희 대통령한테 보고하러 간 것이다. 보고는 김계원 비서실장, 차지철 경호실장이 동석해 저녁 식사를 막 끝낸 식당에서 이뤄졌다. 김재규는 청와대에서 나눈 대화에 대해 항소 이유 보충서에서 이렇게 기술했다.

"부산 사태는 체제 저항과 정책 불신 및 물가고에 대한 반발에 조세 저항까지 겹친 민란이라는 것과 전국 5대 도시로 확산될 것이라는 것 및 따라서 정부로서는 근본적인 대책을 강구하지 않으면 안 되겠다는 것 등 본인이 직접 시찰하고 판단한 대로 솔직하게 보고를 드렸다."

── 김재규의 보고에 박정희는 어떻게 반응했나.

박 대통령은 버럭 화를 냈다고 한다. 그러면서 "앞으로 부산 같은 사태가 생기면 이제는 내가 직접 발포 명령을 내리겠다. 자유당 때는 최인규(1960년 3·15 부정 선거 당시 내무부 장관)나 곽영주(4월혁명 당시 경무대 경무관)가 발포 명령을 하여 사형을 당하였지만 내가 직접 발포 명령을 하면 대통령인 나를 누가 총살을 하겠느냐", 이렇게 얘기했다고 한다. 김재규는 "같은 자리에 있던 차 실장은 이 말 끝에", 박정희 말끝이라는 얘긴데, "'캄보디아에서는 300만 명을 죽이고도 까딱없었는데 우리도 데모대원 100만~200만 명쯤 죽인다고 까딱 있겠습니까' 하는 무시무시한 말을 함부로 하는 것이었습니다"라고 당시 상황을 얘기했다. 그러고 나서 이렇게 썼다.

"그런데 박 대통령의 이와 같은 반응은 절대로 말만에 그치는 것이 아니라는 것이 본인의 판단이었습니다. 박 대통령은 누구보다도 본인이 잘 아는데, 그는 군인 출신이고 절대로 물러설 줄 모릅니다. 더구나 10월 유신 이후 집권욕이 애국심보다 훨씬 강해져서 심지어 국가의 안보조차도 집권욕의 아래에 두고 있던 분입니다. 이승만 대통령과 여러모로 비교해보았지만 박 대통령은 이 박사와는 달라서 물러설 줄을 모르고 어떠한 저항이 있더라도 기필코 방어해내고 말 분입니다."

── 민주주의를 요구하고 재벌 편향 정책과 경제 파탄을 비판하는 국민들에게 직접 발포 명령을 내리겠다는 대통령, 100만~200만 명쯤 죽여도 까딱없다며 맞장구치는 대통령의 심복. 오늘날 일각에서 서민 대통령이라고 강변하며 신화 만들기에 매진하는 박정희의 집권 후반기 민낯이다. 박정희와 차지철의 발언 자체도 무시무시하지만, 더 끔찍한 건 집권 18년간 박정희 정권이 보인 모습을 생각하면 이런 발언들을 빈말 또는 실언으로 치부하고 넘어갈 수 없다는 점 아닌가.

김재규, 박정희, 차지철의 발언에서 알 수 있듯이 박정희와 차지철은 유신 체제를 반대하는 국민을 적으로 보고 있었다. 유신 체제를 지키기 위해서는 어떠한 유혈 사태라도 불사하겠다는, 정신적으로 극한 상황에 몰려 있는 모습을 보여줬다.

김재규는 부산에서 4·19와 같은 사태를 보고 와서 그걸 솔직히 보고했다. 그런데 박정희의 반응은 너무나 기대에 어긋났다. 여기서 김재규는 고심에 고심을 하지 않을 수 없었다. 국가가 초비상사태에 놓인, 그야말로 위기 중의 위기 상황이 아니냐고 판단하면서 그것에 대한 해결 방안을 심각하게 모색했던 것으로 보인다.

"10·26 없었으면 전국적으로
시위가 확대됐을 가능성도"

── 이른바 "부산 사태"가 전국 5대 도시로 확산될 것이라는 김재규의 보고 내용, 어떻게 보나.

김재규가 부마항쟁과 같은 사태가 다른 대도시로 확산될 수 있다고 판단한 것이 근거가 없었던 것은 아니었다. 긴급 조치 9호 등 유신 권력의 통제로 자료가 몹시 결핍돼 있는데, 미국 기밀문서를 분석해 부마항쟁 및 그 이후 상황에 대한 인식을 확대하는 데 크게 기여한 지주형 교수는 "만약 10월 26일 박 대통령이 암살당하지 않았다면 서울 등 전국적으로 시위가 확대되고 심화했을 가능성도 배제할 수 없다"고 피력했다.

글라이스틴 주한 미국 대사는 이 점에 대해 주목할 만한 발언을 했다. 미국 국방부 장관이 와 있는데도 계엄을 선포한 것은 박정희가 "부산의 상황에 대한 뉴스를 통제하고, 문제가 생길 경우 단호히 대처하겠다는 경고를 다른 지역의 잠재적 시위자들에게 하고자 했을 것"이기 때문일 것임을 중시한 것이다. 다른 지역의 잠재적 시위자들에게 경고하기 위한 점도 작용해서 계엄을 선포하고 공수 부대를 보냈다는 것은, 부마 지역 이외의 다른 곳에서도 시위가 일어날 가능성이 있다고 박정희가 판단했을 것이라는 지적과 다름없다. 그것은 또한 글라이스틴의 판단이기도 했다. 글라이스틴은 그것이 박정희의 판단일 것이라는 사항에 이의를 달지 않았다. 글라이스틴과 관련 있는 다른 사람들도 당시 유사한 판단을 하고 있었다. 많은 사람이 부마항쟁과 비슷한 사태가 일어날 것이라고 우려했다. 글라이스틴이 의견을 물은 사람들은 "언제 어디서라도 시위가 재발할" 가능성이 있다고 판단했다는 것이다. 그러나 이들은 비슷한 사태가 일어나더라도 간헐적이고 억제될 것이라고 봤다. 이러한 견해들을 분석하면서 글라이스틴은 "부산에서 그렇게 강력한 억제 전술을 사용한 것을 보면 다른 도시들의 상황에 대해 상당히 우려하고 있음이 틀림없음"이라고 썼다. 실제로 박정희는 만일의 사태에 대비하고 있었다.

— 어떻게 대비하고 있었나.

미국 CIA는 "최근의 정치적 사태 전개와 부산과 마산에서 일어난 소요의 결과 남한의 국내 치안 상태는 더욱더 불안정"해졌고, "단기간에 내부의 치안 상태가 실질적으로 개선될 것이라고는 거의 기대할 수 없다"고 판단하면서 다음과 같이 보고했다. "(삭제) 제26보병사단(4군단), 제30보병사단(1군단), 그리고 제20보병사단(3군)이 …… 수도경비사령부의 통제 아래 놓이게 되었음. 모든 보병 연대는 공포탄을 지급받았고, 만약 계엄이 선포될 경우 서울에 진입할 태세를 갖추고 있음. 이들 부대의 참모들은 이들 연대가 요청한 보급품을 선착순에 따라 제공하라는 지시를 받았음."

보안사령부 또한 언제 일어날지 알 수 없는 비상사태에 다음과 같이 기록하고 있었다. "보안사령부의 야전 요원들은 전방 부대의 휴가와 통행증을 (삭제) 취소하고 있으며 모든 장교의 이동은 장군급 지휘관의 승인을 필요로 함. 중대부터 사단 수준까지 모든 부대의 지휘관들은 24시간 부대에서 대기하고 있음."

이것만이 아니었다. 미국 CIA 문서에 따르면 군 요원들이 학생 시위대의 호소에 호응하는 것을 막기 위해 야전 부대와 서울 및 다른 도시의 커뮤니케이션을 축소시켰다. 비상사태가 일어날 것 같은 상황이 아니라면 보안사령부가 이렇게까지 나올 수 있었을까. 흥미로운 것은 보안사에서 지난 수년간의 소요를 소련이 간접적으로 교사했다는 강연을 열고 있었다는 점이다. 역시 박정희 유신 권력다운 강연이었다.

김영삼의 의원직 제명, 부마항쟁이 있었던 유신 말기에 한국은 비상사태로 급속히 다가가고 있었다. 박정희에 대해 불안감과 불만을 가진 것은 학생과 민중만이 아니었다.

—— 그러한 불안감과 불만, 어느 정도 퍼져 있었나.

글라이스틴에 의하면 거의 모든 부문의 모든 수준에서 그러한 불안감을 가지고 있었다. 체제 안에서도, 체제 밖에서도 박정희에 대한 불안감과 불만이 들끓고 있었다. 박정희에 대한 불안감이 전반적으로 얼마나 팽배해 있었는가에 대해 글라이스틴은 이렇게 지적했다. "(김영삼의 의원직 제명으로 본국 정부에 소환됐다가) 워싱턴에서 돌아온 날부터 박정희가 죽을 때까지 며칠 동안 나는 체제 내에 정부의 강경 정책이 한국을 어디로 이끄는가에 대한 우려가 팽배했다는 느낌을 받았음. 거의 모든 부문의 모든 수준에서 사람들은 자신의 불안감을 토로했으며, 박 대통령을 잘못된 결정을 하고 있는 사람으로 지목하는 데 점점 더 과감해지고 있음. (박정희와 나눈) 우리의 지난 대화(10월 18일)에서는 박정희 본인도 자신의 강경책에 대해 스스로 의문을 제기하는 것으로 보였음."

오해가 있을 수도 있으니 이 시기에 글라이스틴이 어떤 입장을 취했는가를 여기서 얘기하는 것이 좋겠다. 글라이스틴은 지미 카터 미국 대통령이 임명한 주한 미국 대사다. 그런데도 카터가 중시한 인권 외교에 대단히 비판적이었고 안보를 중시했다. 카터가 방한해 박정희와 회담한 날에도 글라이스틴이 차 안에서 주한 미군 철수에 직설적으로 반대하자 노기등등한 카터가 글라이스틴 얼굴에 삿대질을 하며 분노를 터트렸다는 일화는 널리 얘기되고 있다. 글라이스틴은 '미국의 소리' 라디오의 김영삼 인터뷰가 "극도로 현명하지 못한 처사이며 현재의 민감한 상황에 불을 붙일 가능성"이 있다며 반대했다. 이 인터뷰 방송은 중지됐다. 또 글라이스틴은 미국 국무부가 기자 브리핑에서 부마항쟁에 대한 논평을 먼저 하지 말고, 질문이 있을 경우 조심스럽게 답하라고 요구했다. 더 큰 충돌을 일으킬 수 있을 것으로 생각되기 때문이라는 것이었다. 글라이스틴은 그 이후에도 국무부에 "미국의 성명은 특히 부산, 마산 지역에서 선동적인 역할을 할 수 있다"며, 먼저 발언하지 말고 응답할 때에도 특별히 주의해서 하라고 권고했다.

1978년 7월 26일 최규하 국무총리가 윌리엄 글라이스틴 신임 주한 미국 대사(오른쪽)를 접견하고 있다. 글라이스틴은 지미 카터 대통령이 중시한 인권 외교에 대단히 비판적이었고 안보를 중시하는 인물이었다. 사진 출처: 국가기록원

— 이즈음 대학가 분위기는 어떠했나.

대학도 움직이고 있었다. 긴급 조치 9호 때문에 거의 다 미국 CIA 자료에 의거했는데, 부마항쟁 시기에 이화여대, 경상대와 한양대, 진주 대동기계공고에서 시위가 있었고 1979년 10월 21일에는 다시 부산에서 시위가 일어났다. 시위는 그 이후에도 일어났다. 10월 25일에는 약 2,000명의 계명대 학생들이 시위를 했고, 파국의 날인 26일에는 통영수산전문대 학생 400~500명이 가두시위를 벌였다. 울산공과대학과 공업전문대, 통영수산대, 부산 학장동 공업지대 등지에서 각종 유인물이 나돌았다. 경찰청이 경기산업대에서

수거한 유인물에는 박 대통령을 죽이자는 충격적인 주장이 담겨 있었다. 그에 앞서 10월 17일 저녁에는 광주의 미국 문화원에 누군가 불을 질렀다. 이러한 가운데 경북대는 날짜가 불확실하지만 '가정학습'을 이유로 문을 닫았다. 서울대도 분위기가 심상치 않았다. 그 점은 서울의 다른 대학들도 비슷했다.

여기서 연세대와 이화여대의 움직임을 특별히 주목할 필요가 있다. 10월 25일 연세대에 유인물 3,000장이 배포됐다. 부마항쟁 소개와 함께 경제 문제가 심각하고 정부는 이를 다룰 수 있는 능력이 없다는 것이 주요 내용이었다. 이 유인물은 보안대에 의해 신속히 수거됐지만, 이날 여러 학생 모임에서 부마항쟁에 동참하자는 내용이 논의됐다. 이 무렵 연세대와 이화여대 학생이 만나 시위에 대해 논의했고 10월 29일, 30일 두 대학에서 시위가 있을 예정이었다. 10·26으로 시위는 일어나지 않았지만, 당시 상황에서 주요 대학에서 시위가 일어나면 유신 시기에 있었던 다른 시위처럼, 또 광주항쟁 직전에 있었던 1980년 5월 13~15일 시위처럼 순식간에 일파만파로 번질 수 있었다. 아울러 미국 CIA 문서에는 주요 대학 교수들 사이의 토론에서 현재의 극단적인 대치 상태에서 특별한 조치가 있어야 한다는 의견이 나왔다는 점도 비교적 상세히 언급돼 있다.

비상사태 또는 파국은 박정희의 분신 또는 수족처럼 행동한 차지철 경호실장에 대한 불만 또는 불안감이 뇌관 역할을 할 수 있었다. 청와대의 전·현직 비서실장 등 청와대 내부, 중앙정보부장부터 중앙정보부의 말단 직원까지, 또 군부 등 권력의 핵심 내부에서 차지철의 월권과 권력 남용, 횡포에 대한 우려와 불만, 불안감이 고조됐다. 10·26 그날 상황을 말하기 전에, 여기서 캄보디아에서 한 것처럼 대량 살육한다고 해서 까딱 있겠느냐고 발언한 차지철의 월권, 권력 남용과 횡포, 기고만장함을 먼저 살펴볼 필요가 있다.

차지철의 국정 농단, 박정희의 비호
박정희와 차지철은 일심동체

── 유신 말기 차지철의 월권과 횡포, 어느 정도였나.

차지철은 박근혜 시기의 최순실과는 다른 방식으로 국정 농단의 주범이었다. 그는 1978년 12·12선거 이후 중요 사건, 정책에 깊이 개입했다. 1979년 백두진을 국회의장으로 천거했고, 신민당의 5·30 전당 대회에서도 이철승 쪽을 적극 밀었으며, 김영삼을 제명하는 데에도 적극 나서는 등 박정희와 일체가 돼 사사건건 김재규와 맞섰다. 그러면서 김재규와 중앙정보부를 바보로 만들었다. 5·30 전당 대회 이후에는 박정희의 강력한 지지 아래에서, 경호실장인데도 중앙정보부를 대신해 유신 체제를 수호하는 데 헤게모니를 행사했다.

박정희는 1978년 말 유신 제2기가 출범할 무렵부터 오전 11시가 되도록 장관들은 잘 만나지 않고 차지철과 만나는 일이 많았다고 한다. 유신 말기에 뒤틀릴 대로 뒤틀린 정국은 박정희의 판단력에 중대한 결함이 있었다는 것을 말해준다. 이 시기에 박정희는 정신적 결함이라고까지 말할 수 있는 모습을 보였는데, 박정희의 그러한 정신적 파행을 잘 보여주는 것이 차지철의 존재이자 행태다.

김정렴은 회고록에 "10·26을 회상할 때마다 내가 차지철을 경호실장으로 천거하지 않았더라면 박정희 대통령이 비명에 돌아가

차지철은 박정희와 일체가 돼 사사건건 김재규와 맞섰고, 경호실장인데도 중앙정보부를 대신해 유신 체제를 수호하는 데 헤게모니를 행사했다. 사진은 1974년 12월 17일 경호실 창설 기념식에 참석해 연설하고 있는 모습. 사진 출처: 국가기록원

지도 않았을 것이 아닌가 하는 생각을 금할 수 없다"고 썼다. 차지철은 유신 말기에 경호실장 영역을 넘어서 국정에 깊숙이 개입했다. 장관이나 군 장성의 인사에 관여했고 국회 상임위원장까지 지명했다. 대통령의 지시와 차지철 개인의 지시를 구별하기가 어려웠고 아무도 차지철을 견제할 수 없었다. 그와 함께 정치 공작 등 중앙정보부의 이른바 '고유 업무'에 개입했고 김재규 중앙정보부장 등 여러 사람의 대통령 접근을 차단하기도 했다. 또한 정보망을 독자적으로 구축해 정보를 박정희한테 보고했다. 일을 그런 식으로

해놓고 차지철은 일이 잘되면 자기 공으로, 못되면 김재규 책임으로 돌리곤 했다.

차지철은 "각하를 지키는 것이 국가를 지키는 것이다"라는 표어를 써붙이고 경호실을 막강한 권부로 키웠다. 차지철은 모든 힘과 정보는 경호실을 통해야 한다는 이상한 확신을 갖고 있었다. 장관들한테 대통령 결재를 받을 문서는 꼭 하루 전에 자기 방에 갖다 놓도록 요구했다고 한다. 그렇게 해서 차지철은 대통령에게 올라가는 각종 기밀과 중요 문건을 미리 파악했고 사실상 정보를 독점하다시피 했다. 그뿐 아니라 의전과 관련해서도 문제를 일으켰다.

—— 어떤 문제였나.

김진 기자가 쓴 책을 보면 "각하를 빼놓고 나보다 앞설 수 있는 사람은 없다", "누구의 승용차도 내 차를 앞서갈 수 없다"고 차지철이 고집을 부려서 비서실, 경호실 모두 의전 때문에 아주 애를 먹었다고 돼 있다. 이것도 김진 책에 나오는 얘긴데, 차지철은 경호실장이 되자마자 경호 부대를 나치 히틀러의 SS 친위대처럼 만들려고 심혈을 기울였다. 경호실 복장까지 SS 친위대를 모방할 정도였다. 차지철은 경호실장 전용 식당도 마련했다.

또한 차지철은 경호실 위상을 높이기 위해 경호실 편제를 고쳤다. 차장 밑에 행정차장보, 작전차장보를 새로 만들어 현역 준장으로 보임했다. 차장으로 현역 소장을 임명했는데, 나중에는 군단장급인 중장이 차장이 됐다. 청와대 안과 외곽 경비를 담당하는 수경사 30·33대대를 대대급에서 여단급으로 격상시켰고, 헌병으로 새 팀을 하나 만들어 사복 외곽 경호를 맡게 했다.

그뿐 아니라 유사시 수경사령관의 작전 지휘권을 경호실장이 갖도록 법을 고쳐버렸다. 민간인이 군, 그것도 수경사령관을 지휘하게 된 것이다. 국군조직법에 위배된다고 박정희한테 충언한 장군은 보직에서 떨려났다. 경호실 차장으로는 정병주, 이재전 등이 기용됐고 행정·작전차장보로는 이광로, 전두환, 노태우, 김복동 등이 발탁됐다.

차지철은 국기 강하식이라는 행사를 열고 여기에 장관, 국회의원, 그리고 각 군 참모총장을 비롯한 군 지휘관과 언론계 인사 등을 불러 위세를 과시했다. 이날 열병·분열 등 제병諸兵 지휘관은 경호실 작전차장보가 맡았다. 열병이 끝나면 분열인데, 전두환 준장이 칼을 찬 채 선두에서 행진하다가 사열대 앞에서 칼을 빼서 높이 치켜들고 "우로 봐!" 구호를 외치는 식이었다.

이렇게 월권과 전횡을 거듭하면서 차지철은 여권 내에서 일종의 대통령 권한 대행 노릇을 했고, 대통령 비슷한 위세로 부통령과 다름없었다는 얘기를 많이 들었다.

—— 박정희의 묵인과 비호가 없었어도 차지철이 그렇게 할 수 있었을까? 차지철의 전횡에 대한 책임 문제에서 박정희가 결코 자유로울 수 없는 것 아닌가.

차지철의 행동은 의원, 각료, 군 지휘관 등의 반발을 초래했다. 중앙정보부장 김재규와 빚은 갈등은 말할 것도 없고 비서실장 김계원과도 심각한 갈등 관계에 있었다. 이때의 상황을 10·26 당시 보안사령관이었던 전두환은 이렇게 말했다. "비서실 내부도 엉망이고 우군 싸움이 김일성이와의 싸움보다 더 심했어. 망하려니 그런가 봐."

　차지철은 정보 수집에서 한 걸음 더 나아가서 처리 방안까지 박정희한테 보고했다. 중요 인사와 정책에서 차지철의 건의는 힘이 있었다. 박정희는 차지철과 관련된 보고서가 들어오면 차지철한테 주어버렸다. 전두환은 "정치 자금도 차지철을 통해서 하고 신세를 너무 많이 지니 정면으로는 말을 못하는 것 같다"고 《전두환 육성 증언》에서 얘기했다.

　차지철에 대해서는 김정렴이 《김정렴 정치 회고록: 아, 박정 희》라는 책에서 이상할 정도로 자세히 언급했다. '이상할 정도'라고 말한 것은 다른 사람에 대해서는 짤막하게만 얘기했기 때문이다. 그래도 김재규에 대해서는 약간 언급했다. 김재규가 2년 3개월 동안 건설부 장관으로 재임하면서 중동 건설 진출에 큰 업적을 남겼다고 말하고, 자신에게는 매우 우호적이었다고 회고했다. YH사건 에서는 김재규가 강제 해산을 명령했다고 언급했다.

───　차지철에 대해 김정렴은 어떤 기록을 남겼나.

　김정렴은 자신이 비서실장을 그만둔 후 가장 많이 들려온 우려의 소리는 차지철의 안하무인식 무소불위의 농단과 이에 따른 김 재규 중앙정보부장과의 마찰에 관련된 내용이었다고 기술했다. 특히 차지철이 거의 공개적일 정도로 정치 문제에 간여한 것이 여당 간부, 그리고 당시 정치 공작을 책임지고 있던 중앙정보부와의 마찰을 표면화시킨 듯하다고 지적했다. 김정렴은 "내가 듣고 가장 우려한 것은 보좌 기능의 기초가 되는 보고 체계의 문란"이라고 역설 했다. "즉 매일 아침 정례화된 비서실장의 종합 보고에 앞서 경호실장이 먼저 대통령에게 시국 주요 현안을 보고하고, 관계 기관에 '대통령의 뜻'을 지시하는 사례가 차츰 증가"했는데, 이것은 국정 운영 체계의 문란과 책임 소재의 '애매화'를 초래한다고 지적했다. 김정렴은 비선 조직의 보고는 책임이 따르지 않아 국정 혼란을 초래하는 가장 큰 요인이라고 거듭 강조했다. "특히 정치 분야에(서) 공작은 엉뚱한 데서 하고 책임은 다른 집행 기관이 져야 하는 현상은 박정희 대통령의 말기 국정 장악력 특히 정치 분야에서의 혼선과 무리수의 반복을 거듭하는 큰 원인이 된 것 같다"고 지적했다.

김정렴은 이런 얘기도 했다. "국정 혼란의 근본 원인은 차지철의 월권과 이를 억제하는 조정 기능의 상실이 큰 문제였는데, 차지철은 당과 국회에 광범위한 인맥을 만들어 자신이 관리하는 주요 인사들을 수시로 불러 '각하의 뜻'이라는 것을 전달"했고 당시 공화당은 차지철과 붙어 다니는 인맥을 '자공달子供達'이라고 불렀던 바, 이런 자학적인 은어가 유행했다는 것이다.※

김정렴은 차지철 문제에 대해 이렇게 끝맺음을 했다. "우려했던 상황은 결국 10월 26일에 터지고 말았다." 유정회 소속의 한 의원은 '백두진 파동'과 '김영삼 의원 제명' 사건에 대한 전갈은 차지철로부터 왔다면서, (유정회) 의원 총회나 운영위원회 등이 열릴 때면 당 지도부는 반공개적으로 '대통령의 뜻'이 차지철 경호실장을 통해 시달됐음을 알려주고 갔다고 증언했다.

── 이승만 집권 말기에도 측근들의 횡포 문제는 있었다. 그때와

※ '자공달子供達'은 일본어로 '아이들こどもたち'이라는 뜻이다. 여기서는 '차지철의 아이들'을 뜻한다.

비교하면 어떠한가.

차지철의 위세는 자유당 말기 이승만을 끼고 막강한 권력을 휘두른 박찬일 비서, 곽영주 경무관과도 비교가 되지 않았다. 10·26 직후 사건의 진상을 제일 먼저 파악해야 했을 노재현 국방부 장관과 정승화 육군 참모총장은 김재규가 쐈다는 걸 알기 전까지는 '이건 차지철이 저지른 범행 아니겠나', 그렇게 생각했는데 그것도 무리가 아니었다. 여당 일각에서는 '유신 말기에 차지철이 나라를 말아먹는 것 아니냐고 우려하고 있었는데 10·26이 났다'고까지 얘기했다. 그만큼 이 시기에 차지철의 횡포가 심했다는 걸 얘기하는 것이라고 볼 수 있다.

이러한 차지철의 횡포, 기고만장함 같은 것들은 전부 박정희가 적극적으로 두둔하고 지지, 지원했기 때문에 가능한 것이었다. 당시 박정희와 차지철은 한 배에 같이 탄 정도가 아니라 사실상 일심동체라고까지 얘기할 수 있는 상태에 있었다.

또 하나의 비선 조직, 이규광 사설 정보대
박정희와 박근혜의 국정 운영, 닮은 점 많아

—— 전두환 인척인 이규광과 관련된 문제도 있지 않았나.

김정렴의 정치 회고록에는 차지철의 비공식 정보 기관, 세칭 이규광 사설 정보대에 관한 언급도 있다. 차지철이 경호실 직제에 속해 있는 정보처 외에 따로 이규광을 장으로 하는 비공식 정보 기관을 운영하며 소위 고급 정치 정보를 수집하기 시작했다는 것이다. 정치 정보가 주였는데, "(차지철 또는 이규광이) 책임지고 조치할 입장이 아니어서인지 강경한 조치를 건의하는 내용도 간혹 포함돼 있었으므로 이런 정보를 경솔히 올려서는 곤란하다고 느꼈다"고 썼다. 완곡한 표현이지만 무엇을 얘기하려고 하는지 충분히 잘 알 수 있는 내용이었다. 계속해서 김정렴은 차지철이 이런 비공식 정보기관을 운영한 것도 경호실장직을 장기적으로 맡음으로써 일어난 일이므로 장기근속 문제를 심사숙고해야 한다고 주장했다.

이규광은 이승만 정권에서 육군 헌병감을 할 때부터 구설에 올랐다. 1961년 5·16 군부 쿠데타 직전에 하극상 혐의로 장도영 육군 참모총장에 의해 군 영창에 들어갔다가 5·16쿠데타 후 박정희 소장에 의해 풀려났고, 그 직후인 1961년 7월 예편했다. 이규광이 크게 주목받게 된 사안은 차지철 사설 정보대 외에도 두 건이 더 있다. 이 두 건은 중요한 순간에 역사를 바꾸는 역할을 했다. 하나는 1963년 3월 '군 일부 쿠데타 사건'이고 다른 하나는 1982년 장영자 사건이다.

이름도 이상한 '군 일부 쿠데타 사건'은 민정 이양 시기에 일어났다. 그때 박병권 국방부 장관과 김재춘 중앙정보부장이 주동이 되어 군 수뇌부와 함께, 박정희가 '혁명 공약' 6항에서 약속한 대로 대통령 선거에 나와서는 안 되고 군에 복귀해야 한다고 강력히 주장했다. 할 수 없이 박정희는 민정에 불참하겠다는 2·18 성명을 발표했고, 나아가 국민 앞에서 2·27 선서를 엄숙히 했다. 그렇지만 박정희는 권력에서 물러날 사람이 절대 아니었다. 불과 보름도 안 지난 3월 11일 이른바 '군 일부 쿠데타 사건'이 도하 신문을 장식했다. 그러면서 박병권 장관은 궁지에 몰려 사표를 냈다. 박정희 쪽이 계속 공세에 나서면서 3월 15일 사상 초유의 군 데모 사건이 일어났다. 그러자 박정희는 군정을 연장할 수 있다는 3·16 성명을 내고 정국을 반전시켰다. '군 일부 쿠데타 사건'이 박정희를 위기에서 구해 준 것이다. 따라서 절묘한 시점에 발생한 이 사건은 발표가 됐을 때부터 많은 의구심이 따랐다. 특히 이 사건에서 이규광의 '존재'와 '역할'이 큰 관심을 불러일으켰다.

'군 일부 쿠데타 사건'에는 김동하, 박임항, 김윤근, 박창암 등 5·16 군사 정권의 핵심들이 포함돼 있었다. 김동하는 김종필(사실은 박정희·김종필) 중심의 공화당 창당을 맹렬히 반대한 최고회의 내 비주류 주동 인물이었다. 그런데 이 사건에 이규광도 포함돼 있었다. 이규광은 재판을 받으면서 크게 주목받았다. 미국도 이 사건을 조작으로 보고 있었지만, 법정에서 박창암 등은 "이 사건은 조작된 것이다"라고 소리를 질렀고 전 건설부 장관이자 육군 중장이었던 박임항은 쿠데타를 일으키려 한 것이 아니며 김종필 제거인 줄로 알고 이규광의 모의 제의를 받아들였다고 진술했다. 박임항, 이규광 등은 1심 군사 재판에서 사형을 선고받았지만, 이규광은 1965년 말 박 대통령에 의해 병보석으로 석방됐다.

사상 최대의 금융 사기 사건이라는 얘기를 들었던 장영자 사건은 전두환·신군부의 권력 재편에 지대한 영향을 끼쳤다. 이규광은 장영자의 형부이자 전두환의 처삼촌이었다. 그런데 신군부의 핵심인 청와대 수석비서관 허화평·허삼수('투 허')와 유학성 안기부장 등은 이규광을 법대로 처단해야 하고 전두환의 친·인척은 공사公私 활동에서 손을 떼야 한다는 주장을 강력히 펼쳤다. 이규광은 한때 구속되기도 했지만, 유학성이 안기부장에서 물러나고 신군부의 핵심 중 핵심인 '투 허'도 물러나면서 전두환·신군부 권력은 커다란

유신 체제 붕괴

내부 전환을 맞이했다.

— 차지철과 이규광은 언제 한통속이 됐나. 사설 정보대가 어느 시기부터 움직였는지도 궁금하다.

차지철은 국회 외무위원장 시절부터 이규광과 알고 지냈다. 이규광은 사설 정보대를 운영하기 전에도 비서실장도 모르게 은밀히 박정희를 만나곤 했다. 사설 정보대를 언제 만들었는지는 분명치 않다. 이규광의 비공식 정보 기관의 정보를 차지철이 박정희에게 올렸는데 박정희가 비서실장인 자신에게도 참고하라며 그 보고서를 줬다는 기록이 김정렴 정치 회고록에 나온다. 이를 볼 때 유신 말기라고 하더라도 1978년 12·12선거 이전일 것이다.*

정치 보고 중심이라 하지만, 어떤 내용을 올렸는지는 알 수가 없다. 김진 기자 책에는 이 사설 정보대가 효자동 부근에 본부를 차리고 청와대 비서실장, 김재규 중앙정보부장부터 공화당 당직자, 군 수뇌부까지 조사 대상으로 삼았다고 나온다.

한 가지 확실한 것은 이규광의 정보 보고가 박정희와 김재규의 간극을 크게 벌리게 했을 것이라는 점이다. 김재규는 박정희에게 대충 중요한 것만 보고했는데, 차지철은 이규광의 뒷조사 내용을 아주 사소한 것까지 보고했기 때문에 박정희가 차지철의 보고를 더 신임했다는 얘기도 있다. 또 이규광의 사설 정보대 정보에는 권력 핵심의 부정부패 관련 사항이 많이 들어가 있었고 전두환·신군부가 쿠데타를 일으켰을 때 이 정보를 이용했을 거라는 설도 있다.

• 김정렴은 1978년 12·12선거 후 비서실장에서 물러난다.

— 독재자와 사실상 일심동체인 핵심 측근의 사설 정보대 문제, 어떻게 평가하나.

'사설 정보대'라는 비선 중의 비선 조직은 독재자가 몰릴 대로 몰려 위기의식이 심화됐을 때, 그리고 측근들도 믿을 수 없는 정신적 공황에 빠졌을 때 생길 수 있다. 박정희 신도로 박정희에게 불리한 내용은 거의 언급하지 않고 있는 김정렴이지만, 차지철에 대해서는 안하무인적 무소불위의 국정 농단을 저질렀다고 질타했다. 김정렴은 특히 차지철의 비선 활동과 비선 보고가 정치 혼선, 무리수의 반복, 국정 혼란을 불러왔고 "우려했던 상황은 결국 10월 26일에 터지고 말았다"고 지적했다.

박정희와 박근혜는 유신 체제 맹신에서도 일치하는 바가 많지만, 비선 조직 활용에서도 너무나 닮았고 결국 그 비선이 파국을 불러왔다는 점에서도 일치한다. 대를 물려 이러한 역사가 반복된다는 것은 너무 잔혹하지 않은가.

김재규 "난국 수습하지 못하면 광화문 네거리가 피바다 된다"

— 다시 김재규 쪽으로 돌아가면, 부산에서 돌아와 청와대에 보고한 후 김재규는 어떤 움직임을 보였나.

김재규는 청와대로 직행해 박정희한테 보고한 후 태도가 확 달라져 뭔가를 결심하는 듯한 굳은 표정이었다고 한다. 10월 23일 김재규는 친척을 장충단 공관으로 불러 평소에 자신이 써놓은 붓글씨 '위민주정도爲民主正道', '자유민주주의', '위대의爲大義', '비리법권천非理法權天', 그리고 '민주, 민권, 자유, 평등'을 가리키며 "이 말들을 잘 새겨듣고 후손에게 전해달라"고 부탁했다. 비리법권천은 이치에 어긋나는 것은 이치를 당하지 못하고 이치는 법을 당하지 못하고 법은 권력을 당하지 못하고 권력은 천하를 당하지 못한다는 뜻이다. 그다음 날에는, 김정남 책에 의하면, 부인과 딸에게 밑도 끝도 없이 "대의를 따를 것이냐, 소의를 따를 것이냐"고 물었다.

10월 24일 이날, 조갑제의 책을 보면, 김재규는 황낙주 신민당 원내총무를 불러서 얘기를 나눴는데 부마항쟁에 대해 이렇게 얘기했다고 한다. "신문에서는 양아치와 불량배가 데모했다고 하지만 실은 선량한 시민들과 학생들이 대부분이었습니다. 우리가 이 난국을 수습하지 못하면 광화문 네거리가 피바다가 됩니다. 이걸 수습할 분은 나와 황 총무뿐입니다." 그러면서 김재규는 난국 수습을 위해 김영삼 총재가 일선에서 물러나야 하며 황낙주도 원내총무에서 사퇴해줘야겠다고 얘기했다고 한다.

— "광화문 네거리가 피바다", 무서운 얘기다. 박정희, 차지철의 태도를 고려하면 이것을 터무니없는 말로 치부할 수 없었다는 점에서 더욱 무서운 얘기다.

또 이날 김재규는 이제는 공화당 의원이 된 전 중앙정보부장 이후락을 만났을 때 "제가 딱 해치우겠습니다", 이렇게 얘기했다고 한다. 이후락은 그때 '신민당을 해치우겠다'는 뜻으로 들었는데 10·26 이후에야 '그게 다른 뜻이었구나' 하는 걸 알게 됐다고 한다.

이종찬 장군은 김재규가 가장 존경했던, 그래서 김재규가 억지로 간청해 유정회 의원이 되게 했던 사람이다. 그러한 이종찬이 이 무렵 김재규를 찾아가서 '유정회 의원, 더는 못하겠다'고 얘기했는데 그때 김재규가 "조금만 기다려주십시오"라고 사정했다고 한다.

이 시기에 김재규는 뭔가 결심을 하고 있었던 것으로 보인다. 10월 25일 김재규가 조선 시대에 단종의 복위를 꾀하다 참살된 조상인 김문기 묘소에 참배를 한 것에서도 그걸 엿볼 수 있다. 김문기는 김재규 쪽, 그러니까 김녕 김씨 가문에서 사육신의 한 사람이라고 얘기하는 인물이다. 그처럼 사육신의 한 사람이라고 하면서 특별히 모셨던 김문기 묘소에 그렇게 갔다는 것이 무언가 김재규 이 사람의 흉중을 이야기해주는 것이 아니냐, 그렇게 보인다.**

- 1973년 12월 중앙정보부장에서 물러난 직후 해외로 도피했다가 1974년 2월에 돌아온 이후락은 한동안 칩거하다가 1978년 12·12총선에 나섰다. 그러나 박정희 정권은 이후락을 공화당 후보로 공천하지 않았다. 결국 무소속으로 출마해 공화당 후보를 꺾고 국회의원이 된 이후락은 6개월 후인 1979년 6월 공화당에 입당했다.
- 오늘날 노량진 사육신묘에는 6명이 아니라 7명의 묘소가 있다. 15세기부터 사육신으로 문헌에 기록된 성삼문, 박팽년, 하위지, 이개, 유성원, 유응부와 더불어 1977년부터 사육신으로 추앙해야 한다는 운동이 본격적으로 전개된 김문기까지 7명이다. 유응부를 빼고 김문기를 넣어야 한다는 주장이 제기된 이래, 누가 사육신인가를 두고 오랫동안 큰 논란을 겪었다. 분명한 건 기존의 6명도, 김문기도 자신들이 소중히 여긴 충의에 목숨을 걸었고 죽음으로 그것을 입증했다는 점이다.

유신 체제 붕괴

박정희 심복 김재규
유신의 심장을 쏘다

유신 체제 붕괴, 다섯 번째 마당

김 덕 련 김재규가 거사를 최종적으로 결정한 때는 언제인가.

서 중 석 김재규가 언제 거사를 결심했는지는 분명치 않다. 부산 항쟁 직후인 1979년 10월 18일 오후 청와대 회동 때였을 수도 있고 그 이후인 23일이나 24일일 수도 있다. 아마도 김재규는 대행사가 있을 때 거사하겠다는 생각을 갖고 있지 않았을까, 그렇게 판단된다. 대행사가 열리는 궁정동 안가가 중앙정보부 통제 아래 있었기 때문이다.

궁정동에서 있었던 이 '행사'라고 하는 것에는 소행사와 대행사가 있었다. 소행사는 박정희가 여자와 단둘이 관계를 갖는 걸 가리키고 대행사는 여자 두 명에다가 권력의 핵심 중의 핵심인 비서실장, 중앙정보부장, 경호실장이 배석한다고 할까, 자리를 같이한 것을 말한다.

이런 '행사'는 이후락이 중앙정보부장일 때 시작은 됐다고 한다. 육영수 여사가 죽기 전부터 이런 행사가 있었는데, 보안 유지를 위해 궁정동 안가에서 이런 이상야릇한 여자관계를 갖게 됐다고 한다. 보안 유지라는 건 박정희가 압구정동 같은 곳에 한밤중에 은밀히 가는 것 때문에 이런저런 말이 자꾸 생기니까, 그래서는 안 되겠다고 해서 이런 식으로 한 것일 터이다.

대행사의 날, 거사 계획한 김재규

── 10·26 그날 상황을 짚었으면 한다. 김재규는 그날 어떻게 행동

했나.

10월 26일과 관련해서는 아주 많은 글이 있는데 여기서는 김재홍의 책, 조갑제의 책, 정병진의 책, 이 세 가지를 많이 활용하려고 한다. 그날 오후 2시 김재규는 얼마 전에 귀국한 재미 동포를 남산의 중앙정보부장 사무실에서 만났는데, 아주 초조한 모습에 표정이 굳어 있었다고 한다. 아마 이날쯤 대행사가 있을 것으로 김재규가 추측하고 있지 않았을까, 그런 생각을 해볼 수 있을 것 같다.

아니나 다를까, 오후 4시경 차지철로부터 전화가 왔다. 구체적으로 어떻게 한다, 이런 식으로 얘기하는 게 아니라 차지철이 전화해서 '있다'라고만 얘기하면 그것으로써 알 수 있게 돼 있었다고 한다.

이 전화를 받은 후 김재규는 바로 박정희를 살해하기 위한 행동에 들어갔다. 정승화 육군 참모총장을 궁정동 안가로 오게 했고, 김정섭 중앙정보부 차장보도 와서 정 총장과 자리를 함께하게 했다. 김재규가 정승화에게 전화한 시간은 자료에 따라 차이가 난다. 정승화 책에는 '퇴근 시간' 전이라고만 나와 있고, 조갑제 기자 책에는 '차지철 전화를 받은 후 15분쯤 지나서'라고 돼 있다. 정병진 기자 책에는 '5시가 조금 안되었을 시각'으로 나와 있다. 김재규가 남산 중앙정보부장실에서 차지철 전화를 받고 궁정동으로 온 것이 오후 4시 30분경으로 돼 있기 때문에, 궁정동 안가 중앙정보부장실에서 전화했다고 보는 것이 설득력이 있을 것 같다.

김재규는 정승화에게 전화로 저녁을 함께하며 시국 이야기나 나누자고 말했다. 정승화가 궁정동 중앙정보부 사무실에 와서 차에서 내리자, 김정섭 차장보가 "정보부장이 마침 대통령의 갑작스런

1979년 10월 26일 '운명의 날' 박정희가 삽교천 삽교호 준공식에 참석한 후 주변을 시찰하고 있다. 이 준공식이 박정희의 마지막 공무 행사였다. 사진 출처: 국가기록원

부름을 받아 저녁을 함께한다"면서 "(김재규 부장이) 곧 올 터이니 그때까지 (제가) 접대하겠다"고 말했다. 비서실장 김계원은 오후 4시 30분이 조금 지나서 차지철로부터 전화를 받고, 5시가 조금 넘은 때에 궁정동에 왔다.

── 운명의 날, 박정희는 어떻게 움직였나.

박정희는 이날 삽교천 방조제 준공식에 참석하러 갔다. 김재

유신 체제 붕괴

규가 '나도 가고 싶다'고 차지철한테 얘기했는데, 차지철이 못 오게 했다. 대통령 일행은 준공식에 참석한 후 아산에 있는 도고 온천 관광호텔에서 점심을 먹었는데, 이 호텔에서 사육하던 노루가 헬기 프로펠러 소리에 놀라서 뛰다가 뭔가에 부딪혀 즉사했다. 이것에 대해 한 기자는 불길하다고 썼다.

삽교천 행사를 마치고 도고 온천 쪽으로 가기 전 대통령은 KBS 송신소에 들렀는데, 청와대 대변인을 지낸 김성진 문공부 장관이 이때 수행했다. 김성진은 여기서 박정희가 너무 힘이 없어 보였고 얼굴에 죽음의 사자가 머물고 있는 듯했다고 회고했다. 이 무렵 정치건 경제건 다른 문제건 한 사람으로서는 감당하기 어려운 상황에 있었기 때문에 그렇지 않았을까 하는 생각이 든다. 어쩌면 이날 박정희는 전날(25일) 청와대 새마을 담당 특보라고도 불리고 농촌 담당 특보라고도 불린 박진환과 나눈 대화가 생각났을 수도 있다.

부마항쟁 후 반성은커녕
국민 깔보고 야당 탓만 한 박정희

—— 박진환과 어떤 이야기를 주고받았나.

박정희가 박진환을 부르더니만 이번 사태에 대해 어떻게 생각하느냐고 물었다고 한다. 이번 사태라는 건 부마항쟁을 말한다. 박진환 고향이 마산이기 때문에 그걸 물어본 것이다. 박진환은 이렇게 대답했다고 한다. "민심이 떠나가는 것 같은 기분이 듭니다. 국민들이 새마을운동에도 옛날처럼 열을 내지 않는 것 같습니다. 지방 관리들이 올리는 새마을 관계 보고나 통계도 과장된 것이 많습니다. 정부와 국민이 뭔가 헛돌고 있는 것 같습니다." 그러고 나서 "12월 초에 장충체육관에서 열 새마을 지도자 대회도 박수만 요란하지 김이 빠질 것 같습니다", 이렇게 덧붙였다고 한다. 박정희로서는 몹시 김빠지는 얘기를 들은 것이다. 그러니까 더 힘이 없지 않았을까 싶다.

— 박정희 일행이 궁정동에 온 후 상황은 어떠했나.

박정희는 차지철과 함께 이날 오후 6시 5분경 궁정동에 왔다. 그러면서 얘기를 나누는데 이 얘기도 들어볼 필요가 있다. 박정희가 신민당 공작은 어찌 됐느냐고 물어보니까 김재규는 "공화당이 발표했기 때문에", 이건 김영삼 제명에 반발해 야당 의원들이 일제히 낸 의원직 사퇴서를 선별 수리하는 쪽으로 논의가 이뤄졌다고 여권에서 발표한 걸 가리키는데, "다 틀렸습니다. 암만 해도 당분간 정(운갑) 대행 (체제) 출범이 어렵겠습니다. 주류들이 강경해져서 다소 시끄럽겠습니다", 이렇게 답했다. 그러자 차지철이 "새끼들, 까불면 신민당이고 학생이고 간에 탱크로 싹 깔아뭉개버리겠습니다" 라고 발언했다.

이어서 박정희가 이렇게 얘기했다. "부산 사태는 신민당이 개입해서 하는 일인데 괜히들 놀라가지고 야단이야. …… 부산 데모만 하더라도 식당 보이나 똘마니들이 많지 않아. 그놈들이 어떻게 국회의원의 사표를 선별 수리하느니 뭐니 알겠는가. 신민당이 계획한 일인데도 괜히 개각이니 뭐니 국회의장을 사퇴시켜야 한다느니 하면서……. 중앙정보부는 더 정확한 정보를 수집해야겠어." 여기서 "신민당이 계획한 일"이라는 건 신민당이 부산 항쟁의 배후라는 뜻으로 이야기한 것으로 보인다. 이승만도 1960년 4월혁명 때 똑같은 식으로 얘기하지 않았나. 장면과 민주당이 봉기를 선동했다는, 사실과 전혀 다른 이야기를 이승만이 강변했던 것을 연상시키는 장면이다.

── 최고 권력자의 오만함과 그 충복의 무지막지함이 다시 적나라하게 드러난 대화다. 그 후 상황은 어떻게 전개됐나.

두 여자, 즉 가수 심수봉하고 여대생 신재순인데 이 사람들이 오후 6시 50분경 술자리에 들어섰다. 심수봉이 〈그때 그 사람〉, 〈눈물 젖은 두만강〉을 부른 다음에 차지철을 지명하자 차지철이 〈도라지〉, 〈나그네 설움〉을 불렀다고 한다.

그 무렵 김재규는 방을 나섰다. 연회장을 떠나서 정승화 육군 참모총장과 김정섭 차장보가 자리에 그대로 있는지를 확인했다. 그러고 나서 2층에 가서 준비된 권총을 갖고 나온 다음에 박선호 의전과장, 박흥주 수행 비서관을 세워놓고 '오늘 저녁에 해치우겠다. 방 안에서 총소리가 나면 나를 도와 경호원들을 처치하라'고 얘기했다. 자신이 가장 믿는 두 사람한테 구체적인 얘기를 처음으로 한 것이다. "각하까지 포함됩니까?" 박선호가 묻자 김재규는 물론 그렇다고 답했다. 박선호는 '경호원이 7명이나 된다. 다음으로 미루는 게 어떻겠느냐'고 얘기했다. 그러자 김재규는 '안 된다. 오늘 저녁에 내가 결행한다. 나는 모든 준비를 하고 나와 있다'고 말했다. 사전에, 그러니까 여러 날 전에 결심했기 때문에 이렇게 말할 수 있었을 것이다.

총으로 권력 움켜쥔 박정희 독재,
부하의 총에 막 내리다

— 거사의 순간, 상황은 어떠했나. 박정희 최후의 대화 내용도 궁
금하다.

김재규는 다시 대행사장으로 갔다. 이제 마지막 '대화'를 들을
터인데, 이 대목도 왜 김재규가 거사를 했는지 이해하는 데 도움을
준다. 이때는 다들 윗옷을 벗고 있었다고 하는데, 박정희가 "차 실
장 말이 옳아. 김영삼이를 구속 기소하라고 했는데 류혁인이가 말
려서 그만뒀더니 역시 좋지 않아"라고 얘기했다. 이때 류혁인은 정
무수석이었다.＊ 그러자 김재규가 "김영삼 총재는 이미 국회의원으
로서 면직됐습니다. 사법 조치는 아니지만 이미 그것으로써 본인
을 처벌했다고 생각합니다. 이 사람을 또 사법 조치까지 하면 일반
국민들한테 같은 건으로 이중 처벌을 하는 인상을 줍니다"라고 말
했다.

그러니까 박정희가 "중앙정보부가 좀 무서워야지. (신민당 의원)
비행 조사서만 쥐고 있으면 뭘 해. 부장이 저러니 정보부가 약하다
는 소리를 듣지"라고 힐난하듯 말했다. 그러자 김재규는 "알겠습니
다. 정치는 대국적으로 상대방에게도 구실을 주고 국회에 나오라고
해야지, 그러지 않고서는 나오지 않을 것입니다", 이렇게 얘기했다.
그랬더니 차지철이 "신민당 놈들, 그만두고 싶은 놈은 한 놈도 없

1979년 11월 8일 현장 검증 사진을 통해 구성해본 10·26 사건.

◀ 김재규가 총을 쏘자 흉부 관통상을 입은 박정희가 왼쪽으로 쓰러졌다. 차지철은 김재규의 총에 오른팔을 맞긴 했지만 치명상은 입지 않아 화장실로 도망쳤다. 그래서 김재규의 왼쪽 옆좌석은 비어 있다.

▼ 병풍 앞 의자가 박정희가 앉아 있던 좌석이고 그 오른쪽 방바닥과 방석에 검은 핏자국이 남아 있다. 앞쪽 방석 2개 중 왼쪽에는 김재규가, 오른쪽에는 김계원이 앉아 있었다. 넘어져 있는 사방탁자는 차지철이 김재규의 두 번째 저격을 피하기 위해 잡았던 것이라고 한다.

◀ 안방에서 김재규의 총성이 들리자마자 박선호 의전과장이 대기실에서 일어서며 안재송 경호부처장과 정인형 경호처장을 차례로 쐈다.

▶ 첫 총성이 들리자 차에서 대기 중이던 중앙정보부 경비원들이 부엌문과 창문을 열고 청와대 경호원들에게 총격을 가하고 있다.

◀ 중앙정보부 경비원들이 궁정동 중앙정보부 식당에 대기 중이던 청와대 경호원들을 사살하기 위해 차에서 내리고 있다.

▲ 박정희와 차지철에게 한 발씩 발사한 김재규는 권총이 불발되자 정원으로 뛰어나가 주방에서 경호원들을 사살하고 나온 수행 비서관 박흥주 대령에게 권총을 달라고 했으나 실탄이 없었다.

◀ 김재규가 박흥주 대령의 권총에 실탄이 없자 현관으로 들어서면서 권총을 버리고 있다.

▶ 마침 대기실에서 나오던 박선호를 마루에서 만나 38구경 권총을 받아들고 다시 방으로 들어가 차지철과 박정희에게 한 발씩 더 쐈다.

습니다. 언론을 타고 반정부적인 놈들이 선동해서 그러는 거지 문제가 없다고 봅니다. 그 자식들, 신민당이고 뭐고 나오면 전차로 싹 깔아뭉개겠어요"라고 말했다.

그때 김재규가 "각하, 정치를 좀 대국적으로 하십시오"라고 말하면서 오른쪽에 앉아 있던 김계원을 탁 치며 "형님, 각하를 똑바로 모시시오"라고 쏘아댔다. 그러고는 차지철을 쳐다보면서 "각하, 이따위 버러지 같은 놈을 데리고 정치를 하니 정치가 올바로 되겠습니까"라고 하고는 총을 쐈다. 이어서 박정희에게도 총을 쐈다. 저녁 7시 40분이 조금 지난 시각이었다.

그런데 김재규 총에 맞긴 했지만 치명상을 입진 않았던 차지철이 화장실로 도망갔다. 김재규가 다시 차지철한테 총을 쏘려고 했지만 탄피가 잘 빠지지 않았다. 김재규는 바깥으로 막 뛰어가서 박선호 총을 뺏었다. 그걸 갖고 다시 들어온 김재규는 문갑 뒤에 숨어 있는 차지철한테 총을 쐈다. 그러고 나서 박정희를 확인 사살했다.

— 총으로 권력을 움켜쥔 박정희의 독재는 그렇게 부하의 총에 막을 내렸다. 그 후 김재규는 어떤 모습을 보였나.

김재규는 바깥으로 뛰어나왔다. 거기서 김계원과 마주쳤다. 김계원은 김재규가 총을 쏘기 시작한 후 행사장 밖으로 몸을 피한 상태였다. 김재규는 김계원한테 "이제 혁명은 끝났으니까 보안 유지

● 류혁인은 동아일보 기자 출신으로 유신 체제에서 6년간 정무수석을 지냈다. 류석춘 연세대 교수의 아버지이자, 이명박 정부 때 청와대 홍보수석을 지낸 최금락의 장인이다.

'박정희 대통령 서거' 소식을 알린 1979년 10월 27일 자 동아일보 1면.

를 철저히 하시오", 이렇게 말했다고 법정에서 증언했다. 그때 김재규는 굉장히 다급했기 때문에 맨발에 와이셔츠 바람이었다. 신발도 못 찾아 신은 것이다.

김재규는 정승화 육군 참모총장하고 김정섭 차장보가 있는 곳으로 급히 가서, 큰일이 났으니까 빨리 차에 타라고 얘기했다. 정승화하고 김정섭, 김재규가 뒷좌석에 앉고 앞좌석에는 박흥주가 탔다. 차는 남산 쪽을 향하고 있었다. 정승화가 어떻게 된 일이냐고 물었다. 김재규가 오른손 엄지손가락을 세운 다음 밑으로 뒤집는 시늉을 했다. 정승화가 다시 물었다. "누가 범인입니까?" 김재규는 "나도 잘 모르겠소. 경황 중이라……", 이렇게 답했다.

이 대목에서 정승화 자서전을 보자. 그때 정승화는 차지철을 떠올렸다. 차지철은 명령 계통에 상관없이 많은 군 장성을 포섭했다. 자신이 마치 야전군 사령관이라도 되는 것처럼 제1군단과 5군단에 직통 전화도 개설해놓았다. 내부 소행이라면 차지철 말고는 다른 사람을 생각할 수 없었다.

차가 삼일 고가 도로 쪽으로 달리고 있을 때 정승화가 물었다. "어디로 가는 것입니까?" 중앙정보부로 가고 있다고 김재규가 얘기하자 정승화는 "육본으로 갑시다"라고 얘기했다. 이건 육본 벙커를 가리킨다. 김재규는 망설였다. 그때 박흥주가 "육본으로 가지요"라고 하면서 차는 육본으로 향해 미 8군 영내를 통과, 밤 8시 5분경 육본 지하 벙커에 도착했다.

숨 가쁘게 돌아간
10·26의 기나긴 밤

── 김재규가 이때 육본이 아니라 중앙정보부로 갔다면 상황이 달라질 수 있지 않았겠느냐는 의견도 있다. 어떻게 보나.

남산으로 가지 않고 육본으로 간 게 치명적인 실수 아니냐는 얘긴데, 옛날에는 나도 그렇게 생각했다. 그렇지만 지금은 다르게 본다. 김재규는 거사 얘기를 사전에 남산 사람들에게 할 수 있는 처지가 아니었다. 자신이 믿는, 아주 가까운 몇몇 부하를 동원할 수는 있었지만 중앙정보부라는 거대 조직을 활용해서 거사할 수 있는 상황이 아니었다는 말이다. 그렇기 때문에 남산에 갔더라도 반드시 상황이 김재규에게 유리하게 전개됐을 것이라고 보기가 어렵다.

최규하 국무총리는 박정희가 죽은 걸 못 들은 것처럼 침묵만 지켰다. 이건 사람이 신중하다는 것 보다도 권력이 어느 쪽으로 쏠릴 것인지를 몰랐기 때문에 그렇게 한 것이 아니었을까? 사진은 1979년 10월 28일 박정희 대통령 빈소를 방문해 조문하고 있는 모습. 사진 출처: e영상역사관

또 남산은 육본하고 달라서 전국에 있는 군을 움직일 수 없었다. 비상사태가 발생했을 때 군 지휘관들을 소집할 수 있는 건 역시 육본 지하 벙커에서 가능하지 않았겠나. 여러 가지를 고려해볼 때, 남산에 갔다고 하더라도 김재규가 성공하기는 어렵지 않았을까 하는 생각이 든다.

— 육본에서는 상황이 어떻게 전개됐나.

육본 벙커에 도착한 후 정승화는 국방부 장관, 합참의장, 해군 참모총장, 공군 참모총장, 연합사 부사령관 같은 사람들한테 벙커

로 빨리 오라고 전화를 했다. 그와 별개로, 총에 맞은 대통령을 병원으로 데려갔지만 이미 사망했다는 사실을 확인하고 청와대로 간 김계원도 주요 각료 등에게 급히 연락을 취했다. 맨 먼저 최규하 총리가 왔고 장관들도 연이어 도착했다. 그 후 육본 벙커에 있는 김재규하고 청와대에 있는 김계원이 통화를 하는데, 서로 자기 쪽으로 오라고 한 것으로 보인다. 결국 김계원 비서실장이 최규하 총리한테 "육본 벙커로 가시죠"라고 해가지고 장관들과 함께 밤 9시 30분쯤 육본 벙커에 도착했다.

그런데 이때까지 최규하는 시종일관 침묵을 지켰다고 한다. 대통령한테 그런 일이 생겼다는 사실을 몰랐느냐 하면, 그것도 아니었다. 최규하 총리가 도착하자 김계원이 바로 보고했다. 총리한테는 얘기를 해야 한다고 봤던 건데, "김재규가 잘못 쏜 총탄에", 잘못 쐈다고 한 게 눈에 띄는데, "각하가 맞아 서거하셨습니다. 계엄을 선포해야 합니다"라고 보고했다. 그런데도 최규하 총리는 못 들은 것처럼, 아무것도 모르는 것처럼 침묵을 지켰다. 이건 사람이 신중하다는 것보다도 권력이 어느 쪽으로 쏠릴 것인지를 몰랐기 때문에 그런 일이 일어난 것 아닌가 하는 생각이 든다. 도무지 이해가 안 가는 행동이다.

최규하와 장관들에게 김재규는 보안 유지를 강조하면서 계엄 선포를 주장했다. 김재규가 박 대통령을 쐈다는 것은 김계원이 얘기해준 최규하와 김치열 법무부 장관만 알고 있었다. 밤 10시 20분경 김계원은 김재규를 화장실로 데리고 가 "어쩌다가 각하까지 그랬어?"라고 말했다. 김재규는 계엄을 선포해 사태를 장악하고 최단시일 내에 계엄사령부를 혁명위원회로 바꿔야 한다고 역설했다. 그때 최 총리가 정식으로 비상국무회의를 소집하라고 지시했다.

— 비상국무회의, 어떻게 진행됐나.

비상국무회의가 소집될 때 노재현 국방부 장관 제의로 회의실을 육본 옆 국방부로 옮겼다. 그러자 김계원이 노재현과 정승화에게 "여보, 김 부장과 차 실장이 다투다가 김 부장의 총에 각하께서 돌아가셨어"라고 말했다. 이렇게 얘기한 시점에 대해 김계원은 1979년 12월 10일 군법 회의 법정에서는 국무회의가 열리기 전이라고 말했는데, 다른 증언에서는 모호하게 얘기했다. 김계원 말에 크게 놀란 정승화는 김진기 헌병감을 불러 김재규를 체포해 전두환 보안사령관에게 인계하라고 지시했다. 노재현과 정승화는 그때까지도 박정희가 죽은 곳이 궁정동이라는 것, 차지철도 죽었다는 것을 몰랐다.

비상국무회의가 26일 밤 11시 50분경 국방부에서 열렸는데 이때도 최규하 총리는 대통령이 죽었다는 이야기를 하지 않았다. '국가 안위에 관한 중대 사태가 발생했다. 그래서 국무회의를 소집했다', 이렇게만 얘기한 것이다. 그때까지도 다수의 국무위원들은 대통령이 죽었다는 사실을 모르고 있었다. 최규하는 '가급적 빨리' 계엄을 선포해야 한다는 김재규 그리고 김계원에게 계엄 사유를 말해 달라고 요구했다. 김재규는 "국내 치안 상태가 좋지 않다고 하면 되는 것 아니냐"고 말했지만, 신현확 부총리가 즉각 이의를 제기했다.

어수선한 분위기가 계속되는 상황에서 최규하가 "각하가 정말로 서거하셨는지 확인부터 하고 봅시다"라고 말했다. 최 총리를 따라 신 부총리, 노재현 국방부 장관 등 몇 명이 김계원 실장의 안내로 국군 서울지구병원에 갔다. 최규하 총리 등이 대통령 유해가 안치된 국군 서울 지구 병원에 갔다 온 뒤 국무회의가 속개됐다. 그

1979년 11월 3일 청와대를 나서는 고 박정희 대통령 운구 차량. 사진 출처: e영상역사관

자리에서 비상 계엄 선포를 의결했는데, 제주도를 제외한 모든 지역에 비상 계엄을 선포했다.

── 제주도는 왜 뺀 것인가.

왜 제주도를 제외했느냐 하면, 전국을 계엄 지역으로 선포하면 행정 권한이 계엄사령관에게 집중될 수 있기 때문이다. 계엄사령관, 즉 육군 참모총장이 국방부 장관의 지휘 감독을 받을 수 있도록 제주도를 제외한 것이다. 비상 국무회의가 이렇게 계엄을 선포하고 끝난 때는 27일 새벽 3시 45분경이었다.

그러면 김재규는 언제 체포했느냐. 27일 0시 30분이 조금 지난 때에 김재규를 유인해서 체포했다. 정승화 자서전에는 김재규가 체포돼 보안사 자동차에 실린 게 27일 새벽 1시쯤이라고 쓰여 있다.

1979년 11월 3일 중앙청에서 열린 박정희 대통령 영결식. 사진 출처: e영상역사관

새벽 3시경 김재규는 보안사 정동 분실에서 서빙고동 분실로 이송
됐다.

── 참으로 숨 가쁘게 돌아간 10·26의 밤이었다.

28일 계엄사 합동수사본부에서 중간 수사 결과를 발표했다. 11
월 3일에는 박정희 대통령 영결식이 오전 10시부터 2시간 동안 중
앙청 광장에서 열렸다. 국장으로 치러졌는데, 해방 후 최고 권력자
가 세상을 떠났을 때 국장을 치른 건 이때가 처음이다.● 미국에서

● 이승만은 가족장(1965년), 장면은 국민장(1966년)으로 장례를 치렀다.

는 사이러스 밴스 국무부 장관을 보냈다. 제2기 체육관 대통령 취임식(1978년 12월 27일)에 특사를 보내지 않았던 일본은 이때도 정부 인사를 안 보냈다. 다만 기시 노부스케 전 수상이 왔는데, 짙은 안개 때문에 김포공항에 착륙하지 못하고 회항했다가 다시 돌아왔기 때문에 영결식에 참석하지는 못했다. 11월 6일 계엄사 합동수사본부장 전두환 소장은 박정희 대통령 살해 사건의 전모를 발표했다. 일부에서는 시해라는 표현을 쓰기도 하지만, 난 민주주의 시대에 시해라는 건 말이 안 된다고 본다.

전두환은 권력을 장악하는 데 문제가 있어서인지 김재규 처형이 신속히 이뤄지도록 하는 데 지대한 노력을 쏟았다. 정병진 책에 그에 관한 일화가 몇 가지 나온다. 1980년 1월 1일 이영섭 대법원장이 공관에서 차례를 지내고 있는데, 뜻밖에도 전두환에게서 '그리 가겠다'는 전화를 받았다. 이유를 물었지만, 알 수 없었다. 세배를 온 전두환은 "세상이 어지러우니 빨리 사태를 수습하도록 도와달라"고 말했다. 또한 이영섭은 중앙청 송년 모임에서 정복 차림의 4성 장군으로부터 불쑥 "그 사건, 내년 2월 초에 대법원으로 갑니다. 잘해주셔야겠습니다"라는 말을 들었다. 무슨 사건이냐고 묻자 "김재규 사건 말입니다"라는 답이 돌아왔다. 이 4성 장군은 계엄사령관 이희성이었다. 김재규 사건은 1980년 2월 8일 대법원에 왔다.

그해 5월 20일 대법원은 상고를 기각하고 김재규 등 5명의 사형을 확정했다. 그로부터 나흘 후인 5월 24일, 김재규 등 5명에 대한 사형이 신속히 집행됐다.✱

전두환·신군부의 바람과 달리 상고 기각 결정은 순탄하지 않았다. 처음에는 대법원 형사 3부에서 이 사건을 맡았으나 의견이 엇갈려 최종적으로 전원 합의체에서 다루게 된다. 그런데 전원 합의체의 판사 14명 중 절반에 가까운 6명이 소수 의견을 냈다. 소수 의견의 핵심은, 살인은 맞지만 내란 목적 살인으로 볼 수는 없다는 것이었다. 4·19를 계승한다는 헌법 전문을 근거로 '저항권을 부정할 수 없다'는 의견, 박정희 대통령 사망 후 새 헌법을 만들자는 것이 전 국민의 합의임을 고려해야 한다는 의견을 낸 판사도 있었다. 그러나 유태흥 등 나머지 판사들은 '유신 헌법 자체가 주권을 찬탈한 범법이라는 주장은 받아들일 수 없고, 김재규 등의 행위는 내란죄 성립 요건인 폭동에 해당하며, 저항권을 인정할 근거가 실정법에 없다'고 주장하며 상고 기각 결정을 내렸다. 소수 의견은 전두환·신군부의 심기를 거스르기에 충분했다. 전두환·신군부는 소수 의견을 낸 판사들에게 다각도로 압력을 가했다. 소수 의견을 낸 판사들은 결국 강요된 사표를 내거나 재임용에서 탈락해 법복을 벗어야 했다.

"간접적이지만 중요한" 10·26 동기, 박근혜·최태민 문제

<hr/>

유신 체제 붕괴, 여섯 번째 마당

김 덕 련 김재규는 왜 거사를 결심했던 것인가.

서 중 석 김재규가 거사하게 된 데에는 크게 보면 '한국이 민주주의로 가야 한다. 유신 체제는 안 된다', 이런 생각이 작용했던 것으로 보인다. 그런 생각을 거사할 무렵에는 했던 것 같다. 직접적인 계기는 부마항쟁을 자기 눈으로 보고 온 것이라고 볼 수 있다. '한국이 아주 힘든 상황으로 들어가고 있다. 부산과 마산에서 일어난 일은 다른 지역에서도 충분히 발생할 수 있다. 그런데 시위건 항쟁이건 간에 유신 체제 반대에 박정희나 차지철이 대응하는 자세가 국가를 파탄으로, 정말 어려운 처지로 몰아넣게끔 돼 있다. 결국 대규모 유혈 사태가 벌어질 수밖에 없는 것 아니냐', 이러한 두려움이 직접적인 요인이 된 것으로 보인다.

한미 관계가 매우 나빠졌다는 것도 작용했다고 볼 수 있다. 군인들은 그전부터 많이 생각할 수 있었던 사항인데, 그런 것 때문에도 유신 체제나 박정희 문제는 해결돼야 하지 않느냐는 생각을 가질 수 있었다. 그리고 김재규는 경제가 나빠지고 있다는 것에 대해서도 상당히 관심을 보이고 있었다. 그것이 부마항쟁의 기본적 배경이기도 한데, 거기서 위기감을 느낀 것도 작용했다고 본다. 그런데 이러한 요인들 말고도 김재규가 거사하게 된 데에는 다른 몇 가지 요인도 영향을 준 것으로 보인다.

박근혜·최태민 문제,
"간접적이지만 중요한" 10·26 동기

── 그러한 요소로 어떤 것을 꼽을 수 있나.

그중 하나가 퍼스트레이디 역할을 하고 있던 박근혜와 최태민 목사 문제였다. 박근혜와 최태민 목사의 관계에 대한 글이 박근혜가 대통령이 되기 전에도 아주 많이 나왔는데, 특히 촛불 시위를 통해 박근혜 대통령 퇴진을 요구할 무렵부터는 봇물 터지듯 쏟아져 나왔다.

김진 기자는 유신 말기에 접어들면서 박정희 대통령의 분별력이 차츰 빛을 잃어갔던 것 같다고 하면서, 가장 큰 것은 차지철 경호실장 문제였지만 큰딸 근혜 양과 그 옆에 붙어 다니던 최태민의 존재, 이것도 말이 많았다고 지적했다.

나는 박정희의 여자관계는 박근혜·최태민 관계에 대한 박정희 태도, 최태민 의혹에 대한 박정희 태도 못지않게 지탄을 받아 마땅하다고 본다. 참으로 낯 들고 다닐 수 없는 부끄러운 짓을 박정희가 다반사로 한 것이다. 그러나 김재규는 그렇게 생각하지 않았던 것 같다. 채홍사 역할을 한 중앙정보부 의전과장 박선호가 군법 회의 법정에서 그 얘기를 꺼내려고 하면 제지하고 그랬다. 정도에서 벗어났다고 생각해서 그랬는지, 박정희에게 여자관계를 끊으라고 하면 가만두지 않을 것이라고 생각해서 중앙정보부가 그 고역을 맡았기 때문에 그랬는지 알 수 없지만 그랬다.

그러나 박근혜·최태민 문제에 대해서는 달랐다. 그것에 대한 박정희의 태도는 박정희와 유신 체제에 대한 김재규의 회의와 불신으로 이어졌다. 김재규의 항소 이유 보충서 등은 10·26을 결행하는 데 그 부분이 적지 않은 역할을 했음을 보여준다.

— 항소 이유 보충서에서 김재규는 그 문제에 대해 어떤 이야기 를 했나.

이돈명 변호사 등 7인의 변호사가 낸 항소 이유서에는 이렇게 쓰여 있다. "구국여성봉사단 총재로 있는 최태민이란 자가 사이비 목사이며 자칭 태자마마라고 하고 사기, 횡령 등의 비위 사실이 있 는 데다 여자들과의 추문도 있는 것을 알게 되었는데, 이런 일을 문 제 삼는 사람이 없어서 대통령에게 보고하였더니 '정보부에서 그런 것까지 하나' 하면서 반문하길래 피고인으로서는 처음에 대통령의 태도를 보고 놀랐으며 …… 최태민이란 자를 총재직에서 물러나게 는 하였으나 여전히 여성봉사단을 조종하면서 이권 개입을 하는 등 의 부당한 짓을 하는데도 박 대통령은 김 피고인의 '큰영애도 구국 여성봉사단에서 손 떼게 해야 합니다. 회계 장부도 똑똑히 해야 합 니다'란 건의를 받아들이지 않았던 일도 있어서……."

자신이 직접 쓴 항소 이유 보충서에서 김재규는 "본인이 결행 한 10·26혁명의 동기 가운데 간접적이기는 하지만 중요한 것 한 가 지는 박 대통령 가족에 관한 것"이라고 밝히고, 첫 번째로 '큰영애' 의 문제를 들었다. 자신이 중앙정보부 안전국장 백광현을 시켜 조 사해 보고했더니, "박 대통령은 근혜양의 말과 다른 이 보고를 믿지 않고 직접 친국까지 시행"했다는 것이다.

김재규가 쓴 '옥중 수양록'에는 다음과 같은 구절이 나온다. "구국여성봉사단과 큰영애, 육사의 명예 제도와 지만 생도 등에 대

1976년 3월 24일 박정희 대통령 큰딸 박근혜가 최태민(왼쪽 끝 선글라스를 낀 이)과 함께 구국
선교단 야간 무료 진료 센터 침구과·치과 개원 테이프를 절단하고 있다. 사진 출처: 국가기록원

해 여러 차례 건의했으나 관여치 말라는 노여움만 삼. 혁명과 직간
접으로 관계있으나 (그때까지 법정에서) 일절 언급하지 않았다. 그 이
유는 아이들의 일이라서".

　　박근혜와 최태민의 관계는 김재규 거사 요인을 밝히는 데에도
중요하지만, 독재자 박정희의 내밀한 가족 관계 속사정, 박정희와
박근혜의 국정 수행 능력을 이해하는 데에도 중요하기 때문에 구체
적으로 살펴볼 필요가 있다. 차지철이 국정 농단의 주범이라면 최
순실의 아버지 최태민은 국정 농단의 작은 한 부분을 맡았다고 볼
수도 있기 때문이다.

박정희의 기이한 '친국'
중앙정보부장과 '파렴치범'을 맞대면시켜

— 이른바 '친국', 어떻게 이뤄졌나.

김재규와 박근혜·최태민 사건에서 가장 놀라운 사실이 '친국'
이다. 김재규가 충직한 마음으로, 마치 조선 시대에 간諫하는 심정
으로 박정희에게 최태민에 관한 보고서를 올렸는데 박정희가 그 보
고서를 불신하는 것처럼, 그것도 최태민까지 불러낸 자리에서 그
보고서의 사실 여부를 추궁했다. 그게 있을 수 있는 일인가. 못 믿겠
으면 중앙정보부를 폐지하거나 즉각 김재규를 내쫓아야 하는 것 아
닌가. 이때 중앙정보부장 김재규는 기이하게 창피와 수모를 당했다.

이 부분은 한홍구 교수 글이 자세하다. 1977년 9월 12일 오전
김재규는 백광현을 대동하고 1시간쯤 박정희를 면담했고, 이어서
10분간 단독으로 박정희와 얘기했다. 차지철에 대한 보고서가 올라
오면 박정희는 당자, 그러니까 차지철에게 그 보고서를 줘서 보고
서 올린 자를 난처하게 만들었는데 그와 마찬가지로 김재규의 보고
서를 박근혜에게 보냈다. 자신이 처리하지 않겠다는, 처리할 수 없
다는 얘기 아닐까?

더 황당한 일은 그다음에 일어났다. 박정희는 그날 저녁 김재
규와 백광현을 한쪽에, 박근혜와 최태민을 다른 한쪽에 앉혔다. 보
고서에서 수많은 죄목의 파렴치범으로 규정한 최태민은 고문을 당
해서 그렇게 진술했다며 사실이 아니라고 극구 변명했고, 퍼스트레
이디를 대행한 박근혜는 그러한 최태민을 울면서 적극적으로 옹호
했다. 그러니 김재규나 백광현이 어떻게 박근혜의 주장을 반박하는

김재규는 충직한 마음으로 박근혜·최태민 사건을 박정희에게 보고했지만, 박정희는 이를 무시했다. 사진은 김재규가 1979년 12월 8일 열린 보통군법회의 제3회 공판에 출석하고 있는 모습. 사진 출처: 국가기록원

발언을 할 수 있었겠나. 딸의 성격을, 특히 이 문제에 대한 딸의 억지 주장을 잘 알고 있을 텐데 왜 박정희가 이런 자리를 만들었는지 아무리 생각해도 모르겠다.

　여기서 1977년 9월이라는 시점을 눈여겨볼 필요가 있다. 김재규가 건설부 장관에서 중앙정보부장으로 자리를 옮긴 때가 1976년 12월 아닌가. 취임한 지 얼마 안 되어 국가와 대통령을 위해 직언을 하겠다고 작심했는데, 결과는 친국이었다. 조갑제 기자의 책에는 김재규가 박정희에게 "큰영애는 적십자사 같은 데나 관여하도록 해야지 이런 데(구국여성봉사단)서는 손을 떼야 합니다"라고 말했다고 나온다. 울면서 항의하는 박근혜에게 '근혜양의 수첩까지 압수해 공정하게 조사했다'고 말하고 "돈이 필요하면 내가 주겠다"고까지 타일렀다고 한다.

박정희한테 몹쓸 수모를 당한 뒤에도, 김재규 글을 보면 그 뒤에도 또 박정희에게 건의를 한 것 같다. 1979년 5월 최태민이 계속 영향력을 행사한다는 보고가 들어오자 김재규는 "그자는 백해무익한 놈이다. 교통사고라도 나서 죽어 없어져야 할 놈이다"라고 화를 냈다고 한다. 10·26 동기를 수사한 한 관계자는 박근혜와 최태민이 박정희에게 김재규에 대해 나쁜 이야기를 많이 했고 김재규는 박정희에 대해 실망한 것이 10·26 동기의 하나였다고 말했다 한다.

청와대 수석비서관·특별 보좌관 속 끓여
총대 멘 민정수석 보고에 박정희 외면

—— 이 문제는 오랫동안 유신 권력층을 골치 아프게 만들지 않았나.

박근혜·최태민 문제는 김재규만 속을 끓인 사안이 아니었다. 유신 권력 안팎에서 얘기가 있었지만, 청와대 안에서도 끊일 새 없었다. 김진 기자의 책을 보자. 청와대 안에서는 거의 모든 수석비서관이나 특별 보좌관 등이 벙어리 냉가슴 앓듯 속을 끓였다. 구국여성봉사단이나 그 후신인 새마음봉사단이 하는 짓에 대한 세인의 눈초리가 따가웠기 때문이다. 한 수석비서관은 "최 씨 문제가 비서관회의 테이블까지 올려질 정도였다"고 말했다.

총대는 민정수석 박승규가 멨다. 2년간 사정비서관을 거쳐 6년이나 민정수석을 했으니 그 부분은 꿰뚫어보고 있었다. 최태민이 여기저기서 기부금을 걷는다는 진정서가 들어왔다. 기업들에서 "방위성금도 내는데 그런 돈까지 내야 하느냐"는 불평이 나왔다. 최태민 쪽에서 정부 부처에 찾아가 이권 관계를 알아본다는 얘기도 나왔다. 서울 종암동 어물 시장의 운영권을 챙기려 서울시에 로비하는 등 로비도 포착되었다. 꼴사나운 풍경도 많았다. 새마음 갖기 운동이랍시고 결혼도 안 한 박근혜가 나이 지긋한 교장이나 동네 어른들을 모아놓고 "나라에 충성하고 부모에게 효도하라"고 연설했다. 물론 박수 부대를 동원해 손뼉을 치게 했고 학생들을 동원해 거리 청소까지 시켰다.

박승규 수석은 최태민 문제는 꼭 짚고 넘어가야 한다고 판단했다. 약삭빠른 인물들이 실력자에게 달라붙어 뭔가 이상한 일을 꾸미고 하는데 최태민이 바로 그런 사람이라고 본 것이다. 박 수석의 보고서를 받은 박정희는 고심하는 표정이었다고 한다. 전에도 몇 차례 구두 보고를 받았지만, 이렇게 조목조목 써놓은 보고서에 얼굴이 벌게졌다고 한다. 문제는 그다음에 일어났다. 박정희는 슬그머니 박 수석한테 보고서를 도로 주면서 "자네가 직접 근혜한테 이야기 좀 해봐. 나한테 보고 안 한 걸로 하고", 이렇게 말했다. 박근혜한테 이 사안에 대해 말한 후 박승규 수석과 박근혜는 서먹서먹한 사이가 됐다. 박정희가 불렀다. "앞으로 자네가 더 이상 근혜에게 이야기하지 말게."

그런데 우직한 김재규가 박정희에게 또 보고를 해 박정희 눈총만 산 것이다. 사실 중앙정보부 보고서에는 박승규 수석의 보고서 내용이 포함되어 있었을 것이다. 박승규와 김재규는 박근혜·최태민 문제로 만나 "누군가는 이 일을 보고해야 하는데"라고 고민을 서로 털어놓았다. 박 수석이 보고서를 올린 후 최태민은 조용해지나 싶더니 다시 말썽을 피웠고, 예전처럼 박근혜와 자주 접촉했다.

하루는 김재규가 박승규 수석을 찾아와 "그놈의 최 씨와 봉사단 때문에 여론도 안 좋고 말이 많다"고 하면서 "아무래도 가만히 있을 수가 없다"고 말했다. 박 수석은 맞장구를 치며 민정수석실에서 수집했던 자료를 넘겨줬다. 박승규는 김재규가 "윗사람을 위해 자기가 할 일이 뭔가 고민도 한", 성격이 괜찮은 사람이라고 말했다. 지금 얘기가 김진 기자 책에 자세히 실려 있는데, 청와대 비서실장들도 이 문제로 고민을 많이 했다.

—— 이 사안이 진행 중일 때 비서실장은 김정렴과 김계원이었다. 두 사람은 이 문제에 대해 어떤 태도를 취했나.

박근혜가 구국선교단을 지원하는 기업의 현안을 해결해줄 것을 부탁하자, 김정렴 비서실장은 어린 박근혜가 최태민에게 이용당할 위험성이 크다고 생각해 자신이 박근혜의 활동 자금을 마련할 터이니 박근혜가 금전 문제에 개입되는 일이 없도록 원천 봉쇄해달라고 건의했고 박정희는 이를 수용했다고 한다. 구국선교단 일이면 1975~1976년이다. 박승규가 보고서를 올린 것은 김재규 재임 시절로 보이는데, 그러면 1976년 12월에서 그다음 해 9월 사이인 셈이다. 김정렴의 건의 이후 문제가 더 커진 것을 알 수 있다.

1978년 12·12선거 이후 김정렴 후임이 된 김계원은 이런저런 문제를 일으키는 최태민에 대해 박근혜가 '아주 선량한 사람인데 왜 중앙정보부에서 모략을 하느냐'며 불만이었다고 하면서 이렇게 증언했다. "차지철과 김재규가 싸운 걸 나중에 보면 최태민 때문이야. 차지철이 최태민을 앞세우고 박근혜를 너무 업고 다니니까 김재규가 '안 된다' 그러거든."

김계원 증언처럼 최태민은 차지철과 가까운 사이였던 것으로 보인다. 언론인 조명구가 쓴 책에 의하면 최태민이 "JP(김종필)가 (19)78년(에 대권)을 노리고 있다"고 여러 차례 차지철한테 보고했고, 차지철은 이를 액면 그대로 박정희에게 보고했다고 한다. 박정희는 김재규에게 김종필 캠프 내사를 지시했다고 한다.

김계원은 최태민을 단속하기 위해 박근혜 전속 비서실을 만들어야겠다 싶어 박근혜에게 추천을 받았다. 그랬더니 박근혜는 최태민과 가까운 사람을 지명했다. 안되겠다 싶어 김계원은 다른 사람을 지명하라고 했다. "이번에는 최필립 비서관을 지명하더라. 큰영애가 걔를 예뻐했다. 그런데 나중에 보니 최필립도 최태민을 아는 거야. 나 참." 박근혜는 정말 못 말리는 사람이었다.°

최태민에 대한 조사는 1975년부터 있었다. 그것도 박근혜가 안면이 있는 치안본부 고위 간부에게 최태민에 대해 알아봐달라고 부탁했다는 것이다. 이 간부는 뒷조사를 한 후 직접 박정희에게 보고했다. 박정희는 '누가 그러더라'라고 하면서 박근혜에게 주의를 줬다. 박근혜는 그 간부에게 전화를 했고, 그 후 이 간부는 박정희와 박근혜를 만날 수 없었다. 박근혜에게 최태민과의 관계를 끊도록 건의한 비서 3명도 그만뒀다.

박정희는 김재규 등에 대한 친국을 한 이후에 찜찜해서 그랬는지 검찰에 수사를 지시했다. 검찰의 조사 결과도 김재규의 그것과 같았다고 조갑제 기자는 썼다.

° 최필립은 그 후 오랫동안 정수장학회 이사장을 맡는 등 2013년 세상을 떠날 때까지 박근혜와 밀착했다. 최필립은 해방 후 이승만과 맞서다 한국전쟁 발발 후 처형된 최능진의 아들이다.

박정희는 왜 박근혜·최태민 문제를 덮으려 했나

— 박정희의 이른바 '친국'이 이 문제에 어떤 영향을 줬다고 보나.

박정희가 '친국'을 한 것은 박근혜와 최태민의 관계를 박정희가 공식적으로 인정해주는 역할을 했다. 그뿐 아니라 박승규 수석한테 얘기한 것과 마찬가지로 '김재규 너도 손을 떼라'고 선언한 자리나 다름없었다. 김재규로서는 사교로 혹세무민한 사기꾼이자 파렴치범으로 자신이 보고서에서 규정한 최태민을 자신과 대등한 위치에 놓는 '친국' 자체가 도무지 있을 수 없는, 몹시 치욕적인 사태였다. 그렇지만 그보다 더 참을 수 없는 일은, 작심하고 직언해 박근혜를 최태민으로부터 떼어놓으려고 한 의도와 정반대로 그 '친국'을 통해 박근혜와 최태민의 관계를 박정희가 공식적, 공개적으로 인정하고 최태민의 파렴치한 사기 행각도 덮어두게 하면서 김재규한테 더 이상 문제 삼지 말라고 통고했다는 점일 것이다. 얼마나 분통 터지고 분노할 만한 일이었겠나. 이 사태를 통해 박정희를 어떻게 봤겠나.

박정희가 최태민이 어떠한 부류의 인간인지, 무슨 짓을 하고 산 사람인지 모를 리 없었다. 박승규 민정수석 등 자신의 수족이나 다름없다고 생각한 청와대 사람들이 왜 그렇게 심각하게 문제 삼는지, 직언을 잘하는 김재규가 왜 문제 삼는지도 잘 알고 있었음이 틀림없다. 그럼에도 차지철에 대해 어느 누구도 문제 삼는 것을 바라지 않았던 것처럼, 박근혜와 최태민의 관계도 덮어두려고 했다. 박정희가 차지철과 박근혜·최태민에 대해 그런 식으로 처신한 것이 자신이 그렇게 수호하려 한 유신 체제를 내부에서 균열되게 하는 짓이라는 것을 몰랐을까?

차지철에 대해 박정희가 보여준 태도는 이해하기가 어렵지 않을 것 같다. 유신 체제를 지키는 데 차지철만큼 믿음직한 사람은 없다고 몸과 마음으로 느꼈던 것이다. 차지철만은 자신과 운명을 같이할 수 있는 사람이라고 본 것이다.

— 박근혜·최태민 문제에 대해 박정희가 왜 그런 태도를 취했다고 보나.

박정희처럼 냉혹한 사람도 드문데, 왜 딸과 최태민을 떼어놓지 않았는가. 그게 그렇게 어려운 일인가. 박정희가 박근혜와 최태민 사이를 떼어놓지 못한 것은 '자식 이기는 부모 없기 때문'이라고 어떤 글에 나온다. 수긍할 만한 점이 없는 것은 아니다.

그렇지만 경찰, 민정수석, 중앙정보부, 검찰 등 유신 권력을 지탱해주는 권부에서 하나같이 문제가 심각하다고 지적했는데, 어이없게도 보고서를 박근혜에게 주라고 하거나 '친국'이라는 있을 수 없는 짓을 한 것은 그것만 가지고는 설명이 안 된다. 청와대 비서들이나 중앙정보부 사람들 등 '아랫사람들'이 자신을 어떻게 볼 것인가, 이 점을 박정희가 생각하지도 않고 그랬을까? 절대 권력자가 최태민을 얼씬거리지 못하게 하면 문제는 아주 쉽게 풀리게 돼 있다. 그런데 상식적으로 도무지 이해가 안 되는 행위를 냉혹한 박정희는 왜 거듭해서 했을까.

두 가지만 조심스럽게 얘기하려고 한다. 하나는 아비로서 딸 앞에 떳떳할 수 없었다는 점이다. 이 세상에는 자식 앞에 떳떳지 못한 부모가 적지 않다. 박정희는 국민 앞에서 무소불위의 권력을 휘둘렀고, 정적이나 비판자에게 지극히 냉혹했다. 그러나 정작 자식들 앞에서는 큰소리를 칠 수가 없었다. 부인 육영수가 죽기 전에도 박정희의 여자 문제 때문에 풍파가 많았고 소행사, 대행사 같은 것이 있었지만 부인 사후의 소행사, 대행사가 말해주듯 박정희는 자식 앞에서 큰소리치기가 어려웠다. 박정희가 비위 관련 보고서가 올라오면 직접 본인에게 돌려준 사람으로 박근혜와 차지철 두 사람이 있었다. 차지철에 대해 전두환이 한 말도 있지만, 박정희가 차지철에게 약점도 있었기 때문이 아닐까 추측된다.

또 하나는 10·26 때까지 박근혜와 최태민이 유신 체제 수호에 기여했다고 박정희는 평가하지 않았을까 하는 점이다. 박정희는 스스로 유신 체제가 어떠한 체제인가를 알고 있었기 때문에도 유신 체제 수호에 차지철처럼 신명을 다 바칠 각오가 돼 있는 사람이 드물다고 생각한 것 같다. 특히 박근혜는 박정희 절대 추종자이자 철저한 유신 체제 신도로 절대로 배신을 하지 않을 피붙이였다. 그런 점에서 최태민에 대해서도 믿어도 좋다고 판단하지 않았을까 싶다. 최태민은 박근혜의 유일한 이성이 아닌가. 앞에서 본 것처럼 최태민이 차지철의 정보 *끄나풀* 노릇 같은 것도 한 것으로 나오지만 구국선교단이나 구국여성봉사단, 새마음봉사단 같은 것이 측근들의 평가와 달리 유신 체제를 수호하는 데 상당히 기여한다고 박정희는 평가하지 않았을까. 박근혜가 교장이나 노인들 앞에서 충효 사상을 얘기한 것도 다른 사람들에게는 비판의 대상이었지만, 박정희에게는 다르게 생각되지 않았을까. 그런 것들에 대한 보고도 박정희 입맛에 맞게 올라왔을 수 있다.

박근혜·최순실 게이트의 기원, 최태민과 박근혜의 검은 유착 19년

유신 체제 붕괴, 일곱 번째 마당

김 덕 련 최태민 문제는 박근혜·최순실 게이트의 출발점이다. 박근혜의 인생을 설명할 때 빼놓을 수 없는 두 남성 중 한 명이 최태민이기도 하다(다른 한 명은 박정희). 그런데 최태민의 삶에는 여전히 수수께끼로 남아 있는 부분이 적잖다.

서 중 석 청와대 민정수석실과 중앙정보부에서 얼마나 깊이 있게 조사했는지 알 수 없지만, 최태민(1912~1994)에 관해서는 아직도 알 수 없는 것들이 많다. 1990년경까지는 세간에 알려진 출생 연도도 불분명했다.°

　부인 문제만 하더라도 중앙정보부의 '최태민 관련 자료'에 6명으로 나와 있으나, 이 자료에서 이름이라도 알 수 있는 것은 다섯 번째 부인으로 돼 있는 임선이(최순실 자매의 어머니)와 여섯 번째 부인으로 돼 있는 김제복뿐이다. 최태민은 1990년 한 인터뷰에서 딸만 넷이 있다고 말했다. 그러나 1994년 최태민이 세상을 떠났을 때 혼외 출생이어서 '편의상' 임선이와의 사이에 난 것으로 출생 신고가 된, 임선이와의 출생 신고 전에 두 여인이 낳은 배다른 아들 3명에 대해 임선이가 친자 확인 소송을 한 바 있다. 유산 분배 때문이었을 것이다.

　최태민은 굴곡진 한국 근현대사를 반영해서 그런지 아주 특이한 이력의 소유자다. 7개나 되는 이름부터가 그렇다. 아명인 도원道源은 선녀가 지어줬다는 이름이다. 북한에서 내려온 후 경찰, 육군 및 해병대 비공식 문관으로 재직할 때 이름은 상훈尙勳으로 나온다.

° 1912년생으로 알려져 있지만 이 또한 불확실하다. 최태민 묘비에는 1918년생으로 기록돼 있다.

부산에 살 때는 봉수峰壽였다. 1954년 승려가 되었을 때는 퇴운退雲이라는 법명을 가졌다. 그 후 천주교 영세를 받을 때에는 공해남孔亥南이라는 이름을, 소위 계시를 받았을 때는 방민房敏이라는 이름을 사용했고, 대한구국선교단 총재가 되자 태민泰敏으로 이름을 고쳤다. 1973~1974년경에는 원자경이라는 이름도 나오는데, 그러면 8개가 된다. 어느 이름이나 공들여 지은 것 같은데, 호적 이름은 최퇴운과 최태민으로만 나온다. 퇴운이라는 법명이 어떻게 해서 호적명이 되었는지도 알 수 없다. 또 왜 1954년 이전의 호적 이름은 조사가 안 되었는지 모르겠다.

부친이 독립 운동으로 애국장 서훈을 받았지만, 부친의 독립 운동으로 가산이 탕진돼 논밭에서 숙식을 해결하는 등 고생이 많았다는 얘기가 나올 뿐이다. 최태민은 1942년부터 1945년 8월 해방될 때까지 황해도경 고등계 과장의 추천으로 황해도경 순사를 지냈다. 부친과 정반대의 길을 걸은 것이다. 친일 경찰 행적 때문인지 1945년 9월 월남했다. 굉장히 빨리 내려온 것이다. 그 후 최상훈이라는 이름으로 바로 강원도경 경찰이 됐고, 1947년 3월에는 대전경찰서 경사, 그다음 달에는 인천경찰서 경위로 사찰 주임이라는 요직을 맡았다. 사찰계는 일제 고등계처럼 위세가 강했고 친일파 소굴이라는 말을 들었다. 그런데 무엇 때문인지 사찰 주임을 그만두고 1949년 6월에는 육군 헌병대 비공식 문관으로, 전쟁 발발 직후인 1950년 7월에는 해병대 비공식 문관으로 일했다.

1951년 3월에는 군에서 나와 최봉수라는 이름으로 대한비누공업협회 이사장, 대한행정신문사 부사장을 지냈다. 전쟁 직후인 1954년에 6번째 부인으로 나오는 김제복과 결혼했는데, 김제복이 여자 문제로 고소하자 얄궂게도 부산 금화사로 도피했다. 이때 법명이 퇴운이었다. 1년쯤 지나 부산에서 전 부인 임선이와 다시 살았다. 1955년에는 비인가 학교로 개운중학교를 설립해 교장이 됐고 대한농민회 조사부 차장, 전국불교청년회 부회장을 지내기도 했다. 1963년 5월에는 공화당의 중앙위원이 됐는데, 불교계에 인맥을 쌓은 것이 그 계기가 됐다고 한다. 이때는 민정 이양기를 앞두고 쿠데타 권력 내부의 분열상이 심할 때여서 공화당을 집권 여당으로 보기는 어렵다. 1965년 천일창고(주)를 운영하던 최태민은 서울지검에서 유가증권 위조 혐의로 입건하자 4년간 도피 생활을 했다.

태자 마마 자처한
최태민의 사이비 종교 행각

—— 최태민의 인생에서 중요한 부분을 차지하는 것 중 하나가 사이비 종교 활동 아닌가.

최태민 하면 최순실 국정 농단 사건 이후로 무속인, 무당이나 사교邪敎를 떠올리는 글들이 많다. 도원이라는 최태민의 아명부터 계룡산을 연상시킨다. 1954년에 중이 돼 퇴운이라는 법명을 가졌고 환속한 이후에도 불교에 관여했는데, 도피 생활이 끝날 무렵인 1969년에 유명한 중림동 천주교 성당에서 영세를 받았다. 이때 성도, 이름도 최퇴운과 다른 공해남을 사용했다고 한다. 계룡산 신도안 등에 있는 사이비 교주들이 유불선 합일 등을 내세운 경우들이 있는데, 최태민은 이해부터 천주교와 불교, 개신교를 '결합'한 '종교' 활동을 벌였다. 1971년에는 영등포구 방화동에 있는 호국사에

1973년 5월 13일 자 대전일보에 실린 행사 광고. 당시 최태민은 원자경이라는 가명으로 교주 행세를 하고 있었다. 사진 출처: 현대종교

서 불교, 천주교, 개신교를 복합해 '영혼합일법'이라는 것을 주창했다. 방민이란 가명을 쓰면서 독경, 안찰 기도를 했고, 유치하긴 하지만 '원자경', '칙사' 또는 '태자 마마'라는 호칭을 자처했다. 서울과 대전 일대에서 안수 기도로 난치병을 치료한다는 등의 사이비 종교 행각을 벌였다는 보도도 있다.

1973년 5월 13일 신흥종교문제연구소장인 탁명환은 대전일보 4면에서 특이한 광고를 발견했다. 나는 탁 소장 글을 꽤 많이 봤다. 현대사에서 한몫을 단단히 한, 서민들에게 큰 영향을 끼친 신흥 종교에 대해 탁월한 연구를 남긴 분이다. 이분은 목숨까지 걸고 사이비 종교를 조사하고 연구했다. 탁 소장이 발견한 광고에는 이렇게

쓰여 있었다.

"영세계에서 알리는 말씀

영세계 주인이신 조물주께서 보내신 칙사님이 이 고장에 오시어 수천 년간 이루지 못하며 바라고 바라는 불교에서의 깨침과, 기독교에서의 성령 강림, 천도교에서의 인내천, 이 모두를 조물주께서 주신 조화로서 즉각 실천시킨다 하오니 모두 참석하시와 칙사님의 조화를 직접 보시라 합니다. …… 칙사님의 임시 숙소 : 대전시 대사동 196, 케블카에서 200m 지점, 감나무집."

불교, 기독교에 천도교까지 합한 신흥 종교였다.

—— 기이한 광고를 발견한 후 탁명환은 어떻게 행동했나.

탁 소장은 직접 보문산 골짜기에 있는 감나무집을 찾아갔다. 영세계 조물주가 보냈다는 "칙사님"은 나중에 최태민으로 알려진 사람이었는데, 당시에는 원자경이라는 가명으로 교주 행세를 했다. 원자경은 벽에다 둥근 원을 색색으로 그려놓고 그것을 응시하면서 '나무 자비 조화불'이란 주문을 계속 외우면 만병통치하고 도통의 경지에 이른다고 주장했다. 탁 소장은 1973년 7월 원자경의 집회를 취재했다. 불과 10여 명이 모인 자리에서 원자경 교주는 자신이 '영세계에서 알리는 말씀'을 들었다며《영세계 칙사론》이라는 책자를 나눠줬다.

"대한민국을 영적 종주국으로 정한 조물주의 뜻을 전하러 칙사님(원자경)이 왔다. 그러니 조물주의 역군으로서 인류를 위해 앞장서실 분, 태몽을 받고 출생하신 분, 현몽(죽은 사람이 꿈에 나타나는 것)을 받고 계신 분 등은 상담을 하러 오기 바란다."

영락없는 신흥 종교, 유사 종교 아닌가. 나는 1960~1970년대에 계룡산 신도안에 가본 적이 있다. 그곳에는 세계만방을 지배, 포섭한다는 혹세무민의 사교, 사이비 종교의 팻말이 여기저기 붙어 있었다. 지금도 지리산 어디를 가면 그 비슷한 곳이 있다. '영세계에서 알리는 말씀'이나 《영세계 칙사론》과의 차이를 잘 모르겠다. 그러나 러시아 마지막 황제의 궁정에서 괴력을 발휘한 라스푸틴과 흡사하다는 얘기를 나중에 듣게 만든 것은 '영혼합일법'이나 '나무 자비 조화불'이 아니었고 태자 마마나 원자경, 칙사 또는 방민도 아니었다. 러시아 마지막 황제의 궁정을 방불케 하는 점이 있는 박정희 유신 권력과 연결되면서 그렇게 된 것이다.

원자경(최태민)의 신흥 종교는 신흥 종교로 꼽힐 만하지도 못했던 것 같다. 시사 주간지 《시사인》에 따르면, 탁명환 소장이 원자경 집회에 갔을 때, 《영세계 칙사론》을 나눠주는데도 10여 명밖에 없었다지 않은가. 그렇게 실패를 거듭하던 최태민에게 엄청난 새로운 기회가 왔다. 최태민에게 라스푸틴처럼 엄청난 괴력을 갖게 한 계기는 1975년 4~5월에 유신 권력에 의해 그야말로 거국적으로 전개된 총력 안보 운동이었다. 그러면서 막 퍼스트레이디를 대행하게 된 박근혜와 떨어질 수 없는 끈끈한 관계를 맺었다. 최태민의 유사 종교 행각은 서민들을 끌어들이지 못했으나, 최태민에 대한 확고부동한 믿음이 한 번도 그리고 조금도 흔들리지 않은 대단한 신도 중의 신도를 청와대에서 만나게 된 것이다.

박근혜와 최태민의
운명적 만남

—— 최태민과 박근혜는 어떻게 이어졌나.

신흥 종교 포교에 열중하던 원자경은 1974년 8월 육영수 피격 사망 이후 퍼스트레이디 역할을 대행하게 된 박근혜에게 1975년 2월 말경 세 번에 걸쳐 편지를 보냈다. 김형욱 회고록에는 그 편지 내용이 이렇게 나와 있다.

"어머니는 돌아가신 게 아니라 너의 시대를 열어주기 위해 길을 비켜주었다는 것, 네가 왜 모르느냐. 너를 한국, 나아가 아시아의 지도자로 키우기 위해 자리만 옮겼을 뿐이다. 어머니 목소리가 듣고 싶을 때 나를 통하면 항상 들을 수 있다. 육 여사가 꿈에 나타나 '내 딸이 우매해 아무것도 모르고 슬퍼만 한다'면서 이런 뜻을 전해달라고 했다."

원자경의 《영세계 칙사론》에 나오는 '현몽'이 잘 드러나 있는 대목이다. 박근혜는 1975년 3월 6일 최태민을 청와대로 불러 운명적이고 역사적인 만남을 가졌다. 그러고 나서 최태민은 목사 안수를 받았는데 이게 또 논란거리다. 중앙정보부의 보고서에 다른 정보 보고서를 붙인 것으로 보이는 '최태민 관련 자료'에는 이 안수를 사이비 교파로부터 받았다고 돼 있다. 한 잡지는 "(목사직을) '돈 주고 샀다'는 것이 교계 관계자들의 중론이나 이 사실이 확인된 적은 없다. 분명한 한 가지는 목사 안수는 받았지만, 신학대학이나 교단이 인정하는 신학교에서 신학 교육을 받은 적은 없다는 점"이라고 썼다. 태민이라는 이름을 갖게 된 것도 이 무렵으로 알려졌다.

박근혜를 만난 최태민은 교계의 난맥상을 개탄하면서 구국 선교를 역설하는 목회자가 됐다. 최태민은 박근혜의 후원을 받아 1975년 4월 29일 대한구국선교단을 창설해 스스로 총재에 취임했다. 이 단체를 4월 29일 창설했다는 점이 특별히 눈에 띈다.

총력 안보 운동에 앞장선 최태민의 대한구국선교단

—— 어떤 점에서 그러한가.

박정희가 총력 안보 운동의 포문을 연 날이 바로 4월 29일이다. 이것은 우연의 일치라고 보기 어렵다. 또 관심을 끄는 것은 총재 밑에 있는 단장이 교계의 거물 원로인 강신명 목사로 나온다는 점이다. 박근혜의 후광 때문일 것 같기는 하지만, 최태민의 전력을 볼 때 있을 수 없는 놀라운 일이다. 그러나 당시 많은 목사들이 '근혜양'에게 잘 보이려고 최태민 앞에서 설설 기었던 것을 생각하면 조금도 이상하지 않을 수도 있다. 더구나 강신명은 대통령 조찬 기도회에도 여러 번 나오지 않았나.

대한구국선교단 창군 선언문은 '승공', '반공', '멸공'으로 가득 차 있다고 한다. 대한구국선교단은 김일성의 중국 방문은 전쟁을 도발하기 위한 노골적 행위이니 일부 정치인, 재야인사, 종교인, 학생들은 (유신 체제를 반대하는) 극한투쟁을 하거나 정치 혼란만 초래할 것이 아니라 반공 기치 아래 뭉치자고 호소했다. 1975년 4월 29일 박정희 특별 담화 이래 총력 안보 운동이 거세게 일어나면서 전시

1975년 5월 22일 대한구국선교단이 입영식 선서를 하고 있다. 최태민은 대한구국선교단을 만들어 박정희 유신 권력의 총력 안보 운동에서 역할을 하면서 입지를 강화했다. 사진 출처: 국가기록원

4대 특별법 등이 만들어지고, 학도호국단과 반상회 등이 조직되고, 긴급 조치 9호가 발동돼 전 국가·사회의 병영화로 나아가는데, 총력 안보 체제의 목표가 반공, 승공, 멸공이었다.

탁명환 소장의 아들인 탁지일 부산장신대 교수는 "유신 치하 이단들은 적극적으로 승공, 멸공 운동을 진행했다. 기성 교회에서 이단으로 분류되는 그들이 사회에 뿌리를 내리기 위해서는 정치 권력의 도움이 절대적이었다. 이른바 '반공적 기독교'의 모습은 최태민의 활동이 명분을 갖는 데 중요한 역할을 한다"고 《시사인》에서 지적했다. 최태민은 순식간에 개신교 목사로 변신해 강신명을 단장으로 한 대한구국선교단을 만들어 '태자 마마', '칙사'의 신흥 종

교에서 자신을 깨끗이 세탁하고, 박근혜를 끼고 반공, 승공, 멸공을 내세워 박정희 유신 권력의 총력 안보 운동에서 역할을 하면서 입지를 강화했다.

─── 극우 반공주의를 맹신하며 독재 권력과 부적절하게 유착한 건 기독교 내에서 이른바 '이단'으로 불린 이들만의 문제가 아니지 않나. 기독교계 주류도 그 점에서 별반 다르지 않지 않았나.

박정희는 유신 체제를 수호하는 데 개신교 보수 세력이 얼마나 중요한가를 잘 알고 있었다. 진보적인 개신교 쪽이 학생, 천주교와 함께 반유신 민주화 투쟁의 선봉에 서 있기 때문이었다. 이미 대통령과 국가 지도자를 위한 조찬 기도회는 1969년 3선 개헌 이전부터 있었다. 박정희는 대통령 조찬 기도회에 거의 대부분 참석했고, 나가지 못할 경우엔 불교 신자인 부인이나 국무총리를 보냈다. 장숙경 박사에 의하면 조찬 기도회에서는 박정희를 링컨과 같은 대통령, 다윗과 같은 왕이라고 찬양했고, 유신 쿠데타를 성경적 축복을 받을 일이라고 칭찬했다고 한다. 대한기독교연합회는 박정희의 3선 개헌을 지지했고, 1972년 10·17 유신 쿠데타가 일어나자 한경직, 조용기, 유호준 같은 거물 목사들이 지지하고 나섰다.

박정희 유신 권력은 1973년 5월 말부터 닷새 동안 여의도광장에 320만 명(6월 3일 110만 명)이 운집한 빌리 그레이엄 전도 대회, 그리고 이 전도 대회보다 복음주의 성격이 더 강한 엑스플로 '74에 대한 지원을 아끼지 않았다. 후자는 여의도광장에서 1974년 8월에 4박 5일간 84개국 3,400명을 포함해 연인원 655만 명의 기록을 세운 것으로 유명하다.

1974년 8월 18일 여의도광장에서 열린 엑스플로 '74 대회. 박정희 정권이 아낌없이 지원한 이 대회는 4박 5일간 열렸고, 84개국 3,400명을 포함해 연인원 655만 명이 참가한 것으로 유명하다. 사진 출처: 국가기록원

1973년 전국 대회를 연 기독실업인회는 유신 체제를 적극 지지했다. 총력 안보 운동이 벌어졌던 1975년 7월 기독실업인회는 19개 교단 대표들로 한국기독교지도자협의회를 조직했다. 이 단체는 신앙 수호와 국가 안보를 제1차적인 과업으로 내세우며, 박정희가 그토록 바랐던, 미국 등 외국에서 유신 체제를 옹호하는 활동을 벌였다.

최태민이 이끈 대한구국선교단은 어떤 개신교 단체보다도 총력 안보 운동에 적극적이었다. 1975년 5월 4일에 열린 대한구국선교단의 구국 기도회에는 박근혜가 최태민과 나란히 모습을 드러냈다. 이 기도회에는 각 교파를 초월한 신도 1,000여 명이 참석한 것

으로 보도됐다. 5월 11일에는 임진강에서 구국 기도회를 가졌다. 이 자리에는 2,000여 명이 운집했다는데, 최태민이 그 자리에 참석한 박근혜를 즉석에서 제안해 명예총재로 추대했다. 이어 대한구국선교단 부설로 노약자, 어린이 병원 관계 활동을 하겠다는 구국여성봉사단, 그리고 대한구국선교단의 군사 조직으로 구국십자군을 창설했다. 최태민은 개신교 목회자들을 가입시켜 십자군 군복을 입고 군사 훈련을 받게 했다. 두 단체 모두 총재는 최태민, 명예총재는 박근혜였다.

여기서 구국은 총력 안보 운동에서 표방한 바와 똑같다고 보면 된다. 위대한 지도자 한 분을 중심으로 철석같이 단결해야 국가의 안보가 유지되고 발전한다는 논리가 그것이다. 박근혜는 박정희의 총력 안보 운동 특별 담화가 나온 지 1년이 되는, 대한구국선교단 창설 1주년이기도 한 1976년 4월 29일 대한구국여성봉사단 발단 대회에서 연설을 했다.

'미니 청와대'로 불린
박근혜·최태민의 봉사단

—— 박정희가 그러한 박근혜·최태민과 화기애애하게 찍은 사진도
남아 있지 않나.

최태민이 총재인 대한구국선교단, 대한구국여성봉사단, 대한
구국십자군의 활동은 박정희 마음에 쏙 들 만했다. 더욱이 박근혜
가 최태민과 하나가 돼 열심히 활동하고 있지 않았나. 1976년 2월
박정희는 대한구국선교단 야간 진료 센터를 방문했다. 이때 박정희
가 흐뭇하다는 표정으로 만면에 웃음을 띠며 최태민과 환담하는 사
진, 박근혜는 활짝 웃으며 최태민을 바라보는데, 이 사진은 그 후
최순실 국정 농단 사건이 터지면서 유명해졌다. 대한구국선교단은
1976년 12월 대한구국봉사단이 됐다. 김재규가 '친국'을 당하고 나
서 5개월 뒤쯤인 1978년 2월, 김재규 보고서가 영향을 줬기 때문이
었겠지만, 대한구국선교단에서 최태민을 그만두게 하고 박근혜가
총재가 됐다. 하지만 최태민은 명예총재가 돼, 김재규가 개탄했듯
이 예전과 별 차이 없이 영향력을 행사했다.

청와대 비서실장 김계원은 차지철이 최태민을 앞세우고 박근
혜를 너무 업고 다녔다면서 박근혜·최태민 문제는 바로 김재규·차
지철 문제와 밀접한 관련이 있다고 증언했는데, 이 부분도 눈여겨
볼 만하다. 이와 관련해 이완범 교수의 글이 관심을 끈다. 매일신문

1976년 2월 12일 구국선교단 야간 무료 진료 센터를 방문한 박정희가 관계자인 최태민과 이야기를 하고 있다. 사진 출처: 국가기록원

청와대 출입 기자 김정남이 박근혜와 최태민의 단절을 주장하는 글을 쓰자, 김 기자의 청와대 출입을 막아달라는 지시와 함께 사표 종용 지시가 내려왔다. 박정희의 재혼, 박근혜의 결혼이 중요하다고 보고 그런 글을 썼는데, 최태민으로서는 어느 경우건 자신의 권세가 끝나는 것을 의미했다. 그런데 김 기자에 대한 사표 종용 지시가 차지철로부터 내려온 것이다. 경호실 소관 사항이 전혀 아닌데도 그랬던 것인데, 박근혜와 차지철 관계를 엿보게 해주는 대목이다. 또 하나 관심을 끄는 것이 있다.

— 무엇인가.

정승화가 자신이 계엄사령관이었을 때 전두환 보안사령관이 부마항쟁에 대해 보고한 내용을 언급한 게 있다. 전두환은 이때 부마항쟁 요인으로 정부의 부정부패, 말단 공무원의 고압적인 대민 자세, 특히 경찰의 횡포, 김영삼 제명과 함께 '박근혜양의 문제'를 얘기했다고 한다.

대한구국봉사단은 1978년 6월 새마음봉사단으로 이름을 바꿔 새마음 운동을 폈다. 역시 총재는 박근혜였고, 최태민은 명예총재였다. 대한구국여성봉사단이건 새마음봉사단이건 행정 기관의 지원을 바탕으로 전국 동 단위까지 조직을 확대해 300만 회원을 자랑한다고 중앙정보부 보고서에 나올 정도로 막강한 조직력을 과시했다. 박정희 정권과 긴밀한 관계에 있는 부인회, 어머니회, 주부 클럽 등을 잠식해 들어가 여성 단체들로부터 많은 원성을 샀다고 한다. 새마음 운동은 박근혜 퍼스트레이디 경력의 핵심이라고 한다.

대한구국봉사단이든 새마음봉사단이든 박근혜가 참석한다고 하면 그 지역 기관장들은 물론이고 그 지역과 연고가 있는 중앙 부처의 고위 공무원, 국회의원들이 총출동했다. 박근혜에게 지대한 영향력을 행사하는 최태민의 위치도 하늘 높이 치솟았다. 최태민이 도지사나 경찰국장을 호출해 호통을 칠 정도였다고 한 여성지는 전한다. 최태민은 행정부, 정계, 경제계, 언론계 등에 영향력을 행사했다. 대단한 위세를 부렸기 때문일 텐데, 한 관계자는 봉사단이 '미니 청와대'였다고까지 말했다.

— 박근혜 인생의 황금기가 아니었을까 싶다.

1979년 6월 10일에 열린 제1회 새마음 제전에 참가한 박근혜와 최순실(왼쪽). 당시 최순실은 단국대 대학원 1학년생으로 새마음대학생총연합회장이었다.

　20대 중반 봉사단 시절이 박근혜에게는 대통령 시절보다 더 마음 편하고 좋았던, '유신 공주'로 어디에서든 환호와 찬양만 받던, 비록 유리창 속의 환호성이었지만 환호성 속에서 뿌듯하게 산 영광의 시절이었을 것이다. 박근혜나 최태민이나 최고의 시절, 최고로 행복한 시절이었을 것이다. 그리고 그 속에서 망상의 싹이 자랐다.

　최순실이 처음으로 박근혜를 만난 때가 언제인지는 알 수 없지만, 한 사진은 최순실이 바로 옆에 있는 박근혜와 함께 봉사단 단원들의 환호에 웃으며 답례하는 장면을 보여준다. 1979년 6월에 열린 제1회 새마음 제전이었는데, 이때 최순실은 단국대 대학원 1학년생으로 새마음대학생총연합회장이었다. 박근혜·최태민 관계가 작용해 대학생총연합회장이라는 영광스러운 자리를 차지한 것이 아니었을까 싶다. 최순실과 박근혜의 밀착 정도를 말해준다. 그러나 이 만남이 21세기 한국사를 뒤흔드는 역사적 만남일 줄은 아무도 몰랐을 것이다. 두 사람 관계는 그 이전에도 상당히 있었을 것이다.

박근혜 내세워
악착같이 부정 축재

── 박근혜·최순실 게이트가 터진 후 그간 부정하게 긁어모은 검은돈을 환수해야 한다는 여론이 강하게 일었다. 이 사안 역시 거슬러 올라가면 유신 독재 시기 박근혜·최태민 문제와 만날 수밖에 없지 않나.

박근혜·최태민에 대해서 사람들이 특히 관심을 많이 갖는 것은 박근혜를 만나기 전 유사 종교 교주 활동을 할 때만 해도 생활 자체가 어려울 정도로 무일푼이었던 최태민 일가가 어떻게 해서 지금 수천억대의 재산을 갖게 됐느냐, 이게 대한구국선교단, 대한구국여성봉사단, 새마음봉사단 등을 할 때 기업 등으로부터 거둬들인 돈이 기본 바탕이 된 것이 아니냐 하는 점인 것 같다. 그와 함께 박근혜와 최태민은 어떤 관계였느냐, 최태민의 여성 편력이 심했다는 데 어느 정도였느냐 하는 것도 끊임없이 화제에 오르고 있다.

최태민·최순실 등 최태민 일가는 축재의 귀신들이라고 불릴 만한 것 같다. 탁명환 소장이 《현대 종교》라는 잡지에 최태민이 어떤 방식으로 축재했는가에 대해 쓴 글이 있다. "최태민은 '구국'은 구호뿐이고 사실은 축재하는 데 여념이 없었다. 그는 사무실에 앉아서 전화 다이얼을 돌리는 것이 일과였다. 항상 검은 안경을 끼고서 오만하게 앉아 재벌들에게 전화질을 하면서 꼭 근혜양을 팔았다. '명예총재인 영애께서 필요로 하는 일이다. 협조 부탁한다'고 하면 상대편에서 꼼짝 못했다." 앞에서 언급한 '최태민 관련 자료'에도 최태민이 구국 선교를 내세우고 매사에 박근혜 명의를 팔아 이권 개입 및 불투명한 거액 금품 징수 등으로 치부했다고 나와 있다. 이 자료 등에는 최태민과 관련해 사기, 금품 수수, 비리, 이권 개입, 변호사법 위반, 융자 간여, 그 밖의 부정행위 등이 자주 나온다.

김재규 변호를 맡았던 안동일 변호사는 최태민이 봉사단 운영비 조달 명목으로 재벌급 실업인 60여 명에게 운영위원을 맡겨 찬조비, 월 운영비 명목으로 거액을 갈취했다고 증언했다. '최태민 관련 자료'에는 최태민이 기업인들을 대한구국봉사단 운영위원으로 위촉해 이들로부터 1인당 2,000만~5,000만원의 입단 찬조비 또는 월 200만 원의 운영비를 받은 것으로 나와 있다. 2,000만 원이건 5,000만 원이건 200만 원이건 1970년대의 액수라는 점을 생각해야 한다. 예컨대 당시 브리사 승용차 1대 구입비가 300만 원 정도였던 것 같다.

최태민 관련 의혹에 대한 소문이 무성하긴 하지만, 청와대 민정수석실 조사 등이 덧붙은 중앙정보부 보고서가 주된 내용을 이루고 있는 '최태민 관련 자료'를 제외하면 구체적인 것은 알 수가 없다. 경찰이나 검찰 쪽 자료는 지금까지 알려진 것이 없고, 유신 말기의 경우 박정희가 그렇게 싫어하고 차지철이 차단한 것을 언론이나 다른 곳에서 조사했을 리가 없기 때문이다. 따라서 최태민 관련 의혹 가운데 밝혀진 것은 빙산의 일각이라는 말이 맞을 듯하다. 최순실 등 최태민 가족들이 돈 관리를 귀신처럼 철저히 한 탓에 현재도 알아낸 것이 거의 없다시피 한데, 그 방면에서 아버지의 탁월함이 전승된 것으로 보인다.

── 최태민은 구체적으로 어떤 방식으로 돈을 뜯어냈나.

'최태민 관련 자료'에 의하면, 이건 1977년 9월 이전에 한한 것일 텐데, 대한구국봉사단을 이용해 최태민이 횡령한 것이 14건(2억 2,135만 6,000원)이다. 그에 더해 사기 1건(200만 원), 변호사법 위반 11건(9,420만 원, 토지 14만 1,330평), 권력형 비리 13건, 이권 개입 2건, 융자 간여 3건 등 최태민 관련 의혹이 모두 44건이라고 나온다. 다음은 《신동아》 2007년 6월호에 나와 있는 몇 가지 사례다. 어떤 방식으로 돈을 챙겼는지 짐작하게 하지만 이러한 것들은 빙산의 일각이 아닐까 싶다.

▲ (19)76.1.29. 봉사단 공금에서 주택 구입 자금으로 1,000만 원 지출. (19)77.3.17.~6.7. 3회에 걸쳐 국민은행 관악지점에 봉사단 공금 6,000만 원으로 부인 명의 3계좌를 정기 예금해 은닉. (19)76.11.3.~1977.8.25. 서울농협 불광지소에 봉사단 공금 합계 1억 5,517만 6,000원을 2~3회에 회전 분산한 후 가명 이송자, 박부전, 김기옥 명의 26계좌로 정기 예금, 통지 예금, 정기 적금을 해 은닉. (19)77.5. 부인 명의로 브리사 승용차 1대 구입, 대금 300만 원 지출.

▲ (19)76.3. S교회 원모 목사에게 서울시장에게 청탁하여 성북구 석관동 사유지 50평을 이 교회 부지로 불하해주고 그 대가로 이 부지 시가 1할 상당액을 받기로 약속했으나 불하 실패.

▲ (19)75.9.15. 2군에 속한 이모 대령의 부인 김아무개에게 국방부 장관에게 청탁해 이아무개를 준장으로 진급시켜준다고 하고 그 대가로 200만 원 수수.

▲ (19)76.6.4. H사 사장 김아무개에게 서울시장에게 청탁해 서울시 비상 유류 저장 탱크 공사를 맡게 해준다고 하고 그 대가로 5,000만 원 수수.

▲ (19)76.10 초순. 한국소방기구공업협동조합 이사장 이아무개

에게 내무부 차관에게 청탁해 소방 기구 신규 제조 허가를 억제해주고 이 기구 검정권을 이 조합에 주도록 해준다는 조건으로 200만 원 수수.

▲ (19)76.8. 전 중앙정보부 강원지부장 김아무개의 부인 박아무개에게 남편을 중앙정보부에 복직시켜준다고 하고 그 대가로 2차에 걸쳐 150만 원 수수.

▲ (19)76.9 초순. S관광 대표 진아무개에게 대덕-연기 지역구 차기 공화당 국회의원 후보 공천을 받게 해준다고 하고 (19)76.9.17.~12.10. 5회에 걸쳐 500만 원 수수.

▲ (19)77.3.24. H사 K회장에게 대한화재보험협회에 청탁해 이 협회 청사 신축 공사를 맡게 해준다고 하고 그 대가로 7,000만 원 수수.

장군 진급시켜준다고, 중앙정보부 복직시켜준다고 금품을 수수했으니 간도 큰 사람이었다. 최태민은 건설 관계 회사에도 전화를 걸거나 찾아가 공사 계약을 따내는 일이나 납품 등을 알선하고 커미션을 받아 챙겼다고 한다.

"심신을 완전히 컨트롤", 박근혜와 최태민의 "특이한 관계"

—— 최태민과 박근혜가 어떤 관계였는가를 두고도 그동안 많은 얘기가 나왔다.

최태민은 여성 관계도 아주 복잡한 것으로 알려졌다. 6명의 부인을 뒀고, 6번째 부인한테 여자 문제로 고소당해 금화사로 도피해 중이 된 적도 있었다. 그게 계기가 돼 유사 종교 교주가 되기도 한 것 아닌가. '최태민 관련 자료' 여성 항목에는 여성 관계 추문과 관련해 12건이 적혀 있다고 한다. 여기에는 여비서들과의 불륜 관계도 포함돼 있었다. 그 여성 항목에는 성행위의 시간, 장소, 과정, 횟수 등까지 지나칠 정도로 아주 구체적으로 나온다고 한다. 늙은 아내와 나이 먹은 자녀들을 두고 있던 70대에도 몸집이 작으면서도 다부졌고, 피부도 젊은 사람처럼 좋았다고 그런다.

박근혜와 최태민은 어떤 관계였을까. 한 목사가 감옥 가는 것도 두려워하지 않고 '확신'을 가지고 얘기하는 등 이 문제는 그간 사그라질 줄 모르고 세간을 떠돌았다. 최태민에 대해 박근혜는 "어머니가 돌아가신 뒤 힘들었을 때 흔들리지 않고 바로 설 수 있도록 도와준 고마운 분"이라고 말했다. 조갑제 기자 책에는 박근혜가 최태민을 직접, 그것도 밤에 불러들여 만나는 일이 잦았다고 쓰여 있는데, 무엇을 가리키는지는 불확실하다. 1990년 전후의 일과 관련이 있지만, 최태민이 박정희 대통령이 남긴, 그래서 박근혜의 '소유'가 된 '돈뭉치'를 관리하는 역할을 했기 때문에, 그래서 최태민 가족들이 엄청난 부의 혜택을 누렸기 때문에 그들 가족이 박근혜와 최태민의 '특별한 관계'를 '감수'했다는 글도 있다.

박근혜·최태민 관계를 잘 안다는 사람들은 뭐라고 말했을까. 최태민과 20년 가까이 잘 알고 지낸 전기영 목사는 어느 신문과 한 인터뷰에서 "최 씨와 활동할 당시 박 대통령(박근혜)과의 관계가 불거졌다. 연인이라는 말, 두 사람이 만나면 하루 종일 밖에 나오지 않는다는 소문이 무성했다. 최씨는 '우리는 영적인 세계의 부부다. 육신의 부부가 아니다'라는 말을 했다"고 증언했다.

박근혜의 사촌 형부인 김종필은 몸이 안 좋은데도 2016년 11월 촛불 시위가 한창일 때 《시사저널》과 한 인터뷰에서 "(박근혜는) 최태민 …… 그놈하고 친해 가지고 자기 방에 들어가면 밖에 나오지도 않았어", "하루 이틀도 아니고 아침부터 깜깜할 때까지 뭔 얘기를 하고 무슨 짓을 하는지 모르지만 들어앉았으니 그렇지"라고 말했다. 왜 박근혜에게 조언을 하지 않느냐는 물음에는 "싫어. 잘 못 얘기하면 묘 속에 들어가서도 나를 미워할 거야. 그 정도로 지독한 사람"이라고 답변했다. 그런데 이 인터뷰 반향이 크자 김종필 쪽은 "왜곡, 과장해 비열한 기사를 만들었다"며 법적 대응을 하겠다고 나왔다. 죽음을 앞두고도 뭐가 그리 두려운지 김종필은 기회주의적 보신保身을 보여줬다.

주한 미국 부대사가 본국에 보낸 전문도, 이미 대개 알고 있는 사실이라 하더라도 재미있다. 위키리크스 폭로 덕에 기밀문서가 세상에 드러난 것인데, 2007년 이명박과 박근혜가 한나라당 대통령 후보 경선을 벌일 때 윌리엄 스탠턴 부대사는 이 전문에서 "최태민 씨가 과거 박근혜 후보를 지배했으며 최태민의 자녀들이 막대한 부를 축적했다는 소문이 파다하다"며 박근혜는 이를 설명해야 하는 상황에 처해 있다고 지적했다. 스탠턴 부대사는 "박 후보의 반대 세력들은 최태민 씨를 한국의 라스푸틴이라고 한다"는 점도 언급했다. 그러면서 한국인이 많이 얘기하는 것도 빼놓지 않았다. "카리스마가 있는 고 최태민 씨는 인격 형성기에 박근혜 후보의 심신body and soul을 완전히 컨트롤했다. 그 결과 최태민의 자녀들이 막대한 부를 축적했다는 소문이 파다하다." 최근에는 '심신'이라는 말보다는 최태민이 박근혜의 영육을 지배했다는 말이 더 많이 입에 오르내리는 것 같은데, 이 전문은 박근혜와 최태민이 "특이한 관계

unusual relationship"에 있다고도 했다.

10·26 후에도 계속된
최태민과 박근혜의 검은 유착

—— 유신 붕괴 후에도 박근혜·최태민 문제는 계속되지 않았나.

박근혜의 희극인지 비극인지 알 수 없는 극적인 운명을 이해하기 위해서는 박정희 이후의 박근혜·최태민 관계에 대해서도 정리할 필요가 있겠다. 전두환·신군부 시기에 대해 얘기할 것이 두 가지 있다. 하나는 돈 문제다.

10·26 후 전두환이 박정희 집무실에 있는 4칸으로 된 책장 중 2칸을 밀자 놀랍게도 빈 공간이 나타났고, 그 안의 비밀 금고에 9억 원이 들어 있었다고 한다. 한 언론인이 박정희를 독대할 때 박정희가 그 책장에서 돈 봉투를 꺼내준 것을 기억해 전두환에게 말해줬고, 전두환이 그 말대로 했더니만 영화의 한 장면처럼 돈이 나왔다는 것이다. 박정희의 돈 봉투 씀씀이가 얼마나 거창했는지 짐작할 수 있다.

그리고 무슨 권한이 있다고, 합동수사본부장에 지나지 않는 전두환이 그 돈을 국고에 돌리지 않고 박근혜에게 전액 다 줬다고 한다. 그랬더니만 박근혜가 그중 3억 원을 10·26 수사에 쓰라고 전두환에게 줬다는 것이 여기저기에 기록돼 있다. 그런데 전두환이 회고록에 쓴 것을 보면, 또 전 청와대 비서관이었던 민정기를 통해서 밝힌 내용을 보면, 찾아낸 액수가 9억 5,000만 원으로 늘어나고 박근혜가 전두환에게 되돌려줬다는 액수도 3억 5,000만 원으로 늘어났다.

그러나 어느 것도 사실과 다르다. 정승화는 회고록 《12·12사건 정승화는 말한다》에서 당시 합동수사본부에서 6억 원은 박근혜에게 주고 1억 원은 합동수사본부 수사비로 쓰도록 빼놓고 2억 원은 여기에 가져왔다고 전두환이 보고했다고 밝혔다. 정승화 계엄사령관은 2억 원을 쓰지 않고 육군 예산에 포함시켰다. 박근혜 또한 2007년 한나라당 대선 경선 후보 검증 토론회에서 "9억 원이 아니라 처음부터 6억 원을 받았고, 3억 원을 수사 격려금으로 돌려준 사실이 없다"고 말했다. 전두환이 계엄사령관이자 육군 참모총장인 정승화에게 생색을 내려고 상납까지 했으니, 누가 거짓말했는가는 뻔하다. 전두환은 어디에 내놔도 전두환이다.

합동수사본부장일 때 전두환이 보안사 간부 이학봉에게 최태민을 수사하라고 지시했다. 《신동아》에 의하면, 당시 한 언론인이 김재규가 수사한 최태민 사건 내용을 전두환에게 얘기해주면서 여성계 여론을 고려해서라도 처리해야 한다고 말했다. 그 언론인이 한 말을 들어보자. "최태민은 서빙고동에 끌려가 1주일 정도 조사를 받았다. 이어 잠시 풀려난 뒤 다시 소환돼 좀 더 조사를 받았다. 이후 신군부는 최태민을 강원도로 쫓아냈다. 최태민의 혐의가 문제 소지가 있는 데다 최태민을 차단시켜놓을 필요성이 있어서였다."

전두환 회고록에 따르면 상당 기간 전방 군부대에 최태민을 격리했다고 한다. 유신 체제를 이어받겠다는 결의에 차 있던 유신 잔당들에게 '유신 공주'와 갈등을 벌일 필요는 없었다. 최태민을 멀리 귀양 보내 말썽이 일어나지 않게만 하면 됐다. 새마음봉사단은 신군부 실력자 허화평의 주도로 1980년 11월 해체됐다. 전두환은 차지철 밑에서 경호실 차장보로 있으면서 최태민 문제를 알고 있었고, 그래서 박근혜에게서 최태민을 떼어놓으려 했지만 잘되지는 않은 것 같다.

— 10·26 후 육영재단을 비롯해 박근혜가 관여한 여러 곳에서 최태민 일가와 관련된 문제가 터져 나왔다.

박정희 사후 말썽이 크게 일어난 곳은 육영재단만이 아니었다. 정수장학회와 영남대 재단에서도 장기간에 걸쳐 문제가 일어났다. 어느 것이나 박근혜와 직결돼 있고 최태민도 이래저래 관련이 있지만, 여기서는 육영재단 문제만 얘기하자.

박근혜가 육영재단 이사장이 된 때는 1983년이다. 얼마 후부터 최태민 문제가 불거졌다. 박근혜가 1주일에 두 번 결재하러 왔지만, 공식 직함이 없는데도 최태민이 사사건건 개입했다. '최 회장'으로 불린 최태민이 먼저 보고 오케이를 해야 결재가 박근혜에게 갔다. 최태민은 재단 인사들을 장악했고, 인사 채용 때에도 입사자들을 상대로 일종의 면접을 하기도 했다.

최태민만 좌지우지한 것이 아니었다. 그의 다섯째 딸 최순실의 바람도 거세게 불었다. 최순실은 1985년에 초이종합학원을 꾸렸는데, 육영재단의 어린이회관과 자매결연을 했다. 1986년 어린이회관에서 그림 그리기 대회가 열린 후 초이종합학원에서 '왜 우리 학원 성적이 좋지 않느냐'는 전화가 왔다. 그러고는 어린이회관 미술 담당 교사와 과장, 부장이 모두 권고사직을 당했다. 최순실은 육영재단이 발행한 잡지 《어깨동무》, 《꿈나라》 편집에도 간여했는데, 두 잡지는 휴간 처분됐다. 그러면서 어린이회관 직원과 기자들이 대거 권고사직을 당하고 초이종합학원 교사들이 어린이회관에 들어왔다. 보다 못해 1987년 육영재단과 어린이회관 직원 150여 명이 '어용 간부 퇴진', '족벌 인사 체제 종식' 등 최태민·최순실 부녀의 개입을 규탄하는 농성 시위를 7일간 하기도 했다.

— 노태우 집권기에도 이 문제는 사라지지 않았다.

노태우도 대통령이 되자, 예전에 차지철 밑에서 경호실 차장보를 할 때 듣고 본 것이 있어서 최태민을 박근혜로부터 떼놓으려 했다. 그렇지만 성공하지 못했다.

촛불 시위가 막 달아오르던 2016년 11월 4일, 조선일보는 1980년대 말 청와대 민정수석실이 최태민을 집중 조사한 보고서 내용을 보도했다. 1989년 10월 노태우 대통령에게 보고됐다는 이 보고서에는 최태민이 박근혜에게 "신의 계시로 몇 년만 참고 기다리면 여왕이 될 것이므로 친·인척 등 외부인을 만나면 부정을 타게 되니 접촉을 피하라"고 말하고, 친동생인 박지만에 대해서까지 접촉을 제한하고 있다는 내용이 들어 있다. 또 "세계정세가 여성 총리가 동쪽으로 이동하게 되어 영국의 대처 총리, 파키스탄의 부토 총리가 탄생했는데, 1990년대 초에는 우리나라에도 여성 총리가 나오게 되는데 그 인물이 박근혜"라고 예언했다고 한다. 최태민이 '원자경'이었던 1975년 2월 말경 세 차례에 걸쳐 박근혜에게 편지를 써서 육영수 현몽이라면서 "어머니는 돌아가신 게 아니라 너의 시대를 열어주기 위해 길을 비켜주었다"느니 "너를 한국, 나아가 아시아의 지도자로 키우기 위해 자리만 옮겼을 뿐"이라고 했다는 주장이 반복돼다시 출현한 것이다.

박지만·박근령 등 친·인척을 피하라는 얘기는 "어머니 목소리가 듣고 싶을 때 나를 통하라"는 최태민의 주장과 일맥상통하는 점이 있다. 최태민 자신이 박근혜를 독점하겠다는 것이다. 실제로 최태민은 박근혜가 형제와 만나는 것을 막았다. 이 보고서에는 박지만이 "큰누나는 최태민의 꾐에 빠져 다른 사람의 말을 듣지 않으며, 두 사람이 같이 있는 장면을 볼까봐 사전 약속 없이는 집에서도 만날 수 없다"는 불만을 토로한 내용도 나온다.

최태민이 심령술사라느니 최면술에 능하다니 하는 소문들이 있는데, 이 보고서에도 그러한 것들이 나온다. 보고서는 "최 씨가 박근혜 씨에게 최면을 걸어 육영수 여사의 환상이 나타나게 해 환심을 사고 있다"는 유언비어가 돌고 있으며, "박근혜 씨는 최태민 씨가 신의 계시로 자신을 위해 헌신해 (최태민을) 절대적으로 믿을 수 있다고 확신하고 모든 일을 그의 조언에 의존하는 실정"이라고 지적했다. 또 "박근혜 씨가 근화봉사단 조직이 완료되면 차기 대통령에 출마할 꿈을 꾸고 있다"는 소문도 유포되고 있다고 전했다.

이 보고서도 최태민이 박정희 사후에도 박근혜 곁에 머물며 각종 육영·추모 사업에서 실질적 영향력을 행사했다는 세간의 소문이 사실임을 상세히 전했다. 최태민은 박근혜가 이사장인 육영재단과 한국문화재단에 따로 사무실을 두고 박근혜와 수시로 접촉했다. 최태민은 재단 내부에서 '최 회장'으로 불렸고, 외부에는 '박근혜 씨의 후견인'이라고 소개했다고 한다. 자신의 측근을 재단 간부와 비서, 경호원 등으로 근무하게 해 박근혜의 일거일동을 샅샅이 파악하면서 재단 운영을 배후 조종했다. 최태민은 박근혜가 탄 차를 뒤에서 따라가며 경호하는 경호차까지 붙였고, 자기 처로 하여금 박근혜의 생필품을 제공하게 했다.

한마디로 최태민 없는 박근혜의 삶이란 없다고 말해도 될 정도로 박근혜는 최태민에게 심신을 의존한 것으로 보인다. 박근혜는 최태민에 관한 수많은 의혹이 제기될 때마다 "반대 세력의 악선전"이라고 반박했다.

— 결국 박근혜의 동생들이 '최태민으로부터 박근혜를 구해달라'고 청와대에 호소하는 일까지 생기지 않았나.

1990년 8월 박근령과 박지만이 "최태민의 손아귀에서 철저하게 속고 있는 언니가 너무도 불쌍하다"며 '언니를 구해달라'는 탄원서를 노태우 대통령에게 보냈다. 이 호소문에는 "최 씨가 육영 사업(육영재단), 문화재단 등의 회계 장부를 조작하는 식으로 재산을 축적했다"는 내용이 들어 있다. 그해 10월 박근령은 한 언론 인터뷰에서 "물러날 사람은 언니가 아니라 최태민이다"라고 말했다. 박근혜 측과 박근령 측이 몸싸움까지 벌인 형제들의 격렬한 갈등은 1990년 11월 박근혜가 육영재단 이사장 자리를 박근령에게 넘겨주는 것으로 일단락됐다.

최태민은 1994년 5월 1일 사망했다. 중앙일보는 그해 7월 12일자에서 사망 소식이 뒤늦게 알려졌다며, "최 씨는 최근까지 근혜 씨의 생활비를 대주며 재산 관리인 행세를 해온 것으로 알려지고 있다"고 보도했다. 최태민이 죽자, 최태민의 부인 임선이가 후견인 노릇을 했다고 한다. 임선이가 박근혜의 모든 것을 관리했다는 것이다. 그 이후에는 다 아는 바와 같이 최순실이 '관리'했다.*

박근혜가 정치인으로 변신한 후에도 최태민의 그림자는 사라지지 않았다. 최태민의 사위 정윤회는 1998년 정치인으로 다시 나선 박근혜의 보좌관을 맡아 여러 해 동안 활동했다. 박근혜 정부 출범 이후인 2014년에는 이른바 정윤회 문건이 세상에 드러났다. 비선 실세의 국정 농단 의혹 및 박근혜, 정윤회, 그리고 최태민의 딸 최순실 문제는 세간의 큰 관심을 모았다. 이 사안은 결국 2016년 하반기에 박근혜·최순실 게이트로 이어졌다. 2016~2017년 촛불 항쟁을 거쳐 박근혜는 2017년 3월 탄핵으로 대통령직에서 쫓겨나고 구속 수감됐다.

진보 언론은 왜 2012년 대선 때
최태민 문제를 제대로 파헤치지 않았나

유신 체제 붕괴, 여덟 번째 마당

박근혜는 유신 체제에서
허깨비가 아니었다

김 덕 련 1989년 4월《월간조선》에 실린 인터뷰를 보면, 박근혜가
조갑제에게 김재규 문제에 대해 직접 언급한 대목이 나온다. 10·26
이틀 전인 1979년 10월 24일 "측근들을 바꾸어야 한다"면서 "우선
정보부장을 갈아야 한다"고 자신이 아버지에게 얘기했다는 것이다.
당시 김재규 경질설이 돌던 건 사실이지만, 측근들 중에서 월권과
전횡으로 가장 문제를 일으킨 건 누가 봐도 차지철이었다. 그런데
도 박근혜가 차지철이 아니라 중앙정보부장부터 내쳐야 한다고 건
의한 건 최태민 문제로 김재규와 갈등을 겪은 것과 뗄 수 없는 관
계가 있는 것 아닌가 하는 생각이 든다.

　　다른 문제를 짚었으면 한다. 대선이 있던 2012년 세간의 관심
사 중 하나는 박근혜 후보와 유신 체제의 관계 문제였다. 그때 일각
에서는 '잘못을 저지른 건 아버지인데 그 책임을 딸에게 과하게 묻
는 것 아니냐'는 주장도 나왔다. 그것에 대해 당시 인터뷰에서 '박
근혜 후보는 유신 체제에서 허깨비가 아니었다'고 반박한 적이 있
다. 유신 체제에서 박근혜가 어떤 역할을 했다고 보나.

서 중 석 박근혜 대통령이 유신 체제에서 얼마만큼 중요한 위치에
있었는지, 그리고 얼마만큼 영향을 받았느냐고 물었는데 박근혜는
육영수 사거 후 퍼스트레이디 역할로 박정희 다음가는 위치에서 수
많은 중요 행사에 참석했다. 나는 2012년 대선을 앞두고 한 언론에
박근혜 후보가 유신 체제에서 "허깨비가 아니었다"고 말했는데, 대
한구국여성봉사단 활동도 기자들이 쓴 여러 글에 나와 있는 것처럼

그 폭이 아주 컸고, 조직도 회원이 300만 명이라고 얘기할 정도로 방대했다.

생각해보면 당연한 일이겠지만, 박근혜는 퍼스트레이디로서 유신 후기에 유신 체제를 수호하는 데 자신이 적극적으로 기여해야 한다고 생각했고 그래서 대단히 활발한 활동을 벌였다. 박정희가 유신 체제를 수호하고 굳건히 하기 위해 1975년 4월 29일 특별 담화부터 자신이 진두지휘해 총력 안보 운동을 벌이지 않았나. 그때 개신교 쪽에서 가장 열심히 앞장선 것이 최태민과 박근혜가 총재, 명예총재인 대한구국선교단이었다. 유신 체제에 대해 1973년 부활절 예배 때부터 강력히 반대한 것이 개신교 측이었기 때문에도 대한구국선교단의 활약은 박정희에게 반가운 일이었다. 박정희가 대한구국선교단의 야간 진료 센터를 방문해 아주 흐뭇하고 기분 좋은 표정으로 최태민·박근혜와 환담하지 않았나.

박정희는 대한구국여성봉사단, 새마음봉사단에 대해서도 유신 체제 수호에서 상당한 역할을 해낸 것으로 평가한 것 같다. 박근혜의 활동에 대해서는 요란하게 덧칠이 돼 박정희에게 화려하게 보고되지 않았겠나. 옆에서 차지철도 맞장구를 쳤을 터이고. 박근혜가 노인들 앞에서 경로 사상, 충효 사상에 대해 연설하는 것이 일부 사람들에게는 꼴불견이었지만, 다 그런 것은 아니었다. 여성 단체는 대한구국여성봉사단이 자신들의 조직을 파고들어왔기 때문에 반감을 품기도 했고 이 봉사단이 또 다른 민원을 만들어내기는 했으나, 행정력의 절대적인 지원을 받으며 면, 동 단위까지 조직을 뻗쳐가고 봉사단원이 300만이라고 지칭된 것은 유신 체제를 받쳐주는 데 적잖은 힘이 됐다.

대한구국여성봉사단도 그랬지만 새마음봉사단의 활동은 제2

1979년 9월 2일 새마음봉사단이 수재민 구호 모금 운동을 하고 있다. 새마음봉사단의 활동은 제2의 새마을운동이었다. 사진 출처: 국가기록원

의 새마을운동이었다. 1977년 새마을운동 본부 발족과 관련해 최태민 총재가 기자 회견을 하는 사진, 1977년 3월 16일 새마을 궐기 대회에 참석한 박근혜가 걸스카우트 대원을 격려하는 사진도 있는데, 이들은 박정희 마음에 쏙 들기 위해서도 제2의 새마을운동으로서 봉사단 활동을 내세웠다. 최태민에 대한 나쁜 인상이나 선입견 때문에 대한구국선교단이나 봉사단을 얕잡아 보고 저평가하려는 경향이 있는데, 그렇게 볼 수만은 없을 것 같다.

유신 체제, 그것도 후기 유신 체제에서 박정희를 빼놓고 그것을 수호하는 데 가장 큰 공로를 세운 사람이 누구일까. 차지철일까. 쉽지 않은 문제지만, 박근혜도 생각해볼 수 있다.

─ 그 시기에 경험한 것이 정치인 박근혜에게 어떠한 영향을 끼쳤다고 보나.

1979년 8월 24일 박근혜가 새마음 종합병원 개원식에 참석해 연설을 하고 있다. 퍼스트레이디 시절이 어쩌면 박근혜 일생 전체를 통틀어 최고의 황금기였을지도 모른다. 사진 출처: 국가기록원

　　유신 체제 시기에 퍼스트레이디 역할을 했을 때는 말할 것도 없고 그 이전에도 박근혜는 유신 체제에서 많은 영향을 받은 것으로 보인다. 퍼스트레이디 시절이 어쩌면 박근혜 일생 전체를 통틀어 최고의 황금기가 아니었을까. 젊은 나이에 그렇게 중요한 위치에 있었으니까. 또 그만큼 주위 사람들이 박근혜를 공주님으로 칭송했으니까.

　　박근혜는 유신 체제 시기에 바로 그런 활동을 하면서 20대를 보냈다. 인간의 의식은 10대에서 20대 시기에 기본적으로 형성된다

고들 보고 있는데, 박근혜는 20대의 대부분을 유신 시대에 보냈고 더욱이 퍼스트레이디로 활동하지 않았나. 유신 체제에서 깊은 영향을 받았다. 또 10·26 이후 새롭게 의식을 변화시킬 만한 계기나 기회를 가졌다고 보기가 어렵다. 그런 점에서도 유신 시대에 받은 영향이 대단히 클 수밖에 없지 않겠나.

박정희 대통령이 절대적인 권력을 행사한 것도 박근혜에게 큰 영향을 끼쳤을 것이다. 권력을 행사하는 방법 같은 것에서도 영향을 받지 않았을까 하는 생각이 든다. 모든 권력은 최고 권력자, 대통령한테 집중돼야 하고 밑에 있는 사람들은 대통령을 철저히 보필하면서 그 지시에 따라야 한다는 사고에 익숙할 수밖에 없었다. 박근혜는 아버지를 대단히 존경하는 모습을 보이지 않았나. 유신 체제 시기에 아버지로부터 교육을 받았다고 할까, 여러 가지 얘기를 들은 것은 박근혜에게 대단히 큰 영향을 끼쳤다.

2012년 대선 때 최태민 문제를 더 파고들었다면……

── 정치인 박근혜가 걸어온 길, 그리고 집권 후 행보를 보면서 10·26 때 박근혜의 시간은 멈춘 것 아닌가 하는 생각을 개인적으로 여러 번 했다. 모든 것을 10·26 이전으로 되돌려야 한다는 그릇된 사명감을 가진 것 아닌가 하는 느낌도 심심찮게 들었다. 특정한 개인 차원을 넘어 사회 전체를 불행하게 만들 수 있는 위험한 사명감임을 박근혜는 2012년 대선 승리 후 집권기 내내 행동으로 입증했다.

2012년 대선에서 문재인 후보 쪽 정치인이나 진보적인 언론이 좀 더 잘했더라면 그 이후의 비극이 일어나지 않았을 수도 있었을 것이라고 나는 생각한다. 그 대선 때 역사 연구자들도 뭔가 해야 한다고 봤다. 박근혜가 당선된다는 것은 재앙이었기 때문이다. 그래서 이만열 선생, 한홍구 교수 등 여러 명이 학술 활동, 언론 기고 활동 등을 벌이기로 했다. 주제는 유신 체제와 박근혜였다. 유신 쿠데타 40주년이기도 했지만, 박근혜의 문제점은 유신 체제에 집중돼 있고 박정희 신드롬으로 박근혜가 뜨고 있었기 때문이다.

나는 그때 한 학술 발표회에서 유신 체제의 성격을 분석하면서 박근혜 대통령 후보가 얼마나 심하게 유신 체제에 물들어 있는가, 특히 그때 최태민과의 관계를 볼 때 대통령직을 수행할 수 있는 능력이나 자격을 갖추고 있는가가 이번 대선에서 가장 중요한 이슈가 돼야 한다고 강조했다. 최태민과의 관계가 최대 이슈가 돼야 하는 것은 추문이나 치정 관계 때문이 아니라는 점도 분명히 해야 한다고 역설했다. 청와대 비서실장, 민정수석 등 비서들은 물론 경찰, 검찰에서도 최태민의 행동에 큰 문제가 있다고 보고했고 중앙정보부에서 집중 조사한 보고서까지 있는데도 박근혜는 최태민 관련 의혹을 모함으로 몰아세우며 최태민을 변호하고 계속 관계를 이어가지 않았나. 그건 박근혜가 국정을 수행하는 데 가장 중요한 '판단력'에 결정적인, 아주 심각한 문제를 안고 있다는 말이고 그러므로 이번 대선에서는 최태민 문제가 최대 이슈가 돼야 한다고 역설한 것이다.

그 학술 발표회 자리에는 정치인도 있었다. 그러나 2012년 대선에서 최태민 문제는 거의 쟁점조차 되지 못했다. 정말 기이한 모습이었다. 문재인 쪽 정치인들이 무력했고 의욕적으로 선거 운동에 나서지 않았으며, 진보적 언론도 문제가 있었다고 나는 본다.

— 어떤 점에서 그러했다고 생각하나.

언론은 최태민·박근혜 문제를 2007년 한나라당 대선 후보 경선 때보다도 더 적은 비중으로 다뤘다. 아니, 훨씬 적었다고 본다. 그러면 유신 체제와 박근혜 후보의 관련성 문제, 유신 체제에 대한 박근혜 후보의 판단으로 볼 때 국정 수행 능력이 있겠는가 하는 문제는 잘 다뤘느냐 하면 그렇지도 않았다. 자료가 없어서, 적어서 그랬느냐. 전혀 아니었다. 그동안 생산된 자료도 많았지만 파고들면 계속 나오게 되어 있었다.

박근혜는 1989년 4월 《월간조선》에 실린 인터뷰에서도 "최(태민) 목사님이 오히려 누명을 쓰고 있다. 그분은 정말 사심 없이 좋은 일을 하려고 했었다"라고 말했지만 김대중 납치 사건, 김형욱 납치·살해 사건에 대해서도 있을 수 없는 얘기를 했다. 둘 다 아버지한테 얘기를 들었다고 하는데, 김대중 납치 사건에 대해서는 이렇게 들었다고 한다. "북괴가 김 씨를 납치해놓고 우리 소행으로 덮어씌우려는 것 같다." 김형욱 납치·살해 사건에 대해서는 "김형욱이는 미국에서 북한 돈을 받아서 반정부 활동을 한 것 같다. 이번 실종 사건은 김(형욱)에게 돈을 대주던 북한 조직이 그 사실의 탄로를 막기 위해서 그를 살해한 것으로 보인다"라는 말을 들었다고 한다.

1989년 《월간조선》과 인터뷰할 때에도 이러한 박정희 주장을 진실로 알고 있었다는 얘기다. 그 이후에도 같은 생각을 가졌을 수 있기 때문에 이러한 판단력은 2012년 대선에서 크게 쟁점이나 문제가 됐어야 했다.

유신 체제에 대해서도 비슷했다. 1989년 MBC '박경재의 시사 토론' 인터뷰에서 유신 정권 비판 여론을 전하자 박근혜는 "그게 바로 역사의 왜곡이에요. 나라를 구하기 위해서 정말 욕을 먹고 비난을 감수하면서까지 한 결정"이라고 발끈했다. 2007년 한나라당 대선 후보 경선에서도, 2012년 대선에서도 유신 체제에 대한 생각은 별로 다르지 않았다. 박근혜 후보는 2012년 대선 때에도 "5·16과 유신이 없었으면 공산화가 됐을 것이라는 생각이 너무 강하다"라는 얘기를 들었다. 2007년에도, 2012년에도 이런 생각이 요지부동이었다는 것이다.

2012년 당시 진보적 언론은 문재인 후보와 박근혜 후보의 연설이나 정견, 주장을 그대로 반반씩 실어주는 것이 공정하다고 판단한 것 같다. 그러나 후보의 연설이나 정견에는 얼마든지 기회주의적인 것들이 있을 수 있다. 그것을 파고들어 보도하는 것이 더 공정한 것이다. 또 진보적 언론은 박근혜 후보가 5·16쿠데타나 유신체제, 인혁당 사법 살인에 대해서 잘못됐다는 점을 인정하는 것이 중요하다고 판단한 것 같다. 이러한 사안에 대해서 박근혜 후보가 버티다가, 또 새누리당 홍일표 대변인이 적당히 넘어가려고 두루뭉술하게 '박근혜 후보가 얘기했다'고 한 것까지 박 후보가 부인하다가 나중에는 자신의 생각이 바뀐 것처럼 얘기하자, 그것을 환영한다는 의미로 해석되는 사설 같은 것을 쓰고 그랬다. 그리고 그 이후에는 별로 문제 삼지 않았다.

나는 이것이 엄청나게 큰 실수라고 개탄했다. 박근혜 후보가 표를 얻으려고 기회주의적으로 얘기한 것이기 때문에, 박근혜 후보가 유신 시기에 보인 언동을 계속 크게 문제 삼았어야 한다고 본다. 특히 최태민과 얽힌 문제에 대해서는 몇 날 며칠이고 문제 삼았어야 한다고 본다. 그렇게 해서 박근혜 후보가 어떤 판단력을 가졌는가를 유권자가 정확히 알 수 있게 하고, 박근혜 후보는 국정을 이끌어갈 능력이 부족하다는 점에 초점을 맞춰 투표일까지 끌고 가는 것이 진실을 보도하는 태도이자 언론의 정도라고 생각한다.

박근혜를 지배한 건 박정희와 최태민이었다. 박정희를 특출한 분, 공산주의로부터 나라를 구한 분으로 가슴에 새겼던 박근혜가 박정희 출생 100년을 맞은 2017년에 소위 '역사 왜곡'을 바로잡은 국정 교과서를 내도록 지시했는데, 국정 교과서를 내야 하는 이유에 대해 최순실에게 의존했다는 것은 대단히 풍자적이다. 특검 수사에 따르면 최순실은 대통령 말씀 자료를 직접 "대한민국에 대한 확고한 역사관과 자긍심을 심어주는 노력을 하지 않으면, 우리는 문화적으로 역사적으로 다른 나라의 지배를 받을 수도 있습니다"라고 손질했는데, 박근혜는 국정 교과서 도입이 필요하다는 근거로 최순실이 손질한 글을 그대로 읽었다는 것이다.

이런 사람이 대통령이 된 데에는 당시 문재인 후보 진영 인사들, 진보적 언론과 지식인, 활동가 모두에게 책임이 있다. 박근혜가 대통령직에 있을 때 보인 행태나 정책, 그리고 요직에 인물을 쓸 때마다 유신 시대를 연상시킨다거나 유신 시대로 회귀했다는 보도가 나왔는데, 그런 보도를 접할 때마다 몹시 답답했고 가슴이 아팠다.

── 다시 돌아오면, 김재규는 항소 이유 보충서에서 박지만 문제에 대해서도 언급하지 않았나.

김재규는 항소 이유 보충서에서 10·26 거사 동기의 하나로 '구국여성봉사단과 관련된 큰영애의 문제' 다음으로 '지만군의 문제'를 들었다. 육사에 입학한 박지만이 2학년 때부터 서울 시내에 외출해 여의도 반도호텔 등지에서 육사 생도로서 도저히 용납될 수 없는 ○○을 하고 다녔다는 것이다. 그래서 육사 교장이 골머리를 앓는 등 문제점이 노출되자 김재규는 박정희에게 육사의 명예나 본인의 장래를 위해 박지만을 퇴교시켜서 다른 학교로 옮기거나 외국 유학을 보내는 게 좋겠다고 간곡히 건의했다. 그렇지만 그런 건의는 전혀 받아들여지지 않았다.

김재규는 박정희가 자녀들에 대한 건의를 받아들이지 않은 것은 국민을 우매하게 보기 때문이라고 주장했다. 박정희가 이렇게 나왔기 때문에 다른 어느 누구도 박정희한테 충고하거나 잘잘못을 얘기하기가 힘들었다.

박정희로서도 자식 다스리기가 쉽지 않았다. 박지만이 하는 짓이 자신이 대구사범학교 다닐 때와 비슷했기 때문이다. 그때 박정희는 둘째 형 박상희(김종필 장인)한테 맞기까지 하지 않았나. 무엇보다도 육영수가 살아 있을 때 자신과 육영수가 대판 싸운 이유, 육영수 사후 복잡한 여자관계 등을 살펴볼 때 자식에게 큰소리치기 어려웠다.

박정희 일가처럼 불행이 쌓인 경우도 드물 것이다. 육영수, 박정희, 박근혜 경우뿐만 아니라 박지만, 박근령 경우도 많이 알려져 있다. 경향신문 2017년 3월 21일 자에 의하면 박지만은 마약 혐의 등으로 6번 입건되고 5번 구속됐다. 1986년 육군 대위로 전역한 박지만은 1989년 코카인 복용 혐의로 처음으로 불구속됐다. 이를 시작으로, 2000년 8월부터 2001년 11월까지 상습적으로 필로폰을 투약한 혐의로 2002년에 5번째로 구속됐다. 박근령도 5차례에 걸쳐 형사 사건 피의자가 됐다. 육영재단 운영과 관련해 공익 법인의 설립·운영에 관한 법률 위반, 폭력 행위 등 처벌에 관한 법률 위반 등으로 징역형과 벌금형 등 4차례에 걸쳐 유죄를 선고받았다. 2016년 7월에는 대통령 측근 비리 감찰 담당자인 이석수 전 특별감찰관이 1억 원대 사기 혐의로 박근령 전 육영재단 이사장을 고발했다. 참으로 불행한 일이다.

"지나칠 정도로 난잡"
도가 지나쳤던 박정희의 여자관계

── 남녀 문제와 관련해 박지만에 관한 얘기도 돌았지만, 여성 편력 문제는 박정희 대통령이 훨씬 심각하지 않았나.

박정희 대통령의 여자관계도 10·26 거사에 약간은 영향을 끼쳤을 수 있다. 채홍사 역할을 주로 했던 건 중앙정보부 의전과장 박선호였다. 박선호는 의전과장 활동의 90퍼센트가 주로 그런 일이었다고 법정에서 얘기했다. 박선호가 법정에서 박정희의 여자 얘기를 하면 김재규는 그걸 제지하고 그랬다. 그렇지만 합동수사본부의 한 관계자는 "김재규는 박 대통령의 여자관계가 지나칠 정도로 난잡하다고 여러 차례 불평했다"고 얘기했다.

10·26 그날에도 있었던 대행사는 한 달에 2~3회, 여성 1명과 함께 벌이는 소행사는 한 달에 7~8회 있었다고 돼 있다. 세검정 등 궁정동이 아닌 다른 곳에서도 대행사, 소행사를 가졌지만 궁정동 안가를 다녀간 연예인만 해도 100명이나 됐다고 한다. 낙태를 한 여성도 있었는데, 간호 여성이 임신해 애를 먹기도 했다. 김충식 기

자 책에는 박정희가 국군통합병원에서 안마를 받으며 보안사령관 보고를 받곤 했는데 그때 생긴 일로 시사돼 있다.

궁정동 안가는 이후락이 비서실장이던 1960년대 말부터 '그런 용도'로 사용됐다고 한다. 울며불며 안 가겠다고 하는 여배우도 있었고, 채홍사 박선호가 박정희 '접대 교육', '보안 교육'에도 진땀을 빼야 했다. 촬영 스케줄도 큰 부담이었다. 박선호의 변호인 접견 메모에는 이런 글도 있다. "부장님(김재규)에게 도저히 더 하기 힘드니 그만두겠다고 했다. (다녀간) 여자들에게도 보안상 물러나야겠다고 했다. 1년 동안 하느라고 했습니다마는 더는 못하겠다고 했다. 그러나 부장님은 '궁정동 일을 자네가 없으면 어떻게 하느냐'고 말리면서 조금만 더 고생하라고 했다." 박선호는 1979년에 정초 사흘을 포함해 박 대통령 시중을 들기 위해 하루도 쉰 적이 없다고 털어놓았다.

박 대통령은 육영수 여사가 살아 있을 때에도 여자관계가 많았다. 윤필용이 방첩부대장으로 있을 때 육 여사는 윤필용에게 "윤 장군님, 각하께 여자를 소개하면 소개했지 왜 꼭 말썽 날 만한 탤런트들을 소개합니까", 이렇게 항의 비슷한 얘기를 했다고 한다.

박 대통령은 위장 번호를 단 승용차로 밤 나들이를 하곤 했는데, 야행 시간과 장소는 경호실장 박종규만이 아는 천기에 속했다고 강준만 교수가 쓴 책에 나온다. 그래서 육 여사는 별도의 정보망으로 야행을 감시했고, 꼬투리가 잡히면 채홍사 노릇을 했던 박종규 경호실장한테 심하게 따졌다고 한다. 나도 1970년대에 여러 번 들었지만, 그래서 박 대통령은 육 여사하고 부부 싸움도 많이 했고 그러면서 육 여사가 얼굴에 멍이 들었다는 이야기도 들리고 그랬다.

— '육박전'이라는 얘기까지 세상에 나돌지 않았나.

당시 나도 그런 얘기를 많이 들었다. 박정희는 경호원 1명만 대동하고 나가는 심야 단독 행사도 자주 즐겼다. 나중에는 중앙정보부가 여자관계에 깊이 개입했는데, 여자들을 조달할 수 있는 채널을 가진 마담들을 활용했다고 한다. 당시 마담이라고 불리던 사람들이 있지 않았나. 1970년대에 안가에서 근무했던 중앙정보부 직원이 이 부분에 대해 2005년 《한겨레21》에 증언한 게 있는데, 그걸 한 번 보자.

증언에 따르면, 손이 컸던 마담 2명 정도가 주거래처였는데 이 사람들은 다양한 직업을 가진 여성을 100여 명씩 보유하고 있었다고 한다. 마담들이 추천하면 중앙정보부 직원이 면접을 봤는데, 여러 가지를 따진 다음에 박정희 수발을 들게 했다. 그런데 박정희를 접대한 여성은 한 차례 이상 넣지 않는 경우가 많았다고 한다. 임신하거나 박정희가 그 여성에게 빠지는 걸 차단하기 위해 그렇게 한 것이다.

궁정동 안가와 같은 대통령 전용 요정은 5~6군데 더 있었다고 하는데, 경호실장 차지철도 채홍사 역할을 맡았다. 박선호는 이렇게 말했다. "차 실장이 TV를 보거나 하다 지명한 경우가 30퍼센트쯤 된다. 이름을 대고 돈은 얼마든지 준다고 하면서 다음번에 부르라고 한다. 돈이라곤 10원도 주지 않으면서." 접대비는 다 중앙정보부에서 댔다는 얘기다.

박정희 자신이 영화나 TV를 보다가 마음에 드는 사람이 나왔을 때 "한 번 보고 싶다", 이러면 즉시 그 사람이 불려오기도 했다고 그런다. 지방 순시를 갈 때에도 여자관계가 따랐다. 지방 순시

때 예쁜 직원을 박정희 눈에 잘 띄는 자리에 있게 했다가 '잘 보이면' 서울 모처로 자리를 옮기기도 했다. 심지어 서울의 요정 아가씨들이 단체로 출장을 가기도 했다고 한다. 박정희를 서민 대통령으로 홍보하는 데 가장 많이 써먹은 모심기 행사를 시골에서 하는데 박 대통령 가까이에 젊은 여자들이 어른거리는 일도 있었다고 한 책에는 나온다.

박정희는 유신 시기에 자신을 왕으로 생각하는 언사를 쓰기도 했다. 술이 거나하면 옆여가고 그랬는데 술자리에서 비서실장 김계원을 '도승지'라고 부르고 김재규에게 '포도대장'이라고 말했다고 김계원은 회고했다. 유신 권력자는 고려나 조선의 왕보다도 권력이 강했을 테니까 박정희가 자신을 제왕으로 생각한 것도 있음직한 일일 것 같다. 이러한 의식이 특히 여자관계에서 더 있지 않았을까. 조선의 왕이 거느린 후궁과 자신의 여자관계를 비교해보지 않았을까.

'대통령이 압구정동에 있는 H아파트에 자주 출입한다'는 얘기도 1970년대 후반에 돌았다. 그런데 그것과 관련해 특이한 민사 소송도 들어왔다고 한다.

── 어떤 소송이었나.

1981년경 희한한 민사 소송이 들어왔는데, 뭐냐 하면 압구정동 H아파트에 사는 한 주부가 경찰관을 상대로 '갈취한 돈을 돌려달라'면서 반환 청구 소송을 낸 것이다. 그 주부는 아파트 승강기에서 박정희를 목격했는데, 경호원들로부터 즉각 '절대로 발설하지 말라'는 경고를 들었다고 한다. 그런데 참지 못하고 동네의 다른 주부들한테 자기가 본 걸 귀엣말로 전했다. 임금님 귀는 당나귀 귀 얘기를 연상시키는데, 문제는 이 주부가 발설했다는 게 한 경찰관 귀에 들어간 것이다. 이 경관은 그 주부한테 눈감아주겠다고 하면서 돈을 갈취했는데, 그 액수가 무려 1,000만 원이 넘었다고 한다.

그런데 10·26으로 박정희가 죽고 세상이 바뀌지 않았나. 그러자 이 주부가 분한 마음에 소송을 제기한 것이다. 자기가 거짓말을 한 것도 아닌데 괴롭힘을 당했으니까. 여기서 잠깐 박정희가 육영수에 관해 쓴 일기를 얘기해두는 것도 필요하겠다.

박정희 일기에는 왜
장황한 설명과 자기 합리화가 많을까

―― 박정희 일기는 어느 정도 남아 있나.

박정희는 1972년 1월 12일, 유신 쿠데타를 일으키는 해 초인데, 이때부터 1979년 10월 17일까지 일기를 썼다. 박근혜 얘기에 의하면 약 200쪽짜리 5권 분량이라고 한다. 그전에 일기를 전혀 안 쓴 건 아니지만 주로 쓴 건 이때로 보인다.

그런데 이게 출간되지 않았다. 왜 출간이 안 된 건지 의아스럽다. 박정희를 연구하는 데 이게 꼭 필요하기 때문에 상암동에 있는 박정희 기념·도서관에도 가보고 구미에 있는 박정희 생가, 기념관에도 가봤는데 거기에도 일기가 거의 남아 있지 않더라. 인터넷을 여기저기 뒤져서 조금 찾아낼 수 있었지만, 그렇게 해서 확보할 수 있는 양은 얼마 안 된다.

거듭 말하지만 박정희를 연구하는 데 이 일기는 꼭 필요하다. 또 어느 나라에서나 중요한 공직에 있었던 사람이 쓴 일기는 거의 다 출간을 한다. 설령 출간하지 않는다 하더라도 적어도 연구자들은 볼 수 있게끔 하고 있다. 그런 점에서도 박정희 일기를 꼭 출간하거나, 그게 정 어렵다면 적어도 연구자들이 쉽게 볼 수 있도록 했으면 좋겠다.* 그런데 이 일기는 내가 본 부분만 가지고 얘기하면 좀 특이하다는 생각을 갖게 한다.

── 어떤 면에서 그러한가.

일기는 대개 그날 있었던 일 또는 자신의 일과를 담담하게, 짤막하게 서술하는 것 아닌가. 그러면서 내면의 세계도 간단히 서술하는 경우도 있다. 그런데 일기 중에는 다른 사람들한테 보여주기 위해 쓴 것 아니냐는 느낌을 주는 것도 있다. 그런 것이 아주 드문 일은 아니다.

박정희 일기의 가장 큰 특징 중 하나는 설명하는 게 많다는 것이다. 그것도 아주 길게, 그러니까 상대방이 짧은 설명으로는 설득되지 않을 것 같아서 그랬는지 모르겠는데 장황하게 설명하는 것이 많다. 특히 5·16쿠데타와 유신 체제에 대해서는 그걸 합리화하

---

* 이 문제와 관련해 장제스 사례도 참조할 만하다. 중국사 연구자 이원준에 따르면, 장제스는 1917년부터 1972년까지 거의 매일 일기를 작성했다. 2005년 장제스의 후손들은 방대한 장제스 일기를 미국 스탠퍼드대 후버연구소에 기증했다. 2006년 후버연구소는 그 일기를 공개했다. 그전까지는 부분적으로만 확인할 수 있었던 일기가 그 전모를 드러내면서 장제스 일기를 바탕으로 한 새로운 연구 성과들도 나타나게 된다. 거액의 세금을 들여 박정희 신격화를 위한 각종 관변 사업이 진행됐을 뿐 자료 공개조차 제대로 이뤄지지 않고 있는 한국과 대조적인 풍경이다.

고 정당화하려는 기록이 길게, 많이 나온다. 북한에 대한 강렬한 적대감이나 반공 의식도 일기에 아주 많이, 때로는 길게 담겨 있다. 초·중·고 글짓기 대회 입상작 같은 느낌이 드는 것도 있고 홍보, 선전과 비슷한 느낌을 주는 글도 있다. 그런 게 일기에 들어갈 수 있는 건가 하는 생각도 들고 그런 부분의 비중이 너무 큰 것 아닌가, 꼭 누군가를 설득해보려는 것처럼 그런 부분을 지나치게 길게 쓴 것 아닌가 하는 느낌이 든다. 현재 나와 있는, 즉 내가 볼 수 있는 것만 놓고 이야기하면 박정희 일기는 이런저런 식사式辭, 담화, 유시 같은 걸 읽는 듯한 느낌을 주는 것이 많다.

내가 여기서 일기 얘기를 꺼낸 건, 육영수 여사에 대한 기술이 여러 군데 나오는데 박정희의 여성 편력과 관련해 그 기술이 좀 이해가 안 되는 점이 있기 때문이다.

— 어떤 내용을 썼나.

1974년 9월 30일 자로 돼 있는 일기는 순애보 같다고 할까, 순정적인 면을 보여준다. 육 여사가 사거한 지 한 달여밖에 안 된 때이기 때문에 육 여사를 그리워하는 것이 이해가 된다. 그리고 1975년 12월 12일 일기의 경우 이날이 은혼식 날이라는 점에서 특별하게 육 여사에 대한 마음을 담을 수 있겠다는 생각이 든다.

그렇지만 이러한 부분을 보자. "나는 당신의 목소리를 들을 수 있어. 내 귀에 생생히 들리는 것 같아. 당신도 잘 있었소. 홀로 얼마나 외로웠겠소. 그러나 우리는 언제나 당신이 옆에 있다고 믿어요. 언제까지나, 언제까지나. 당신이 그리우면 언제나 또 찾아오겠소. 고이 잠드오. 또 찾아올 테니." 1974년 9월 30일 자 일기 뒷부분인데, 이러한 글 어느 한 귀퉁이에 자신의 여성 관련 행위에 대한 반성이나 자책감이 담긴 구절이 들어가는 것이 '정상'이 아닐까 하는 생각을 지울 수 없다.

그런데 그 이후 일기들, 특히 여성 관계에서 난잡함이 아주 심했다는 얘기를 듣는 때인 1978년 4월 10일 자 일기에도 그와 비슷하게 쓰여 있는데 이건 이 사람의 의식이 어떻게 돼 있는 건가 하는 생각이 든다. 이날 일기는 유난히 짧다. 전체를 다 읽어보자. "일기 화창한 봄날이다. 후정의 목련이 활짝 피었다. 봄이 오면 어김없이 찾아오는 저 청초한 흰 꽃송이 그윽한 향기도 예와 다름없다. 저 꽃이 피면 '어쩌면 저렇게도 희고 깨끗하고 아름다울까' 하고 좋아하던 아내의 활짝 웃는 얼굴이 불현듯." 순수한 마음이 담겼다고 하면서 넘어갈 수도 있지만 그러기에는 개운치 않다. 이것조차 보여주기 위한 것이 아니냐는 생각도 들고, 이중적이라는 생각도 해볼 수 있을 것 같고, 다른 어떤 특징이 있는 것 아닌가 하는 생각도 든다.

배꼽 아래 문제는 넘어가자?
박정희 여자관계, 그럴 사안 아니다

─ 박정희의 여성 문제에 대해 박정희 추종자들 사이에서는 엽색이나 친일 문제로 박정희 대통령의 업적을 훼손해선 안 된다며 이런 주장도 나온다. "그때는 '배꼽 아래 얘기는 하지 말라'는 얘기가 돌 때", "불륜은 문제가 됐지만 '로맨스'는 용납되던 때였다."

그러나 친일 문제도 그렇지만 엽색 문제도 그런 식으로 구렁이 담 넘어가듯 하면서 감쌀 사안이 결코 아니라고 본다. 박정희의 행위는 불륜이 아니라 이른바 '로맨스'라고 치부할 근거도 없고, 도가 지나쳐도 너무나 지나쳤다는 숱한 지적도 가벼이 여길 문제가 아니다. 아울러 '허리띠 아래 문제에는 관여하지 않는다'는 사고방식 자체가 심각한 문제임을 반면교사로 삼을 필요도 있다.

덧붙이면, 김일성 일가에 대해서는 '여성을 성적 노리개로 삼았다'며 핏대를 세우면서도 박정희의 여성 문제에 대해서는 모른 척하거나 심지어 '영웅호색은 당연한 일'이라는 식의 태도를 취하는 경우가 일각에 있다. 북한에서 이뤄진 독재와 인권 탄압에 대해서는 쌍심지를 켜면서 남한에서도 심각했던 독재와 인권 탄압에 대해서는 다른 태도를 취하는 경우와 닮은꼴이다. 그처럼 습관적으로 이중 잣대를 들이대는 건 바람직하지 않다. 여성 문제에서도, 독재와 인권 탄압 문제에서도 박정희건 김일성이건, 남한이건 북한이건 잘못을 분명하게 지적하고 다시는 그런 일이 일어나지 않도록 조치를 취하는 것이 정도正道라고 본다.

박정희의 여성 관계를 보면 근대적 정치인, 그것도 민주주의 정치인이라고 보기는 어렵다. 술이나 여자에 탐닉한 것에도 전근대 왕조 시대의 의식이 작용하지 않았을까 하는 생각까지 든다. 일본 사무라이, 군인들한테서 박 대통령과 비슷한 여성관을 찾을 수 있다는 얘기를 하는 사람도 있다.

신용구는 박정희의 성적 방황에 대해서 자신의 저서에 박정희가 갖고 있는 유기遺棄 불안, 버린다는 뜻의 그 유기인데, 그것이 해소되지 않고 오히려 더 심화됐음을 박정희의 여자 문제는 뚜렷이 보여준다고 썼다. 여자관계에서 가학성이 있었던 것 아니냐는 얘기도 어떤 사람들은 하고 있는데, 그것과 관련해 신용구는 이렇게 썼다. "스스로를 매우 위대한 존재로 인식한 메시아 콤플렉스가 있기 때문에 그의 성적 행동이 가학적인 양상을 띠었을 가능성을 배제할 수는 없지만, 그러나 피학성을 띠었을 가능성도 있다. 박정희는 홀로 있는 공간에서조차 긴장을 늦추지 않았던 강박적인 성격을 가진 인물이다"라고 주장했다.

일기에서도 부분적으로 느낄 수 있지만 박정희에게는 불안, 죄의식이나 열등감 같은 게 있었던 것 같다. 난 박정희가 선글라스를 자주 쓴 것도 이것과 좀 연관되지 않나 하는 생각이 든다. 그러한 불안 같은 것에서 탈출하는 방법으로 성적인 자극에 탐닉하게 된건 아닐까, 그러한 불안이나 죄의식이 유신 말기에 그토록 강렬한 성적 충동성을 갖게 한 건 아닐까 하는 점을 생각해볼 필요가 있다. 유신 쿠데타를 계획하고 유신 체제를 설계할 무렵으로 보이는 1972년 초부터 본격적으로 일기를 썼다는 점도 이것과 연관해서 생각해볼 수 있다. 이 사람이 유신 체제에 대해 죄의식 같은 뭔가가 있었기 때문에 그런 식으로 일기를 쓰게 된 것 아닌가, 난 그런 생각까지 든다.

— 죄의식 같은 것을 엿볼 수 있는 대목이 일기에 있나.

예컨대 일기를 보면 '유신에 대해서 말들이 많지만 역사의 심판에 맡기고 싶다', 이런 얘기를 몇 군데에 썼다. 자신의 행위가 뭔가 떳떳하지 못하기 때문에 이런 식으로 쓴 것 아니겠느냐, 난 오히려 그렇게 해석되더라.

이 해석이 맞는지는 더 살펴봐야겠지만, 박정희의 여자관계에서 정신적 방황과 충동적 성격이 드러난다는 것은 맞는 말 같다. 그렇기 때문에 차지철이 부마항쟁 직후 "100만~200만 명쯤 죽인다고 까딱 있겠습니까"라고 얘기하거나 10·26 그날 대행사 때 "새끼들, 까불면 신민당이고 학생이고 간에 전차로 싹 깔아뭉개버리겠습니다"라고 얘기한 그런 것들이 오히려 박정희한테는 강하게 위안이 될 수 있었던 것 아니었을까. 거기서 편안함 같은 것, 또는 불안함으로부터 도피라든가 탈출 같은 걸 느끼지 않았을까. 그런 것이 여성 관계에서도 나타난 것이 아닐까 하는 생각이 든다.

박정희 쏜 김재규는
배신자인가

유신 체제 붕괴, 아홉 번째 마당

김 덕 련 김재규는 10·26이 혁명이라고 강조했다. 그런데 거사 후 김재규가 한 행동을 보면, 권력을 장악하기 위한 조치를 체계적으로 취한 것과는 거리가 멀다. 이 부분, 어떻게 보나.

서 중 석 김재규의 거사에 대해 몇 가지로 나눠서 분석해보자. 김재규가 자유민주주의를 일으켜 세우려고 했다면서 자신의 거사를 혁명이라고 강조한 것은 절반은 맞는 말이라고 생각한다. 10·26은 분명히 민주주의로 갈 수 있는 길을 열어놓았다는 점에서 혁명적 성격을 지니고 있다. 그러나 정말 혁명 거사를 하려고 했느냐? 법정에서 혁명이라는 말을 많이 쓰면서 혁명위원회를 군 지휘관으로 구성하는 방안에 대해, 그러니까 자신이 위원장이 되고 육군 참모총장이 부위원장을 맡는 혁명위원회와 혁명 평의회를 구성하려 했다고 얘기했다.

그러나 정말 김재규가 거기까지 생각했을까. 그 점은 김재규가 좀 과장해서 얘기했을 것이라는 생각이 든다. 김재규는 '내 거사로 전국적인 계엄이 실시되면 군이 권력을 장악할 수 있을 것이다. 그러면서 민주주의로 한국이 나아가지 않겠는가. 그러면 나도 살아남을 수 있고 민주주의 의인으로 역사에 남을 수 있다', 이런 정도를 이 거사에서 생각하지 않았을까. 난 그렇게 판단한다.

김재규가 옥중에서 쓴 시의 한 부분을 보면 "자유민주주의 회복되었네/ 나의 사랑하는 3,700만 동포에게 자유를 찾아 돌려주었네", 이렇게 돼 있다. 거사를 통해 민주주의 의인으로 남을 수 있다는 판단을 하지 않았을까 싶은 것이 당시 군의 최고 지휘관들이 대개 김재규와 가까운 사이였다. 비서실장인 김계원도 가까운 사이로 자신이 천거했고, 정승화를 육군 참모총장에 천거한 것도 김재규였

다. 그뿐 아니라 3군 사령관이 중요한데 3군 사령관 이건영도 김재
규가 추천했을 뿐만 아니라, 김재규 밑에서 일한 적도 있었다. 정병
주 특전사령관은 김재규의 안동농림학교 후배로 아주 가까운 사이
였다.

이렇게 김재규는 군 수뇌부와 가까운 관계였고, 노재현 국방부
장관과도 그렇게 갈등 관계에 있지 않았다. 그렇기 때문에 계엄이
발동되고 군이 권력을 장악하면 자신은 살아남을 수 있지 않겠느냐
는 정도로 생각했을 것으로 보인다. 김재규를 중심으로 혁명위원회
를 구성하는 등의 상황이 그 당시에 있을 수 있었겠나.

'총애 다툼'에서 밀려 욱해서 쐈다?
성립하기 어려운 이야기

— 김재규가 왜 박정희에게 총을 쏘았는가 하는 문제에 대해 의
견이 엇갈린다. 유신 정권 인사들 또는 박정희 추종 세력들 중
에는 이른바 '총애 다툼'에서 차지철에게 밀린 배신자 김재규
가 시쳇말로 욱하는 심정으로 주군 박정희를 저격했다는 식으
로 이야기하는 경우가 꽤 있다. 대통령을 주군으로 여기는 건
민주주의 사회에 어울리는 인식이 아니고 배신자라는 규정 역
시 적절한 것인지 의문이지만, 그렇게 이야기하는 이들이 있는
게 사실이다. 김재규 묘비가 훼손되는 일이 일어난 것도 그런
인식과 무관치 않을 것이다. 어떻게 보나.

외무부 장관을 했던 이동원 책에도 그런 얘기가 나온다. 욱하

는 성격이 김재규한테 있었는데 차지철에 대해 욱하는 심정이 작용해서, 그건 박정희에 대해 욱하는 심정일 수도 있겠지만, 김재규가 거사를 했다고 주장하는 글들이 있다. 이런 주장은 특히 당시 유신 권력에 가까이 있었던 사람들 사이에서 많이 나왔다.

그러나 김재규가 욱해서 거사를 했겠는가. 다른 사람도 아니고 박정희 대통령을 저격하는 일 아니었나. 그건 굉장히 중요한 일이고 경우에 따라서는 자기 목숨뿐만 아니라 관계자들, 즉 박선호, 박흥주 같은 사람들의 목숨까지 걸려 있는 문제였는데 그럴 수 있었겠나.

욱해서 거사를 했다는 주장은 차지철의 그간 행동에 대해서 욱했다는 얘기이기도 하다. 또 총애 다툼에서 밀리고 중앙정보부장에서도 밀려나게 됨에 따라 욱했다고 말하기도 한다. 그러나 이것은 김재규 거사의 핵심에서 완전히 벗어난 얘기다. 김재규가 총을 뽑은 것은 박정희를 제거하기 위해서였다. 10·26은 유신의 심장인 박정희를 쏴야만 유신 체제가 무너진다는 자명한 논리에 따라 일어났다. 차지철은 부수적인 위치에 있었을 뿐이다. 차지철을 제거하기 위해 거사한 것이 아니다.

일부에서는 중앙정보부장직에서도 밀려나게 되고 하니까 거사한 것 아니냐는 얘기를 하지만, 1979년 5월 30일 신민당 전당 대회 후 김재규는 박정희한테 사의를 표명한 바 있다. 전당 대회 전날에 한해서 중앙정보부 간부들의 건의를 물리치고 대단히 이례적으로 김대중을 연금에서 풀어줘 김영삼을 총재로 당선시키는 데 큰 역할을 하게 한 것도 중앙정보부장을 그만두겠다는 결심이 이미 서 있었기 때문으로 보인다. 김재규 자신이 건강 문제 때문에도 중앙정보부장 자리를 그만두고 싶다는 얘기를 한 적도 있다. 그리고 차지철과 빚은 마찰 때문에 중앙정보부장에서 밀려나게 됐다고 하면, 오히려 차지철과 만날 일도 없게 되고 홀가분한 상태가 되는 것 아니었겠나.

김재규가 차지철이나 박정희에게 강한 불만을 가졌던 건 분명하다. 그렇지만 그건 '총애 다툼'과는 아무런 관계가 없다. 박정희가 차지철의 월권, 횡포, 권력 남용 등 국정 농단을 비호했을 뿐만 아니라 차지철이 중앙정보부가 하는 일에 깊이 개입하는 것을 두둔했기 때문이다. 또한 부마항쟁 처리 과정에서 드러난 것처럼 박정희가 '유혈 사태도 불사하겠다. 내가 직접 총을 쏘라고 지시하겠다'고 얘기하는 걸 보면서 '우리나라를 정말 국가적인 위기로 몰아넣는 것 아니냐. 이러다가 대규모 유혈 사태를 포함해 감당할 수 없는 일이 벌어질 수도 있겠다', 이런 것을 김재규가 두려워하고 걱정했기 때문이었다.

그런 우려에서 '이대로는 안 되겠다'고 한 그걸 욱이라고 설명할 수 있다면 또 몰라도, 그냥 개인적인 감정으로 욱해서 나왔다? 그런 말이 과연 성립할 수 있겠는가, 합리적인 판단이라고 볼 수 있는 건가 하는 생각이 든다.

오래전부터 민주 회복 염원한 의사였다?
그렇게 보기도 어려운 이유

—— 욱해서 쐈다는 주장과 정반대로, 김재규가 투철한 민주주의 의
　　식을 갖고 있었고 10·26 거사를 하기 훨씬 전부터 민주주의 회
　　복을 염원한 의사義士였다는 주장도 있다. 김재규를 단순한 배

신자 또는 별다른 의식이 없는 상태에서 사건을 일으킨 사람으로 보면 안 된다는 주장인데, 생각해볼 지점이 없는 건 아니지만 김재규의 행적에 비춰볼 때 과한 설정 아닌가 싶다.

김재규 거사와 관련해 제일 논란이 많이 되는 게, 천주교에서 김재규의 10·26 거사를 위대한 의인의 거사로 평가하고 김재규가 민주주의를 위해 거사했다고 강조하면서 기념사업을 오랫동안 해온 그 부분이다. 그런데 민주주의를 위해 거사했다고 볼 수 있는 건가 하는 점과 관련해 먼저 김재규가 일찍부터, 몇 차례 박정희를 제거하려 했다고 주장한 것을 들어볼 필요가 있다.

김재규는 3군단장 시절에 박정희 대통령이 부대를 방문할 때 사령부 안에 연금해 하야 약속을 받아내려 했다고 얘기했다. 또 건설부 장관으로 발령받은 1974년 9월 14일에 권총을 휴대하고 사령장을 받으러 들어갔다고 법정에서 얘기했다. 1975년 대통령이 연두순시를 왔을 때 태극기 밑에 권총을 숨겼다는 얘기도 했다. 자신과 대통령이 동시에 없어지는 것으로 하려 했다는 주장이다. 1979년 4월에도 거사를 하려고 대통령이 오기에 앞서 육해공군 참모총장을 다 궁정동에 불렀지만, 그날 여건이 좋지 않아 하지 못했다는 얘기를 했다.

그런데 과연 그 시기에 김재규가 정말 박정희를 제거하려고 했을까? 그렇게 보기는 쉽지 않을 것 같다. 김재규가 법정에서 얘기한 걸 그대로 다 믿기는 어렵다고 본다.

김재규가 민주주의를 위해 거사했다는 것에 조소를 하거나 말도 안 되는 주장이라고 얘기할 때 그런 것의 이유로 나오는 것이 '중앙정보부장을 할 때 나쁜 짓을 많이 하지 않았느냐', 이런 얘기다. 그것도 부정하기 어렵다. YH 여성 노동자들의 신민당사 농성을 조기에 강제 해산하도록 지시한 것도 김재규다. 그전인 1971년 대선 기간에, 이때 김재규는 보안사령관이었는데, 서승 형제가 휘말린 재일 교포 유학생 간첩단 사건 같은 걸 만들어낸 것도 그런 비판의 한 근거가 될 수 있다.

그런 점이 분명히 있지만, 그와 함께 생각해볼 문제도 있다. 김재규한테는 차지철뿐만 아니라 여권의 다른 중요한 인사들, 예컨대 대통령의 측근 또는 한때 제2인자라는 말을 들었던 김종필 같은 사람과는 명백히 차이가 나는 점도 있었다는 것이다.

박정희의 다른 측근들과 달랐던 김재규의 태도

── 어떤 점에서 달랐다고 보나.

김재규는 대통령에게 충직하긴 했지만 무조건 충성만 바친 건 아니었다. 잘잘못을 따지고, 자신의 행위를 성찰하고, 부마항쟁에 대해 그랬던 것처럼 있는 사실을 그대로 인정하는 면이 있었다. 그건 김영삼 제명 사건에 대해서도 마찬가지인데, 김재규의 그런 자세를 여러 사람의 증언을 통해 확인할 수 있다. 그리고 기본적으로 민주주의를 신봉한 점도 보인다.

1964년 6·3사태 당시 6사단장으로서 계엄군을 이끌고 서울에 들어왔을 때 김재규는 김종필 외유를 건의했다. 그때 김종필은 강직한 군인들의 눈에 불의, 부패 권력의 상징으로 보인 면이 있었다.

그것이 그러한 건의로 나타났다고도 볼 수 있다. 물론 이 부분과 관련해서는 이설異說, 즉 다른 쪽에서 김종필을 몰아세운 것이라는 주장도 있다. 그러나 김재규 스스로 이 부분과 관련해 김종필 외유를 자신이 건의했다고 얘기했다.

또 공화당 총재와 의장을 지낸 공화당 원로 정구영의 회고록이나, 정구영 못지않게 공화당에서 어느 누구보다도 철저하게 3선 개헌을 반대했던 양순직의 회고록을 읽어봐도 김재규는 박정희 주변의 다른 사람들과는 차이가 난다. 회고록들을 보면 분명히 김재규가 '3선 개헌 반대에 동의하지만, 국회를 통해 3선 개헌이 이뤄지지 않으면 대통령이 비상사태를 선언할 수 있다. 그러면 국가적 위기로 갈 수 있으니 당신들이 지지해줬으면 좋겠다', 이렇게 설득했다. 정구영도, 양순직도 김재규에 대해서는 좋게 얘기했다. 당시 3선 개헌을 지지해달라고 설득하기 위해 찾아온 김재규에 대한 인상을 아주 좋게 썼다.

김영삼 제명 직전 김영삼을 만났을 때 얘기한 것들을 보더라도 김재규는 다른 모습을 보였다. 1978년 12·12선거 이후 국회의장 자리를 두고 일어났던 백두진 파동에서도 김재규는 온건한 방식으로 문제를 해결하려 했다. 특히 신민당 전당 대회 전날인 1979년 5월 29일 밤 김대중을 연금하지 않고 외출하게 한 것, 그건 김영삼을 당선시키기 위한 노력의 일환으로 볼 수밖에 없다. 다른 것으로는 해석이 안 된다. 물론 박정희나 차지철이 5·30 전당 대회에 개입하는 것에 대한 반발로 해석할 수도 있지만, 크게 봐서는 김재규가 김영삼에게 힘을 실어준 것으로 볼 수밖에 없다.

김수환 추기경이 1974년 민청학련 사건으로 김재규 중앙정보부 차장을 처음으로 만났을 때, 김재규는 박정희를 환자에 비유하

김재규는 우리가 보통 얘기하는 민주주의에 대한 확고한 입장을
가지고 싸운 사람이라고 보기는 어렵다. 그렇지만 '부마 사태'에
대한 해결 방안으로 박정희 대통령한테 얘기한 것, 그리고
10·26 그날 주고받은 대화 같은 걸 보면 김재규는 당시 여권에
있던 다른 사람과는 분명히 달랐던 것만은 분명하다. 사진은
1979년 12월 8일 열린 공판에 참석한 김재규(수의를 입은
사람)의 모습. 사진 출처: e영상역사관

면서 추기경이 박정희를 직접 만나 조언해줄 것을 부탁했다고 한다. 장형원 글에 의하면 그때 김재규는 유신 체제를 서서히 바꾸는 노력이 필요하다는 것을 추기경에게 암시했는데, 유신 체제에 대해 근본적으로 이러면 안 된다는 인식을 가졌던 것으로 보였다고 추기경은 말했다. 1978년 진주교도소에 수감돼 건강이 몹시 나빴던 김대중을 서울대병원으로 이감 조치하도록 노력한 것도 김재규였다고 한다. 최태민을 박근혜로부터 어떻게 해서라도 떼어놓으려 한 것도 김재규다운 모습이었다.

그런 것이나 이른바 '부마 사태'에 대한 해결 방안으로 박정희 대통령한테 얘기한 것, 그리고 10·26 그날 주고받은 대화 같은 걸 보면 김재규는 당시 여권에 있던 다른 사람과는 분명히 달랐다. 물론 우리가 보통 얘기하는 민주주의에 대한 확고한 입장을 가지고 싸운 사람이라고 보기는 어렵다. 그렇다고 하더라도 그런 점은 중요하게 봐야 하지 않겠나. 난 그렇게 본다.

── 김재규가 민주주의 회복을 염원한 의사였다는 주장은 박정희 추종자들로서는 용납할 수 없는 얘기 아닌가.

유신 체제에서 고위직에 있었던 사람 등 박정희 추종자들이 분노하는 것이 있다. 김재규가 '민주 혁명'을 위해 거사했다는 얘기에 대해 이들은 말도 안 되는 주장이라고 분노한다. 왜 이들이 김재규의 '민주 혁명' 거사 주장에 분노하면서 '욱해서 쐈다'고 강조하는지는 그것대로 분석할 필요가 있다.

그러나 이들도 박정희가 1979년 10월 26일 이후에 더 살아서 유신 체제를 유지했다면 국가가 더 나아졌을 것이라는 주장은 하지 않고 있다. 심지어 유신 잔당으로 유신 체제를 약간 바꿔 권력을 휘두른 전두환조차 유신 말기의 난맥상을 보면서 "망하려니 그런가봐"라고 말했다. 《전두환 육성 증언》 어디에서도 유신 체제가 더 유지됐더라면 좋았을 것이라는 말을 찾아볼 수 없다. 김재규를 '배신자', '배은망덕한 자' 등으로 매도하는 유신 고관들도 10·26으로 파국을 피할 수 있어 안도감을 갖게 됐다는 표정들이었다.

김진 기자 책에 유신 말기 공화당 사무총장이었던 신형식의 '죄책감'이 담긴 증언이 나온다. "10·26이 터지고 나니까 누구누구가 그럽디다. '차지철이 때문에 나라 망할 뻔'했다고. …… 유신 말기에 나라가 그 모양으로 뒤틀려버린 게 어디 차 실장 한 사람 탓인가요. 그때 권부 내에서 무게깨나 잡았던 공화당 간부들 중에 누구 하나 나서서 박 대통령한테 바른 말 한 사람이 있었나요. 나도 당 사무총장을 했으니 입이 열 개라도 할 말이 없어요."

유신 말기에 이와 비슷한 소리가 주한 미국 대사 글라이스틴 입에서도 나왔다. "한국의 제도권 내에서조차 박정희 정부의 강경 탄압 정책이 한국을 어디로 이끌어갈지에 대한 우려가 폭넓게 확산돼 있는 것을 보고 나는 큰 충격을 받았다." 돈 오버도퍼의 책에는 이런 말도 쓰여 있다. "(미국 대표) 밴스를 선두로 해 박 대통령의 장례식에 참석했던 미국의 관리들은 장례식에 운집한 수많은 일반 대중들이나 오랫동안 대통령을 보필해온 공직자들에게 진심 어린 애도의 감정이 없음을 발견하고 놀라움을 감추지 못했다. 한 남한 고위 관리는 '그의 시대는 이미 오래전에 끝났다'고 홀브룩에게 낮은 소리로 말했다. 홀브룩은 '서울에서 슬픔에 젖은 눈은 찾아볼 수 없었다'고 당시 분위기를 전했다." 이러한 표정이 모두 김재규의 거사로 한국이 파국에서 살아남았다는 안도감과 연결돼 있지 않을까라고 나는 생각한다.

　　이 대목에서 이동원이 1974년 8·15 저격 사건과 관련해 한 말이 떠오른다. 이동원도 박정희 추종자답게 김재규가 욱하는 심리 상태에서 박정희를 살해했다고 주장했다. 그런데 이동원은 8·15 저격 사건 후 일본 극우 야쓰기 가즈오가 했다는 말을 자신의 책《대통령을 그리며》에 인용했다. "참 역사가 잘못되려니……, 그 총알이 박 대통령에게 갔어야 했는데 엉뚱하게 육영수 여사 쪽으로 흘렀소. 이는 앞으로 한국이나 박 대통령에겐 두고두고 불행으로 남을 것이오." 야쓰기 가즈오는 기시 노부스케와 함께 일본의 대륙 침략에서 일역을 맡았고 박정희 정권 때에는 이른바 친한파의 거두였다. 야쓰기 가즈오의 말에 이동원은 이렇게 토를 달았다. "(8·15 저격 사건 때 총탄을) 박정희 대통령이 맞았다면 본인에게는 영광의 죽음이 되었을 테고 우리나라는 혼란에서 여야 화합의 정치로 새 역사를 창조했을지도 모르지…."

김재규 거사에 미국이 관여?
입증할 자료는 없다

──　김재규 배후에 미국이 있었던 것 아니냐는 의혹도 있다. 원만하지 않았던 한미 관계 등이 정황 증거로 제시되는 이러한 주장, 근거가 충분한 것인가.

　　미국이 사주해서 김재규가 거사한 것 아니냐는 얘기가 그 당시에 많이 돌았고 그 이후에도 끊임없이 나왔다. 10·26 때 문공부 장관이었던 김성진은 '지미 카터 방한 때 카터가 박정희 대통령을 제거하겠다고 얘기했다는 소문이 퍼져 있었는데 그걸 김재규가 듣지 못했겠느냐. 정말 미국 정보 기관이 김재규를 시켜 살해해버린 것일까?', 이렇게 썼다. 이런 것과 비슷한 얘기, 그러니까 10·26 거사는 어떤 형태로든 미국과 관계가 있지 않았겠느냐는 얘기는 꽤 있다.

김재규는 한미 관계가 악화되는 것을 매우 우려했다. 당시 이 점을 우려한 건 김재규만이 아니겠지만, 하여튼 김재규는 법정에서도 이렇게 얘기했다. "오늘날 우리나라가 독재를 함으로써 건국 이후 가장 한미 간 관계가 나쁩니다. 그래서 내가 볼 때에는 미국이 영원히 한국을 버리지 않겠지만 유신 체제가 없어질 때까지 한시적으로, 정책적으로 한국을 버릴 가능성은 다분히 있습니다. 그럴 경우 6·25가 오지 말라는 법이 없습니다." 이건 미국이 사주해서 거사를 일으킨 것이라는 얘기는 아니다. 그렇지만 자신이 거사한 중요한 이유 중 하나가 한미 관계라는 얘기는 한 것이다.

미국에서도 김재규를 좋게 봤다고 그런다. 1980년까지 주한 미국 대사관 정무 참사였던 윌리엄 클락이 인터뷰한 걸 보면, 미국 측은 김재규를 특이한 중앙정보부장으로 보고 있었다고 한다. 뭐냐 하면, 박정희 정권 보위의 첨병인 중앙정보부장이면서도 미국 측의 말을 잘 알아듣고 민주주의에 대해 많이 이야기하면서 관심을 나타냈다는 점에서 다른 중앙정보부장과는 뭔가 다른, 특이한 부장이라고 봤다는 것이다.

주한 미국 대사관 측이 워싱턴에 보낸 문서에 미국 측의 요구를 잘 이해하는 김재규를 통해 박정희한테 미국의 요구를 전달했다는 내용이 나온다. 그리고 바로 이것 때문에 얘기가 많이 나오는 건데, 10·26 발발 한 달 전쯤에는 윌리엄 글라이스틴 주한 미국 대사가 김재규를 만난 자리에서 평화적 정권 이양이 필요하다고 언급했다. 평화적 정권 이양이라는 글라이스틴 대사의 이 말을 김재규가 과대 해석한 것 아니냐, 일각에서는 그렇게 해석하고 있다.

— 김재규가 그 말을 정말 과대 해석해서 '박정희를 제거하라'고 미국이 암시한 것으로 받아들였다고 볼 수 있는 것인가.

그 부분은 현재로서는 속단하기 어렵다. 분명한 건 김재규가 법정에서 명시적으로 미국 측이 자신의 거사를 지지할 것이라고 얘기한 적이 없다는 것이다.

글라이스틴은 '김재규의 거사는 미국하고 관련이 없다'는 것을 자신의 회고록에서 특별히 강조했다. 김재규 재판관이었던 한 군인이 신문하는 과정에서 김재규가 '글라이스틴이 유신 체제 전복에 대해 말한 적이 있다'고 언급했다는 건데, 글라이스틴은 그런 일은 전혀 없었다고 주장했다. 이것 역시 앞에서 말한 평화적 정권 이양이라는 그 부분을 김재규가 어떻게 받아들였을 것인가 하는 점과 관련된 문제 아닌가 하는 생각이 든다. 그리고 '내 배후엔 미국이 있다'고 김재규가 말했다는 이야기도 있지만, 김재규가 그렇게 얘기했다고 입증할 만한 자료는 없다.

다만 글라이스틴은 이런 얘기를 했다. 미국, 이건 특히 카터 정권을 가리키는 것일 텐데, 미국은 자신들의 행동과 말이 부지불식간에 박 대통령의 몰락에 일조한 것은 아닌지 스스로 물어봐야 한다는 것이었다.

─── 부지불식간에 몰락에 일조한 것은 아닌지 스스로 물어봐야 한
다? 무슨 뜻인가.

아주 애매한 얘기다. 말하자면 미국이, 특히 카터 대통령이 박
정희 정권에 대해 아주 강하게 불만을 품고 비판하고 여러 가지 요
구를 한 것이 김재규로 하여금 '저건 박정희를 제거하라는 얘기가
아니겠느냐', 이렇게 해석하게 했을 수도 있다는 암시를 한 것이다.

김재규는 미국이, 어떤 자료에는 글라이스틴한테 물어봤다고
도 나오는데, 한국 경제를 어떻게 보고 있는가에 관심을 보였다고
한다. 전에도 말했지만 김재규는 한국 경제가 1978년 말부터 급속
히 악화된 것을 크게 우려했다. 김재규는 경제에 관심이 많았다. 김
정렴 말대로 건설부 장관으로 중동 건설 특수를 이끌어내는 데 상
당히 큰 역할을 했다. 1977년 7월 부가가치세 시행을 예정대로 할
것인가, 연기할 것인가를 놓고 논쟁이 있을 때 중앙정보부는 여론
수집에 따른 정세 판단으로는 부가가치세 도입이 무리이며 조세 저
항이 심각할 것이라고 보고했다. 심각할 것이라는 예측은 1979년
부마항쟁에서 적중했다. 또한 김재규는 1978년 12·12선거 직후에는
경제 실정에 책임을 물어 김정렴 비서실장과 남덕우 부총리 등 경
제팀을 갈아 치워야 한다고 대통령한테 보고서를 올려 강력히 주장
했다. 김재규는 12·12선거 패배로 인한 개각으로 등장한 신현확 경
제팀의 안정화 시책을 지지했다. 박정희가 내키지 않아 하는 정책
을 지지한 것이다.

경제 관련 부분에 대해서는 글라이스틴도 "1979년 들어 경제
성장은 주춤했고 국민들은 수입 원자재 가격 폭등과 정부 투자 정
책의 잘못으로 인한 물가고에 시달렸다. 노동자들은 동요했고 국민

들은 악화되는 경제적 현실에 불안해했다", 이렇게 썼다. 이 부분에 대해 김재규한테도 비슷하게 얘기했던 것 아닌가 싶은데, 이걸 과연 미국의 사주라고 볼 수 있을까. 앞에서 말한 대로 한미 관계에서 미국 측이 박정희 정권을 강하게 비판했던 것처럼 이건 한국 경제에 대해 미국 측에서 우려하는 사실을 지적한 것이 아니겠는가. 그렇게 볼 때 김재규 거사에 미국이 관여했다고 얘기하는 것은 아직까지는 그걸 입증할 자료가 없다는 점에서 지나친 주장이 아닐까, 이렇게 생각한다.

김재규는 1979년 4월에 거사를 하려고 육해공군 참모총장을 궁정동으로 불렀다고 말했는데, 1979년 신형식 공화당 사무총장은 박 대통령에 대한 김재규의 태도가 섬뜩한 기분이 들 정도로 불측하고 불손한 것이 아니냐는 느낌을 받았다고 한다. 10·26사건을 접했을 때 그러한 김재규의 불손했던 태도가 퍼뜩 떠올랐다고 한다. 육사 동기생인 손모 장군도 같은 시기에 김재규를 만났을 때 김재규가 대통령에 대한 반감을 가지고 있었다고 증언했다. 이런 여러 가지를 고려할 때, 김재규가 분명히 1979년에는 박정희 대통령에 대해 '이러면 안 된다'는 강한 비판 의식 또는 불만을 가졌던 것으로 보인다.

김재규 거사를
어떻게 평가할 것인가

유신 체제 붕괴, 열 번째 마당

10·26 후 지속된
박정희 없는 박정희 체제

김덕련 10·26으로 박정희 정권은 몰락하지만, 10·26 후에도 박정희 없는 박정희 체제는 지속된다. 오늘날까지도 한국 사회는 그 덫에서 자유롭지 못하다. 박정희 개인에 대한 비판을 넘어 구조적, 제도적 청산을 충분히 하지 못한 결과가 아닌가 싶다.

서중석 그렇지만 10·26이 역사적으로 중대한 계기가 될 수 있었다는 점은 강조할 필요가 있다. 1960년 4월혁명이 단순히 정치적 민주주의로 나아가는 길을 연 것만이 아니라 사회적·문화적으로 해방이었고 경제 정책 면에서도 대단히 새로운 변화를 가져온 것처럼, 10·26은 정치적 변화의 계기가 됐을 뿐 아니라 경제적·사회적·문화적으로도 새로운 큰 변화의 계기가 될 수 있었다.

박정희 유신 경제를 어디까지 수술할 것이냐에 대해서는 자신이 서 있는 입장에 따라 큰 차이가 있었지만, 대폭 수술을 하지 않을 수는 없었다. 그것에 대해서는 뒤에서 자세히 언급할 것이다. 장기 집권의 절대 권력 아래에서 부패했고 관료주의와 타성에 빠져 있던 관료 사회도 수술을 필요로 했다.

사회적·문화적으로도 10·26은 큰 변화를 가져올 수 있었다. 박정희 1인 체제는 군국주의와 절대 권력이 결합해 모든 것을 억누르려고만 했다. 박정희는 시대의 흐름을 유신 권력으로 차단하고 자신의 입맛에 맞게 묶어두려 했다. 자치나 자율을 생명으로 하는 시민 단체나 이익 단체도 권력에 예속될 수밖에 없었다. 가요, 영화, 출판, 언론에 대한 2중 3중의 억압으로부터도, 군사 문화, 충효 사상과 국민교육헌장의 질곡으로부터도 해방되지 않으면 안 됐다. 비록 전두환·신군부 등장과 '서울의 봄'의 한계로 사회적·문화적 해방은 이뤄지지 않았지만, 전두환·신군부는 시대의 흐름을 외면할 수는 없어 부분적으로 개방 정책을 폈고, 3S(스포츠, 영화, 섹스) 정책 같은 이상한 정책으로 방향을 틀기도 했다.

10·26 형태로 무너진 것을
어떻게 평가할 것인가

── 박정희 정권이 10·26이라는 형태로 무너진 것을 어떻게 평가할 것인가에 대해 몇 가지 생각해볼 점이 있다.

첫 번째, 부마항쟁을 계기로 전국에 저항이 확산되고 그걸 통해 박정희 체제를 정면으로 극복할 계기를 열 수도 있는 상황이었는데 10·26으로 그 가능성이 수면 아래로 가라앉은 것은 아닐까. 실제로 부마항쟁 종료 후 대구로 시위가 북상할 조짐이 나타났지만, 10·26을 계기로 분위기는 바뀌었다. 박정희 없는 박정희 체제가 오랫동안 계속된 것도 이러한 점과 뗄 수 없는 것 아닐까.

두 번째, 이것과 반대 측면에서 보면 시위 확산에는 한계가 분명했으며, 설령 크게 확산됐다고 하더라도 박정희("내가 직접 발포 명령")·차지철("100만~200만 명쯤 죽인다고 까딱 있겠습니까")의 특성상 엄청난 인명 피해를 피하기 어려웠을 뿐만 아니라 그것으로 박정희 정권이 무너졌을 것이라고 예상할 근거는 충분치 않은 상황 아니었을까. 이러한 것들을 고려하면 10·26 거사로 유신 정권을 일단 무너뜨린 점은 충분히 평가할 만한 것 아닐까. 세 번째, 희생 측면을 생각하지 않을 수 없지만 박정희 사후인 1980년 5월 광주의 희생을 치러야 했던 점, 그리고 박정희가 죽은 지 8년이나 지난 1987년에야 6월항쟁이라는 거대한 대중 투쟁을 통해 군부 강경파를 비롯해 유신 체제를 떠받친 세력을 몇 걸음 물러서게 만들 수 있었다는 점을 충분히 고려해야 하는 것 아닐까. 즉 희생 부분은 아주 조심스럽게 이야기할 수밖에 없긴 하지만, 박정희 체제를 떠받친 세력을 몇 걸음이라도 물러서게 만든 핵심은 대중 투쟁임을 생각하지 않을 수 없으며 그런 점에서 1979년에 유예된 희생 및 투쟁이 1980년과 1987년에 나뉘어 일어나게 된다고 볼 수도 있지 않을까. 그렇게 본다면 10·26의 의미를 다시 파악할 수 있지 않을까. 이 문제를 어떻게 보는지 궁금하다.

유신 체제에서 여권에 있었던 사람들과는 다른 입장에서 김재규 거사를 부정적으로 보는 견해가 있다. 그중 하나는 '박정희 정권이 민주화 운동 세력에 의해 무너졌어야 민주 정부가 세워질 수 있었을 뿐만 아니라 실제 그럴 가능성도 있었다. 유신 말기나 서울의 봄이라고 하는 1980년 5월의 학생들 시위 같은 걸 보면 상당히 규모가 커지고 그러지 않았나. 시간이 조금만 더 있었으면 더 큰 민주화 운동이 일어났을 것이고 그러면서 박정희 정권이 민주화 운동 세력에 의해 무너졌어야 하는 것이었는데, 10·26으로 흐름이 바뀌었다. 그런 점에서 김재규의 거사는 문제가 있다', 이런 주장이다.

그와 다른 입장에서 김재규 거사에 대해 비판적인 견해도 있다. 이건 박정희 신드롬과 관련돼 있다. 1990년대 중반에 들어가면 박정희 신드롬이라는 게 생기고, 특히 1997년 IMF 사태 이후에 극성을 부리면서 박근혜가 탄핵당하고 구속되기 전까지 그런 현상이 있지 않았나. '박정희야말로 위대한 경제 대통령이었다'면서 박정희만 환생하면 마치 한국 경제가 다시 살아날 것처럼 얘기하는 분위기가 한때 있었다. 2008년 이명박 정권이 들어선 것도 그런 것과 관련이 있다. 그런 대통령을 갈망하는 분위기 속에서 이명박이 대통령이 된 것이다. 이명박에 대해 그렇게 많은 문제점이 제기됐는데도 지지자들, 성장 제일주의자들은 그걸 문제 삼지 않은 건 그런 것 때문이었다. 박근혜가 대통령이 되는 데에도 박정희 신드롬이 큰 역할을 했다. 박정희 망령이 두 명의 대통령을 탄생케 하는 데 큰 힘이 된 것이다.

이런 것들과 관련해서 김재규 거사를 비판하는 다른 견해가 뭐냐 하면 김재규가 10·26 거사를 조기에, 너무 일찍 함으로써 박정희가 경제적으로 얼마나 큰 실책을 저질렀는가를, 유신 체제 말기에 경제가 얼마나 잘못되었고 나빴는가를 국민이 똑똑히 지켜볼 수 있는 시간을 주지 않았다는 것이다. 1980년 경제까지도 이어지는 그 나쁜 경제, -5.2퍼센트 성장률을 보인 그러한 나쁜 경제까지 국민들이 보고 박정희가 민주화 운동 세력에 의해 무너지는 걸 봤더라면 박정희 신드롬이 과연 생겼겠느냐, 이것이다. 그와 함께 박정희 신드롬과 연관돼 그 이후에 나타나는 여러 가지 부정적인 현상, 민주주의와 남북 관계를 저해하는 암적 요인 같은 것들이 생기지 않았을 것 아닌가, 이런 지적이 있다.

유신 체제에서 여권에 속했던 사람들과는 다른 관점에서 10·26을 부정적으로 보는 견해를 큰 틀에서 이렇게 두 가지로 나눠볼 수 있다. 나는 전자의 주장은 맞지 않는 이야기라고 본다. 후자의 경우 그렇게 볼 수 있는 점도 있긴 하지만, 그렇다고 하더라도 김재규의 10·26 거사는 그것대로 중요한 의미가 있다고 본다.

유신 정권 무너뜨릴 역량을
민주화 운동 세력은 갖추고 있었나

── 그렇게 판단하는 근거는 무엇인가.

우선 김재규가 우려한 대로 심각한 유혈 사태 문제를 생각하지 않을 수 없다. 전에 이승만 몰락을 다룰 때 박정희와 이승만은 어떻게 다른가를 내가 예를 들어서 설명한 바가 있지 않나. 1960년 4월혁명 때보다 더 큰 규모의 항쟁이 일어날 수 있는 상황이었다. 그렇지만 박정희는 유혈 사태를 두려워하지 않고 무슨 수단과 방법을 써서든 유신 체제를 수호하려고 했다. 그런 식의 군인 정신이 아주 강한 박정희 성격을 고려할 때 정말 심각한 유혈 사태가 날 가능성이 높았다.

경상도 지역인 부산과 마산에서 항쟁이 일어났을 때에도 공수 부대를 바로 보내지 않았나. 그런 일이 다른 지역에서 일어났을 경우 어땠겠나. 공수 부대 같은 것을 그보다 더 빨리 투입해 더 심하게 진압하는 일이 있을 수 있지 않았겠나. 더군다나 차지철이 있지 않았나. 이승만 때에는 차지철 같은 사람은 없었다. 그런 점을 생각하지 않을 수 없다. 다시 말해 심각한 유혈 사태가 일어나는 건 막아야 했고, 그 점에서 김재규의 거사는 의의가 크다.

또 부마항쟁에서 잘 나타난 것처럼 유신 장기 독재에 대한 반발이 아주 컸을 뿐만 아니라 빈부 격차에 대한 불만도 심각한 수준이었다. 저임금 노동자, 식당 종업원, 실업자 같은 도시의 소외 계층뿐만 아니라 농촌에서도 박정희 정권에 대한 감정이 악화돼 있었다. 그러한 것들이 부마항쟁처럼 폭발할 수 있는 상황이었다. 그러면서 경찰서, 공화당사, 언론 기관 등을 공격해 방화, 파괴하는 사태가 벌어질 가능성이 충분히 있었다.

그렇지만 그걸 민주화 운동 세력이 바로 집권할 수 있는 상황과 동일시하는 건 무리가 있다. 그런 것하고는 거리가 있다. 부마항쟁은 우리 역사에서 정말 중요한 사건이자 대표적인 민주화 운동이지만, 그것과 별개로 이런 문제도 생각하지 않을 수 없다. 아울러 민주화 운동 세력의 역량 문제도 생각해볼 필요가 있다.

── 이 시기 민주화 운동 세력의 역량, 어느 정도였다고 보나.

1978년 '통대'에 의한 체육관 대통령 선출 과정에서 민주화 운동 세력이 1975년 인도차이나 사태 이후 어느 때보다도 강력한 역량을 보여준 건 사실이다. 그렇지만 1979년에 와서는 부마항쟁을 빼면 큰 시위가 없었다. 여러 가지 유인물을 돌리는 것이라든가 규모가 크지 않은 시위가 여러 대학에서 나타난 정도였다. 그리고 해직교수협의회, 민주통일국민연합 같은 재야 단체들이 활발하게 반유신 투쟁을 한 건 맞다. 그렇지만 1979년의 경우 부마항쟁을 제외하면 1978년에 비해 투쟁력이 약화됐다고 볼 수 있는 측면도 있다.

이런 여러 가지를 놓고 볼 때 민주화 운동 세력이 이 시기에 그렇게 강했는가, 대세를 장악할 만한 리더십을 발휘할 수 있었는가 하는 점에 대해 난 좀 다르게 생각한다. 그리고 1980년 봄에 서울역에서 대규모 시위대가 회군한 것에 대해 '아주 큰 잘못이다. 서울역의 10만 학생이 권력을 실질적으로 장악한 전두환 세력과 싸웠어야 한다', 이렇게 얘기들을 하고 있는데 그 부분도 찬찬히 다시 생각해볼 필요가 있다. 1980년 봄 학생들의 움직임이 상당히 중요했고 큰 움직임이었던 건 틀림없다. 그렇지만 민주화 주도 세력이 민주주의 사회를 건설한다고 얘기할 정도의 역량을 그 시기에 보여줬느냐 하는 점에 대해서는 난 좀 부정적으로 본다. 10·26의 의의는 그것과는 다른 쪽에서 찾아야 한다.

잘못을 반성·성찰하는 세력은
극우라 해도 역사 변화에서 중요하다

─── 그게 무엇인가.

앞에서 10·26의 의의에 대해 얘기했지만, 덧붙여 꼭 얘기하고 싶은 것이 있다. 극우 세력 내에서도, 파시스트 내에서도 김재규처럼 온건하고 이성적인 판단을 하는 사람 또는 세력, 즉 자신의 잘잘못을 판단할 수 있고 그러면서 자신을 성찰할 수 있는 사람 또는 세력이 역사를 변화시키는 데 굉장히 중요하다는 것이다. 난 그렇게 본다. 여기서 잘잘못을 판단한다고 한 것은 '나도 끼어들어갔지만 이러한 정치는 잘못된 것이다', '이건 내가 잘못하고 있는 것이긴 한데 할 수 없이 이렇게 하는 것이다', '난세라고 하더라도 바르게 살아야 하는 것 아니냐', 이런 판단을 포함하는 것이다.
　민주화 운동 세력이 그렇게 강력하지 못할 때에는 이런 사람들의 역할도 중요하다. 이런 사람들이 같이 움직여야만 민주화 운동 세력도 클 수 있고 사회 전체도 합리적인 방향으로 움직일 수 있기 때문이다. 그리고 권력의 평화적 이행이라는 건 상당히 중요한 의미를 지니고 있다. 되도록 유혈 사태는 피해야 한다. 그런 차원에서도 이런 이성적이고 온건한 사람들, 난세에 바르게 살려고 고민하는 사람들이 극우 권력의 내부에서 자유화, 민주화로 나아가는 물꼬를 터주는 게 중요하다.

김재규의 거사는 일단은 실패로 끝났다. 그건 박정희가 키워줬던 그리고 1961년 5·16쿠데타가 날 때부터 정치에 민감하게 반응해왔던 육사 11기생들을 중심으로 한 하나회가 쿠데타를 일으켜 정국을 반전시키고 유신 체제를 변형해 계승했기 때문이다. 그렇게 되면서 김재규 거사가 빛을 보기가 어려운 점은 있었다. 그렇다 하더라도 김재규 같은 사람, 그런 세력은 중요하고 자유화, 민주화로 나아가는 물꼬를 극우 세력 내부에서 터주려 한 것이 큰 의미를 갖는다는 건 적극적인 의미를 부여해야 한다.

그리고 김재규가 거사를 하게 만든 직접적인 계기가 부마항쟁이라는 점도 잘 기억해야 한다. YH사건, 부마항쟁, 10·26은 '서울의 봄'을 갖게 했다. 그 점을 중시해야 한다. '서울의 봄'이 왔을 때 대다수의 박정희 추종자들조차 민주화 흐름을 부정하지 못했다. 당시 나도 보고 겪었는데 그 사람들조차 '이제 민주화는 대세다', 그렇게 얘기하고 있었다. 일반 대중들도 당연히 그렇게 가는 것으로 알고 있었다.

이것도 물어야 한다. 그 '서울의 봄'이 왜 전두환·신군부에 의해 좌절됐는가. 민주화가 당연히 이루어져야 한다고 믿었던 일반 대중은 왜 '서울의 봄'이 좌절되는 것을 방관했을까. 민주화 운동 세력의 잘못은 없는가. 무엇보다도 '서울의 봄' 좌절과 관련해 야당의 책임을 물어야 한다고 본다. 10·26까지 오는 데 큰 역할을 한 김영삼과 사면 복권된 김대중은 '서울의 봄' 시기에 대권 경쟁에 몰두했다. 12·12쿠데타가 일어났는데도 귀신이 씐 것처럼 대권 경쟁에 몰두했고, 5·17쿠데타가 일어나기 며칠 전에야 전두환·신군부 문제에 관심을 가졌는데, 그때는 양김이 합심해도 어쩔 수 없는 상황이었다.

마지막으로 10·26과 광주항쟁의 관계를 짚고 넘어가자. 10·26 없는 광주항쟁이 있을 수 있었을까. 다 알다시피 광주에서는 5·17 직전인 1980년 5월 14일부터 16일까지 3일간 '민주화 성회'가 열렸고, 5·17쿠데타 다음 날부터 광주항쟁이 전개되었다. '민주화 성회'는 10·26으로 열린 '서울의 봄'을 실현하고 전두환 유신 잔당이 권력을 찬탈하는 것을 막고자 했다. 그것에는 유신 체제가 특정 지역을 기반으로 삼아 심한 지역 차별 정책을 폈는데, 이제 민주화를 이룩해 그러한 지역 차별이 더 이상 존재하지 않게 해야 한다는 의지가 들어 있었다. 5·18 광주항쟁은 전국에서 사실상 유일하게 전두환·신군부의 5·17쿠데타를 저지하고 반대한 투쟁이었다. 내가 강조하고자 하는 것은 광주에서 3일에 걸쳐 있었던 '민주화 성회'는 10·26이 열어놓은 '서울의 봄'을 실현하기 위한 운동이었다는 점이다. 5·18 광주항쟁 또한 그것을 이어받았다는 점에서 10·26과 불가분의 연결 고리가 있다는 것이다.

이렇게 정리하면 어떨까 싶다. 부마항쟁으로 10·26이 일어났고, 그 10·26에는 부마항쟁의 열망이 들어 있는데, 10·26이 열어놓은 '서울의 봄-민주화 광장'이 유신 잔당인 전두환·신군부의 5·17쿠데타에 의해 좌절되는 것에 분노해 광주항쟁이 일어났다고. 그런

YH사건, 부마항쟁, 10·26은 서울의 봄을 갖게 했다. 서울의 봄이 왔을 때 대다수의 박정희 추종자들조차 민주화 흐름을 부정하지 못했다. 그것이 유신 잔당에 의해 반전되긴 했지만, 1980년 광주항쟁에 의해 민주화 운동은 새로운, 커다란 이정표를 갖게 되었다. 사진은 1980년 5월 15일 서울역 앞에 10만 명 가까이 운집해 신군부 성토대회를 열고 있는 대학생들의 모습.

점에서 10·26은 민주화 운동에서 의미 있는 한 부분을 차지한다고.

10·26에 대한 이야기를 마무리하기 전에 한 가지 덧붙이면, 한국 근현대사에 큰 사건으로 기록된 10·26은 1979년의 그것 하나만이 아니다. 1909년 안중근이 이토 히로부미를 사살하지 않았나. 그날도 10월 26일이었다.

유신 독재는 왜
7년 만에 와르르 무너졌나

유신 체제 붕괴, 열한 번째 마당

유신 체제는 왜
불과 7년밖에 못 버텼나

김 덕 련 지난 1년간 유신 쿠데타부터 10·26에 이르기까지 유신 체제의 전 과정을 다각도로 살폈다. 12·12쿠데타와 1980년대로 넘어가기 전에 유신 체제를 종합 정리했으면 한다.

서 중 석 유신 체제는 왜 불과 7년 만에 붕괴했느냐, 그 부분을 살펴보자. 유신 시기에 박정희는 막강한 권력을 휘둘렀다. 민주 세력은 유신 체제가 아주 장기간에 걸쳐 존속할까봐 굉장히 두려워했다. 그랬던 유신 체제가 7년밖에 못 갔다. 그건 유신 체제와 비슷한 정치 체제로 얘기되는 장개석(장제스)의 대만이나 프란시스코 프랑코의 스페인과도 굉장히 차이가 난다.

박정희를 장개석, 프랑코와 비교하는 경우가 많다. 장개석은 대만에서 총통제를 통해 박정희처럼 철권통치를 했다. 그 아들 장경국(장징궈)도 막강한 총통제로 권력을 유지했다. 야당인 민주진보당이 1986년에 창당됐고, 장경국이 계엄을 해제한 건 계엄 선포 38년 만인 1987년이다. 그러니까 대만에 총통제가 들어선 후 거의 40년 동안 장개석 부자가 대만식 총통제로 권력을 유지했다. 프랑코는 1975년에 죽을 때까지 36년간 집권했다. 나이로 보더라도 장개석은 88세, 프랑코는 83세에 세상을 떠났다. 그야말로 천수를 누리고 죽었다. 그와 달리 박정희는 장개석이 대만식 총통제를 시작하기 직전의 나이인 62세, 한창이라면 한창 나이라고 볼 수도 있는 나이에 살해되고 말았다. 그것도 가장 가까운 부하의 총에 맞았다.

왜 이런 큰 차이가 생겼을까. 그런데 사실은 그와 같이 다른 결과를 초래한 요인이 여러 가지 있었다. 유신 시대에는 그걸 충분히 생각하지 못했던 것이다.

— 어떠한 요인이 있었나.

유신 체제를 단명하게 만든 직접적인 요인으로 우선 1인 장기 독재의 폐해가 유신 말기에 너무나 심하게 드러났다는 것을 들 수 있다. 경제 악화도 매우 심해서 그것 때문에도 민심 이반이 커졌다. 특히 유신 체제에서는 재벌 중심으로 경제를 발전시켰는데 그러면서 빈부 격차가 너무나 커졌다. 열악한 환경에서 저임금으로 일하는 노동자들이 극심한 소외 현상을 겪을 수밖에 없었다. 그 점은 사회적으로 변두리에 있는 서민들이 모두 마찬가지였다. 다들 불만과 극심한 소외를 느끼지 않을 수 없었다. 바로 이러한 요인들이 1978년 12·12선거에서 공화당이 패하게 만들었고 1979년에 YH사건과 부마항쟁이 일어나게 했다. 그러면서 결국 유신 체제는 붕괴한다.

여기에 더해 유신 말기로 갈수록 박정희의 분별력, 판단력에 이상 현상이 더 커진 것으로 보인다. 박정희의 정신 상태가 그런 가운데 차지철이 너무 심하게 국정을 농단하면서 권력 내부의 문제도 커졌다. 그러면서 김재규뿐만 아니라 군부, 공화당 같은 권력 내부의 다른 쪽에서 '이거 이렇게 해서야 되겠느냐'는 위기감을 느낄 만큼 심각한 상황에 이르렀다는 게 직접적인 요인이다. 이러한 직접적인 여러 요인뿐만 아니라 구조적 요인도 전반적으로 작용하고 있었다.

유신 독재는 성립 과정부터
장제스·프랑코 독재와 달랐다

── 구조적 요인으로 어떤 것을 꼽을 수 있나.

1963년, 1967년, 1971년 선거가 말해주듯이 박정희는 국민들로부터 압도적인 지지를 받은 적이 없었다. 1963년과 1971년 대통령 선거 때 서울의 득표를 보면 박정희가 상대 후보에 비해 표를 너무나 적게 얻었다.

그리고 유신 쿠데타를 일으킬 무렵 아무런 국가적 위기도 없었다. 정치적으로건 사회적으로건 경제적으로건 남북 관계에서건 국가적 위기가 없었는데, 오로지 자기 한 사람에게 모든 권력을 집중시키기 위해 헌정 유린의 유신 쿠데타를 일으킨 것이다. 바로 그 점이 박정희 유신 체제를 단명하게 만든 기본적 요인이었다.

유신 체제는 박정희의 강렬한 권력욕 외에는 정당화할 만한 것이 없었다. 그런 점에서도 대만, 스페인과 달랐다. 예컨대 대만만 보더라도 대륙에서 정권을 뺏기고 대만으로 들어온 것 자체가 심각한 위기 상황이었다. 적어도 장개석과 군인들, 그리고 대만으로 함께 이주해온 사람들로서는 굉장한 위기의식을 가질 수밖에 없었다. 그런 것을 바탕으로 대만식 총통제가 성립한 것이다.

프랑코 체제 성립 과정도 박정희가 유신 체제를 만든 그것과는 상당한 차이가 있다. 1930년대에 스페인에서 권력이 프랑코한테 집중된 데에는 극우 세력 나름의 이유가 있다. 우선 1933년에 결성된 파시스트 정당인 팔랑헤당이 프랑코 반란(1936년) 이전부터 이탈리아의 영향을 받으면서 국가사회주의적 국가를 수립하기 위한 활동을 벌였다. 한국과 달리 스페인에서는 그러한 파시스트 운동이 지속적으로 이뤄졌다는 말이다. 그리고 장교들도 국가 통합과 공공질서 유지 문제에서는 프랑코보다 오히려 더 강경파였다고 할까, 아주 강한 입장을 가지고 있었다. 이 장교들은 인민전선 내각에 대한 자신들의 반란이 국가를 구원하는 행위라고 생각했다. 그렇기 때문에도 모든 권력을 프랑코한테 집중시키는 데 동의했다.

교회도 큰 역할을 했다. 가톨릭 국가인 스페인에서는 교회가 차지하는 위상이 대단히 높았는데, 프랑코 쪽으로 민심을 수습하는 데 교회가 중요한 역할을 했다. 교회는 인민전선 내각 출범 후 많은 권한과 재산을 뺏긴 것도 작용하고 해서 프랑코 쪽에 강력히 힘을 실어줬다. 나중에는 달라지지만, 적어도 처음에 성립할 때에는 프랑코 정권을 지지하도록 교회가 분위기를 몰아갔다. 왕을 지지한 세력들도 마찬가지로 프랑코 정권을 지지했다.

정리하면, 박정희는 평지풍파 쿠데타를 일으켰다. 그뿐 아니라 유신 헌법조차 박정희 한 사람만을 위한 헌법이라는 점이 뚜렷했다. 거듭 말하지만 유신 쿠데타도, 유신 헌법도 사회적, 경제적 또는 남북 관계상 충분한 이유가 있어서 나타난 게 전혀 아니었다. 그런 점에서도 박정희 1인 체제는 오래 견디기 어려운 점이 있었다. 그리고 스페인에서는 파시스트 운동이 진행되는 속에서 프랑코가 전면에 등장하고 총통제가 나타나지만, 한국엔 그에 비견할 만한 것도 없었다. 그렇기 때문에도, 1972년 이후락이 비밀리에 북한에 다녀온 다음에 박정희를 중심으로 한 극소수가 김종필마저 배제한 채 밀실에서 유신 헌법을 뚝딱 만든 것이다. 그런 점에서도 보편성, 설득력을 전혀 찾아볼 수 없었다. 이러한 성립 과정을 보더라도 유신 체제는 장개석의 대만이나 프랑코의 스페인과는 크게 달랐다는 점을 먼저 생각할 필요가 있다.

유신 체제를 불안정하게 만든
한국인들의 민주주의 경험

── 해방 후 유신 쿠데타에 이르기까지 27년에 걸친 정치적 경험
도 작용하지 않았나. 부정 선거 문제가 심심찮게 불거지긴 했
지만 선거도 여러 차례 치렀고, 1960년 4월혁명으로 독재자 이
승만을 끌어내린 것도 민주주의 역사에서 중요한 요소 아니
었나.

　유신 체제에서 최대의 균열 요소는 민주주의 경험을 한 이후
에 이런 극단적인 1인 권력 체제를 갖게 됐다는 점이다. 1948년 헌
법이 만들어진 이후 1972년까지 여러 가지 문제가 있었다고는 하
더라도 민주공화국으로서 기본적 성격을 대체로 갖고 있었다. 그런
속에서 유신 체제가 뒤늦게 나타났기 때문에 사람들은 민주주의로
돌아가야 한다는 생각을 언제라도 할 수 있는 상태에 있었다. 그래
서 학생이든 야당이든 재야든, 때로는 일반 시민들도 언제나 민주
주의 회복 투쟁을 벌여야 한다고 생각했다.
　한국은 파시즘 운동 없는 파시즘 체제를 유신 체제로서 갖게
됐는데, 바로 이 민주주의 경험 때문에 유신 체제도 민주주의라는
이름을 사용하게 된다. 한국적 민주주의라는 기막힌 이름까지도 박
정희 유신 정권이 얘기하는 모습을 보여주게 된다.
　그건 언젠가 제대로 된 민주주의로 가야 한다는 움직임을 강

하게 할 수 있는 요소였다. 유신 체제에서도 비록 한국적 민주주의라고 하더라도 민주주의라는 말을 안 쓸 수 없었는데, 그러려면 최소한도의 것은 놔둬야 한다고 봤기 때문에 무력한 존재로서 야당의 존속을 인정했던 것이다. 이 야당의 존재가 상황에 따라서 유신 체제를 굉장히 불안하게 할 수 있었다. 왜냐하면 야당은 속성상 민심의 향배에 아주 민감하게 반응할 수 있었기 때문이다. 선거의 경우에도 국회의원 선거는 부분적으로 실시하지 않았나. 국회의원의 3분의 1은 대통령이 임명하긴 했지만 국회의원 선거를 완전히 없앨 수는 없었다. 유신 쿠데타 후 처음 치러진 1973년 선거에서는 야당 출마자도 중앙정보부의 통제를 받았지만, 야당이 항상 '사쿠라당', 유신 체제에 야합하는 당이 될 수는 없었다. 변화의 계기가 생기면 바로 달라질 수 있었다.

그리고 제한적인 선거라 하더라도 민심이 반영된 선거 결과가 나올 수도 있는 것 아닌가. 그러면 유신 체제는 큰 위협에 직면할 수 있었다. 파시즘 동조자 또는 '한국에선 독재를 해야 한다'고 생각하는 사람이 꽤 있긴 했지만, 그럼에도 유신 체제는 항상 불안할 수밖에 없었다. 언제나 도전을 받게 돼 있었다.

유신 권력은 일제 때부터 존재했던 언론을 없앨 수도 없었다. 긴급 조치 등으로 통제를 했지만, 항상 통제가 가능한 건 아니었다. 학생이건 정치인이건 사회 양심 세력이건 유신 체제에 도전하는 세력이 계속 나타날 수밖에 없다면, 유신 체제를 확실히 떠받쳐줄 수 있는 강력한 정치 조직 또는 기구 같은 것이 있어야 하는 것 아닌가. 그런데 사실은 그런 것들을 찾아보기가 어려웠다.

박정희의 허수아비가 된
'통대'와 공화당·유정회

── 통일주체국민회의는 어떠했나. 공식적으로는 유신 체제에서 중요한 위상이 부여된 곳 아니었나.

유신 헌법은 통일주체국민회의를 주권적 수임 기관이라고 규정해 민주공화국의 주권재민 원칙을 크게 손상시켰다. 그러면 이 '통대'가 형식적으로라도 대표성을 가졌느냐. 그렇지 않다. 예컨대 인구 비례에 의해 '통대'를 뽑았느냐 하면 그것조차 아니었다. 당시에도 서울 인구가 제일 많았는데 서울의 경우 67개 선거구에서 303명의 대의원을 뽑았다. 그런데 그보다 인구가 훨씬 적은 경북은 선거구도 268개나 되고 대의원도 354명으로 서울보다 훨씬 많았다. 전남은 그보다 인구가 더 적은데도 242개 선거구에서 312명을 뽑도록 돼 있었다.

── 제도를 왜 그런 식으로 만들어놓은 것인가.

이유는 아주 간단하다. 도시일수록 혹시나 그중에 중앙정보부 감시망을 벗어나서 좀 괜찮은 대의원이 나오는 일이 생길 수 있다는 두려움 때문이었다. 그래서 되도록 지방 선거구를 쪼개서 감시하기 좋도록 한 다음에 그곳에서 대의원을 대부분 뽑도록 한 것이다.

그런 것보다 더 결정적인 게 있다. 뭐냐 하면 유신 헌법에서 '통대'에 엄청난 위상을 부여하지 않았나. 대통령도 뽑고 헌법도 고치고 남북 관계, 통일 정책과 같은 중요 정책에 대해서도 국민 총

1977년 12월 14일 박정희가 통일주체국민회의 운영위원 일행과 악수를 하고 있다. '통대'는 대통령도 뽑고 헌법도 고치고 남북 관계, 통일 정책과 같은 중요 정책에 대해서도 국민 총의를 대변하는 기구였다. 그렇지만 '통대'는 박정희를 위한 허수아비 기구에 불과했다. 사진 출처: 국가기록원

의를 대변하는 기구다, 딱 그렇게 해놓았다. 거기다가 국회의원의 3분의 1도 뽑지 않았나. 물론 대통령이 지명한 사람들을 유정회 의원으로 선출해주는 것이긴 했지만. 이렇게 막강한 권한을 부여했지만, 그리고 주권적 수임 기관이라고 헌법에 딱 규정했지만 실제로 '통대'는 말 그대로 허수아비 기구였다. '저 대의원은 그저 명망 때문에 나와서 된 사람이다', 누구나 이런 식으로 생각했지 '저 대의원이 상당한 권한을 갖고 있다', 이렇게 생각한 사람은 없었다.

그러니까 박정희는 '통대'에 겉으로는 막강한 권한을 줬지만

실제로는 '통대'를 아무런 힘도 없고 그저 자신의 명령에 따르는 꼭 두각시로 만들어버린 것이다. 자신만이 모든 것을 통치해야 능률적이고 좋다는 생각을 했기 때문에 그렇게 한 것이다. 그렇기 때문에 그토록 중요한 위치를 부여받은 '통대'가 현실에서는 유신 체제를 떠받칠 힘이 있는 기구로 전혀 존재할 수 없었다. 그런 점에서 중국 공산당이라든가 대만의 국민당 같은 당하고도 달랐다. 아무런 힘이 없었다, 이 말이다.

— '통대' 말고 유정회나 공화당도 있지 않았나.

공화당, 유정회는 힘이 있었느냐. 공화당은 1971년 10·2 항명 파동을 계기로 박정희 친정 체제로 가게 되는데, 유신 체제에서 그것이 더 심하게 나타난다. 대통령의 지시나 명령에 따라 움직이는 수동적 조직이나 다름없었다. 유정회 의원은 대통령이 임명하는 것이었으니 더 말할 것도 없다. 유정회나 공화당이 운영 자금을 청와대에 의존하고 있었다는 점도 살펴볼 대목이다.

공화당, 유정회가 법 같은 걸 통과시키고 한 건 틀림없다. 그렇지만 친정 체제에서 공화당, 유정회는 그 자체로 국민들을 설득할 수 있는 또는 국민들의 지지를 요구할 수 있는 기구가 되지 못했다. 국민들이 보기에 이건 거수기였다. 날치기 통과나 하고, 야당에서 야당다운 발언이 나오면 고함을 지르거나 비호같이 달려가 단상을 점거하는 자들로 비쳤다, 이 말이다. 그리고 박정희 유신 독재의 폭압적 통치를 찬양하고, 선명 야당을 주장하는 김영삼 같은 사람들을 혹독하게 비난하는 역할이나 하는 곳으로 보였다. 한마디로 박정희의 명령을 집행하는 기구에 지나지 않지 저게 무슨 당이냐, 저게 무슨 국회의원이냐, 이런 생각을 가질 수밖에 없었다. 나중에는 차지철까지 끼어들어 더욱더 당을 멍텅구리로 만들었다.

그렇기 때문에 공화당이나 유정회는 스스로 국민한테 힘을 쓸 수가 없었다. 이 사람들로서도 그런 노력을 할 필요가 없었다. 1978 년 12·12선거 후 '공화당은 스스로 뭘 해보려는 게 없었다. 그래서 표가 그렇게 적었다', 이런 얘기가 나오지 않았나. 아주 당연하게도 그런 얘기가 나올 수밖에 없었다. 이와 더불어 2인자 문제도 생각 해볼 필요가 있다.

2인자 용납 않은 유신 권력
가택 수색 3번 당한 김종필

── 2인자 문제는 유신의 몰락과 어떤 관계를 맺고 있었나.

1인 체제를 떠받치는 데 있어서 2인자가 있는 게 좋은가 없는 게 좋은가는 논란의 여지가 있다. 구체적인 상황을 살펴볼 필요가 있는데, 1960년대 공화당에는 김종필이 있었다. 김종필이 힘을 잃은 3선 개헌을 전후한 시기부터는 4인 체제라고 해서 김성곤을 중심으로 한 세력이 있었다.

그런데 박정희는 누구도 믿지 않았다. 2인자들이 언제 자기 자리를 노릴지 모른다고 생각한 것 같다. 김종필을 심하게 견제한 것도 그 때문 아니겠나. 김종필이 누구인가. 5·16쿠데타를 성사시키고, 5·16쿠데타 정권을 유지하고 공화당을 만들어내는 등 모든 데에서 그야말로 박정희보다 김종필이 더 많은 역할을 한 것 아니냐

1973년 3월 14일 박정희가 김종필에게 국무총리 임명장을 수여하고 있다. 그러나 김종필은 1975년 12월 전격 경질된다. 박정희는 누구도 믿지 않았고, 2인자들이 언제 자기 자리를 노릴지 모른다는 생각도 하고 있어서 김종필을 견제했다. 사진 출처: e영상역사관

는 이야기를 들을 정도로 중요한 역할을 한 사람 아닌가. 더욱이 박정희가 중매를 선 조카사위 아니었나. 아주 가까운 사람이었다. 그런데도 가택 수색을 3번이나 당할 정도였다. 항상 감시 대상이었다.

김정렴은 비서실장에 취임했을 때 '요인 동향 보고'라는 것이 있다는 것을 알았다. 김종필 등 여러 중진들에 대한 정보 보고였다. 여권 실력자들이 동향 보고의 주요 대상이었던 것이다. 박정희 방식의 정보 정치이자 용인술이었다. 유신 말기에도 차지철은 박근혜와 특별한 관계에 있는 최태민으로부터 "JP가 (19)78년을 노리고 있다"는 보고를 여러 차례 받고, 이를 그대로 박정희에게 전했다. 박정희는 김재규에게도 김종필 캠프에 대한 내사를 지시했다. 1978년

12월 김진봉 의원이 중앙정보부로부터 집중 조사를 받는 등 김종 필 측근들이 감시와 조사를 받았다. 김종필만 당한 게 아니다. 김성 곤은 1971년 10·2 항명 파동으로 참혹하게 고문을 당했고, 그 후 몇 년 못 살고 죽지 않나.

야당 정치인 고흥문은 박정희가 야당을 적 또는 불필요하고 비능률적인 대상으로 간주했는데, 유신 쿠데타 이후에는 여권에도 무조건적인 충성을 맹세한 몇 명과 살아 움직이지 못하는 관료 조 직만 남아 있었다고 지적했다. 1970년대 초 공화당에 김성곤, 백남 억 등 협상파가 존재했을 때에는 그래도 야당과 협상해 일을 처리 할 수 있었다. 하지만 그 후에는 그렇지 않았다. 특히 협상이 차단 당한 1970년대 후반기에 야당은 선명을 금과옥조로 내세울 수밖에 없었고, 그러면서 유신 말기에 파멸적인 정치 게임이 벌어진 것이 라고 고흥문은 설명했다.

2인자를 거세한 후 박정희 혼자 모든 걸 결정했다. 2인자가 없 게 만들었으니까. 밑에서 해야 할 일, 밑에서 처리해도 되는 일까지 다 위로 올라올 수밖에 없었다. 2인자가 처리할 수 있는 일들까지 전부 그렇게 된 것이다. 욕먹는 것에서도 그랬다. 2인자를 둘 경우 그 2인자가 욕을 많이 먹게 하는 식으로 처리하면 되는 것 아닌가. 그렇지만 욕먹을 2인자가 없으면 최고 권력자한테 욕이 갈 수밖에 없다.

한국이나 중국 같은 데서는 옛날부터 '황제, 왕은 잘못이 없는 데 아첨하는 못된 신하 때문에 나라가 망했다', 이런 얘기가 많았 다. 이승만 정권 시기에도 이승만이 모든 책임을 져야 한다고 사람 들이 생각한 게 아니라 이기붕 잘못이라고 하는 게 어떤 때에는 더 심했다. 1958년부터는 이기붕이 2인자 이상의 역할을 실질적으로 하지 않았나. 어쨌든 이기붕이 다 욕을 얻어먹으니까 이승만은 그만큼 유리한 입지를 가질 수 있었던 건데, 유신 체제에서는 그렇게 되지를 않았다.

── 유신 말기에는 차지철이 2인자 노릇을 하지 않았나.

말년에 가서는 측근이라는 것도 차지철을 빼놓고는 사실상 남지 않았다. 예컨대 이후락, 김형욱, 신직수, 박종규도 그렇고, 김재규도 사실은 차지철과 함께 측근이라고 볼 수 있는데 이런 사람들이 다 소외되고 만다. 차지철만이 박정희와 일체가 돼서 막강한 권력을 휘둘렀다. 차지철은 권력은 셌지만 경호실장이어서 2인자라고 보기 어렵다. 공화당이나 유정회에 '차지철의 아이들'이 있어서 막말로 '똘마니' 짓을 했지만 모두 비선 라인이었다. 차지철은 야당의 교섭 상대가 되기 어려웠다. 대법원장, 국회의장, 국무총리처럼 국민들이 항상 쳐다보는 높은 자리에도 기회주의자 또는 아부하는 자 또는 대통령 눈치를 봐가면서 자기 몸만 사리는 사람들을 앉혔다는 인상을 강하게 줬다.

그렇기 때문에 박정희와 차지철을 빼놓고는 어느 누구도 유신 체제를 꼭 지켜야겠다는 강한 의사를 갖고 있었다고 보기가 어렵다. 최규하 총리가 10·26 직후 보여준 것처럼 전혀 그런 게 있었다고 볼 수가 없다. 상태가 이랬기 때문에 고언, 충언, 직언을 박정희한테 할 수 없었다. 박정희가 그걸 용납하지도 않았다. 그러면 그 체제는 죽는 것이다. 그런 점에서도 유신 체제는 유지되기가 쉽지 않았다.

조작, 세뇌, 공포, 거짓말, 긴급 조치
…박정희 정치의 실체

─── 정당성도 없을 뿐만 아니라 그러한 문제들 때문에 계속 흔들
릴 수밖에 없는 체제를 유지하기 위해 박정희는 어떤 선택을
했나.

박정희는 유신 체제에서 '통대'건 유정회건 공화당이건 2인자
건 측근이건, 사실상 일심동체가 된 차지철을 빼놓고는 어떤 쪽에
도 힘을 안 실어주고 자신한테 모든 권력을 집중시켰다. 그 대신 국
민 또는 비판 세력에 대해서는 혹독한 탄압, 공포 정치, 병영 국가
화를 통해 감시하고, 저항하지 못하게 했다. 다른 한편으로는 국민
교육헌장, 충효 사상 같은 복고주의적인 국가주의로 세뇌를 시켜
복종하게 했다. 또한 TV 같은 미디어라든가 교육 등 여러 수단을
활용한 상징 조작 또는 대형 정치적 사건 조작 등을 통해 권력을
유지하려 했다.

그러면서 중요 사건을 조작하는 데 자신이 직접 참여하는 걸
볼 수 있다. 민청학련, 인혁당 재건위 사건만 보더라도 긴급 조치
4호를 발동한 바로 그날(1974년 4월 3일) 발표한 특별 담화에서 박정
희는 '공산주의자들이 상투적으로 전개하는, 적화 통일을 위한 이
른바 통일 전선의 초기 단계의 불법 활동 양상이 대두되고 있다'고
강조했다. 실상과 전혀 다른 발표였을 뿐만 아니라 이때는 수사가
이뤄지기 전이었다. 그런데도 이런 식으로, 수사가 일정 단계에 이
른 후에야 공표할 수 있는 것을 발표했다. 이 사건을 어떻게 조작
해내겠다, 국민한테 어떤 식으로 선전하겠다는 것을 그런 방식으로

드러낸 것이다.

또한 박정희는 병영 국가화를 굉장한 규모로 밀어붙였다. 전체주의적인 병영 국가화가 아니냐는 얘기까지 듣지 않았나. 대학에서도 그걸 철저하게 했지만 반상회, 예비군, 민방위 같은 걸 통해서도 병영 국가화를 아주 강화했다. 간첩 찾아내기 같은 걸 통해 항상 공포심을 갖게 하고, 마을 단위 반상회 같은 걸 활용해 우리 중에 간첩이 있지 않은지 찾아봐야 한다고 강조했다. 더 나아가서 일가친척도, 애인도 간첩이 아닌지 주시해야 한다고 해 전 국민이 서로 감시하게 하는 체제를 만들었다.

그에 더해 이순신 장군, 율곡 이이 선생 같은 사람까지 동원해서 총력 안보 체제, 남침 위기를 끊임없이 강조했다. 1970년대 중후반에는 남침 위기 얘기를 정말 귀가 아프도록 들어야 했다. '남침에 대비해야 한다. 언제 쳐들어올지 모른다. 곧 쳐들어올 수 있다', 이런 얘기를 계속 주입하면서 위기의식을 갖게끔 했다.

─── 박정희는 그 시기에 외신 기자들에게는 뉘앙스가 다른 이야기를 하지 않았나.

예컨대 1975년 프랑스 AFP 기자에게 한 얘기를 보자. 이때는 인도차이나 사태로 이른바 안보 광풍이 몹시 심하게 불었던 시기, 곧 전쟁이 일어날 것처럼 북한 공산 집단이 언제 전쟁을 도발해올지 알 수 없다고 강조했던 시기다. 그런데 AFP 기자에게는 뭐라고 했느냐 하면 "우리의 상식적인 판단에 의한다면 북한 공산 집단이 전쟁을 도발해오지 않을 수도 있습니다"라고 말했다. 그렇게 판단한 이유에 대해서는 "북한 공산주의자들에게는 전쟁에 이길 승산이

유신 체제 붕괴

전혀 없기 때문입니다", 이렇게 지적했다. 그와 함께 "국제 정치의 흐름을 보더라도 북한 공산주의자들의 남침을 지지할 세력도 없다고 봅니다"라고 말했다. 지극히 상식적인 얘기를 한 것이다. 그런데 외신에 그렇게 얘기했다면, 국민들을 상대로 그렇게 심하게 남침 위기를 조장할 수는 없는 것 아닌가. 그럼에도 곧 뭔가 일어날 것처럼 병영 체제에서 전시 분위기를 만들어냈다.

그렇게 남침 위기에 대해 외신 기자들한테는 국민들한테 했던 것과는 느낌이 크게 다른 설명을 했는데, 그런가 하면 1976년 판문점 미루나무 사건이 일어났을 때 박정희는 서종철 국방부 장관, 노재현 합참의장에게 특전사 정예 부대와 육군 부대를 작전에 임하게 하도록 명령했다. 그러고는 국방부 장관, 합참의장, 육군 참모총장을 다시 청와대로 불러서 작전 준비 상황을 검토하고 이북으로 진격할 때에 대비한 대책을 숙의했다. 이것도 남침을 강조한 것하고 대단히 차이가 나는 정책, 대책이 아니냐는 생각을 갖게 한다.

그러면서 극단적인 반공, 반북 교육을 했다. 어린 이승복의 동상이 곳곳에 서고 그러지 않았나. 그런데 초·중·고, 그중에서도 특히 초등학교 복도라든가 교실에 붙은 포스터 같은 걸 보면 이게 과연 인간적인 교육, 인도적인 교육에 적합한가 하는 생각을 갖지 않을 수 없었다.

그런가 하면 유신 쿠데타를 일으켰을 때는 반공, 남침 위기, 간첩 잡기와 모순되게 통일을 가장 많이 써먹었다. 1972년 유신 체제를 만들기 위한 작업과 직결돼 있는 7·4남북공동성명을 발표했을 때 얼마나 많은 사람들이 기뻐했나. 박정희는 유신 쿠데타를 그해 10월 17일에 일으키고 새 헌법을 만들고 '통대' 선거를 해서 체육관 대통령에 취임할 때까지 '평화 통일을 위해 유신 체제로 가는 것이

박정희가 긴급 조치 1호와 2호를 선포하자, 이틀 후인 1974년 1월 10일 국가 유공자 단체가 지지 궐기 대회를 열었다. 사진 출처: 국가기록원

다', 이런 주장을 끊임없이 강조했다. 그런데 유신 체제에서 박정희가 한 정책을 보면 어느 정권보다도 통일과 거리가 멀게끔 하는 정책이 아니었느냐, 이건 정말 상징 조작적인 성격이 강했던 것 아니냐는 비판에서 벗어나기가 어렵다.

── 유신 체제 하면 빼놓을 수 없는 것이 긴급 조치 아닌가.

상징 조작이나 탄압, 공포 정치, 병영 국가화를 통한 전 국민

유신 체제 붕괴

감시 같은 것으로도 부족해서 박정희는 '유신 시대는 긴급 조치 시대다', 그런 얘기를 들을 만큼 긴급 조치에 의한 통치를 했다. 긴급 조치를 발동한 것도 유신 쿠데타를 일으킨 것과 맥락이 똑같다. 2000년대 들어 대법원이 '유신 헌법상의 발동 요건조차 갖추지 못한 채 한계를 벗어나 국민의 기본권을 침해한 위헌이다'라고 판결하지 않았나. 그런 것에서도 잘 드러나듯이 긴급 조치 1호건 4호건 7호건 9호건 유신 체제 수호라는 걸 빼놓고는 어떤 필요도 인정할 수 없는 것들이었다.

무슨 말이냐 하면, 긴급 조치가 불가피하다고 볼 수밖에 없는 어떠한 사회적 위기도, 정치적 위기도, 경제적 위기도, 남북 관계의 이상 현상 같은 것도 일어나지 않았다. 그런데도 지속적인 탄압, 공포로도 안되고, 상징 조작으로도 잘 안되고, 총력 안보 체제라는 병영 국가화로도 잘 안되니까 직접적인 물리적 수단으로 긴급 조치를 통한 통치를 했다, 이 말이다. 그렇지만 유신 말기 긴급 조치 9호에 대해 국내외에서 '길어도 너무 길다. 이걸로 체제를 더 유지해서야 되겠느냐'는 얘기를 계속 듣게 되듯이 긴급 조치에 의한 통치도 한계가 있을 수밖에 없었다.

— 조작, 세뇌, 공포, 거짓말, 긴급 조치가 유신 체제 시기 통치의 핵심 요소라는 생각이 든다.

박정희 유신 체제가 굉장히 이상한, 잘못된 체제라는 건 김대중 납치 사건, 김형욱 납치·살해 사건 같은 것을 보더라도 알 수 있다. 얼마나 끔찍하고 무서운 일인가. 민주공화국, 인권 같은 것을 떠나서 도대체 일반적인 정치 사회에서 김대중 납치 사건 같은 게 있을 수 있는 건가.

거기다 대통령이 정말 그렇게까지 거짓말을 할 수 있느냐 싶게 거짓말을 했다. 전에도 설명한 것처럼 1976년 포항 석유 사건을 보면, 에너지 정책을 총괄한 경제 제2수석비서관이 '원유가 아니다'라고 분명히 말했는데도 박정희는 포항에서 석유가 나온다고 기자 회견에서 발표하지 않았나. 그것도 양질의 석유라고까지 역설하면서. 아무리 유신 체제가 중요하다고 하더라도, 그걸 유지하기 위해 어떤 수단과 방법이든 다 쓴다고 하더라도 그렇게까지 심하게 국민들을 속일 수 있는 건가. 몇 달 동안 국민들이 그 발표를 믿고 정말 들뜨지 않았나. 통치를 그런 식으로까지 할 수 있는 건가. 1977년에 발표한 수도 이전설은 그것과는 조금 다르긴 하지만, 이것도 어쨌든 국민들을 여기에 쏠리게 했고 전국적인 투기 현상, 그중에서도 특히 충청도 일대에 투기 현상을 부추긴 점이 있다.

유신 체제를 유지하기 위한 방법으로 이처럼 여러 가지 정책을 썼다. 유신 체제를 유지하는 데 구조적으로 문제가 있었고 그것이 유신 체제를 지탱하기 어렵게 만들었다고 앞에서 말했는데, 그러니까 유신 체제를 지탱하기 위해 이런 여러 가지 수단 방법을 쓴 것이다. 그렇지만 그런 것으로도 유지가 안되게 돼 있었다.

유신 체제 붕괴

유신 붕괴 재촉한 성장 제일주의, 투기 광풍 조장한 유신 권력

유신 체제 붕괴, 열두 번째 마당

'위대한 경제 대통령'이라는 허상

김 덕 련 젊은 독자들의 상당수는 박정희 집권 말기에 경제 문제가 심각했다는 사실을 잘 모르는 것 같다. 박정희 집권 18년 동안 노동자들에게 병영 같은 작업장에서 저임금 장시간 노동을 강제한 것, 저곡가 정책 같은 것을 통해 농민들을 체계적으로 배제한 것 등의 문제들이 지속된 것에 더해 유신 체제 말기에는 경제 지표 자체도 나쁘지 않았나.

서 중 석 박정희 하면 떠오르는 경제, 바로 그 경제가 유신 체제를 붕괴시키는 데 아주 중요한 작용을 했다는 것은 많은 생각을 하게 한다. 1979년 10·26이 일어났을 때 초·중·고등학교를 다니던 학생들 중 상당수는 '이제 우리나라 큰일 났다. 이 위대한 대통령이 죽었으니 나라가 어떻게 되겠나'라고 하면서 나라의 장래에 대해 절망적인 느낌이라고 할까 두려움, 불안감 같은 걸 가졌다. 일부 여학생들은 울기도 했다. 학생들이 그런 반응을 보인 건 그런 식으로 교육을 받았기 때문이다. 박정희가 18년이나 집권하지 않았나. 당시 초·중·고등학생들이 보고 겪은 대통령은 한 사람밖에 없었고 그 한 사람이 그야말로 위대한 지도자라는 교육을 받았기 때문이다.

학생들뿐만 아니라 저녁 시간에 TV를 열심히 보던 일반 사람들은 '박 대통령이 없으면 우리나라가 어떻게 되는 거냐', 이런 생각을 갖지 않을 수 없었다. 박정희가 카랑카랑한 목소리로 수출 목표를 달성하라고 독려하고, 공장을 시찰하고, 높은 수치의 경제 성장률을 달성하겠다고 약속하고, 물가를 잡겠다고 역설하는 모습이 TV에 굉장히 많이 나오지 않았나. 그런 모습을 보면서 '우리 경제

1979년 11월 3일 박정희 영결식장에서 오열하는 시민들. 박정희가 카랑카랑한 목소리로 수출 목표를 달성하라고 독려하고, 공장을 시찰하고, 높은 수치의 경제 성장률을 달성하겠다고 약속하고, 물가를 잡겠다고 역설하는 모습을 보면서 사람들은 '박정희는 정말 위대한 경제 대통령이다'라고 믿어 마지않았다. 사진 출처: e영상역사관

가 전부 박정희 때문에 이렇게 발전하고 좋게 됐구나. 박정희 공로다', 이런 생각을 갖게 된 사람들이 많았다. '박정희는 정말 위대한 경제 대통령이다'라고 이 사람들은 믿어 마지않았다.

— 경제 실상은 그와 많이 다르지 않았나.

빨리빨리 성장해야 한다고 대통령이 계속 다그치지 않았나. 그런데 유신 체제를 유지하기 위해 그렇게 단기 성장을 목표로 수출 목표 달성 같은 것을 조급하게 독려한 것은 오히려 경제에 해를 끼치기 쉬웠다. 성과주의에 급급해 경제 성장을 외형적으로 보여주는 데 초점을 맞추기가 쉬웠다.

독재자가 국민한테 과시하기 위해 과도하게, 무리하게 경제 성장률을 높이려고 하다가 오히려 경제를 멍들게 하고 경제 성장을 멈추게 할 수도 있다. 또 독재자가 성장 제일주의를 밀어붙이면 관리들이 허위로 보고하는 경우도 생긴다. 목표를 달성하지 못하면 질책을 당하고 쫓겨날 수 있기 때문이다.

유신 말기에는 정권 안보를 위해 여러 가지 경제 목표를 무리하게 높게 잡았는데, 그것이 오히려 부작용을 낳고 정상적인 경제 발전에 재앙이 돼버리면서 유신 체제가 몰락하는 데 영향을 미쳤다. 1970년대 중반에 정치적으로는 인도차이나 사태, 경제적으로는 중동 특수를 유신 체제의 양대 횡재라고까지 얘기할 수 있을 정도로 인도차이나 사태와 중동 특수가 당시 큰 영향을 끼쳤다. 특히 중동 특수는 호박이 넝쿨째 굴러온 것처럼 경제를 좋게 하는 데, 호황으로 가게 하는 데 영향을 미쳤다. 그렇지만 유신 말기에 경제는 아주 문제가 심각했고 나빴다.

유신 정권의 무모함과 조급함에
상처를 입을 대로 입은 농촌

── 그러한 경제 문제가 1978년 12·12선거 결과에도 상당한 영향을 끼치지 않았나. 여권이 도시에서는 말할 것도 없고 텃밭으로 여기던 농촌에서도 쓴맛을 보며 고전한 건 경제 문제와 떼어놓고 생각할 수 없는 것 아니었나.

1978년 12월 12일 제10대 국회의원 선거 투표를 하기 위해 줄을 서고 있는 사람들. 당시 여권은 도시에서는 말할 것도 없고 텃밭으로 여기던 농촌에서도 쓴맛을 보며 고전했다. 사진 출처: 국가기록원

　　12·12선거에서 드러난 농민들의 이반 현상에 영향을 끼친 것이 노풍(통일벼 계열 신품종) 피해다. 노풍 피해가 발생한 데에는 박정희의 조급하고 과도한 쌀 증산 욕구가 상당한 역할을 했다.

　　농민들은 처음에는 통일벼를 다들 안 심으려고 했다. 그러다가 나중에 널리 보급되는데, 정부에서 통일벼 재배를 강제한 것도 작용했지만 더 큰 요인은 이중 곡가제였다. 이중 곡가제를 시행하면서 정부에서 수매할 때 통일벼를 우선 받아준 것에 크게 힘입어서 통일벼는 쌀 증산 그리고 주곡 자급을 상징하는 위치에 서게 된다.

이른바 수확량 4,000만 석을 달성했다고 하는 1977년도에는 정부에서 유신벼를 보급했다. 통일벼 품종을 개량한 것이었는데, 이 유신벼가 그해에 상당한 문제를 일으켰다. '마디썩음병'이 발생하면서 소출에 큰 손실이 있게 되는데 특히 경기도에서 피해가 컸다. 유신벼도 통일벼도 일손이 많이 들어가는 등의 문제가 있어서 농민들이 심기 싫어한 것이었는데, 정부에서 심으라고 해서 심었더니만 그런 결과가 나온 것이다.

그런 속에서 1977년 노풍이 나오게 된다. 박정희 대통령은 작물 시험장 책임자인 박노풍의 이름을 따서 노풍으로 불린 새 볍씨에 굉장한 관심을 보였다. 그런데 새로운 볍씨가 나왔으면 실험 단계를 충분히 거치고, 한꺼번에 다 심게 하는 대신 부분적으로 일부 지역에 먼저 심게 했어야 하는 것 아닌가. 그렇지만 그런 것들을 거치지 않았다. 빨리 다수확을 하기 위해 1978년 대대적으로 재배를 강제했다. 김영미 교수가 발굴한 평택의 한 농민, 공화당 당원이기도 했고 이장도 했고 새마을운동 일꾼이기도 했던 이 사람이 쓴 일기에도 노풍에 대한 이야기가 나온다.

―― 이 농민은 노풍에 대해 뭐라고 썼나.

그걸 보면 1978년 봄 정부가 강경하게 신품종을 강제했다고 나와 있다. 어느 정도였느냐 하면, 신품종 조사를 나온 면 직원들이 신품종 이외의 품종을 하는 농가를 발견하면 "수단과 방법을 가리지 않고" 묘판을 파헤쳤다. 그런데 냉해에 약한 이 신품종이 5월 묘판에서 계속 죽어가기 시작했다. 이 농민은 분노했다. 지역적으로 안 맞는 것을 정부에서 권고했고, 정부의 지나친 강요에 어쩔 수 없이 따라갔다가 이렇게 실패했다고 본 것이다.

6월이 되니까 벼의 40퍼센트가 죽었다. 염기에 약해서 그렇게 된 것이다. 7월에는 도열병과 문고병이 심해 극심하게 농약을 살포해야 했는데, 농약 피해로 이 사람은 앓아누웠다. 심지어 이웃 마을 농민은 사망했는데 이 사람의 일기에는 "전일 농약 치고 약해로 오늘 죽었다고. 참으로 농약 피해가 많다", 이렇게 쓰여 있다. 8월에는 벼멸구 떼가 신품종을 덮쳤다. 그야말로 엎친 데 덮친 격이었는데, "논에서 죽어가는 신품종을 보면서 그의 스트레스는 극에 달했다"고 이 사람의 일기를 토대로 김영미 교수가 썼다.

결국 12·12선거 직전인 1978년 12월 8일 농수산부는 노풍을 1979년부터 당분간 재배하지 않기로 했다고 발표했다. 12·12선거 결과를 보고 정부는 보상을 해주겠다고 난리를 쳤지만, 노풍 피해로 농촌은 이미 상처를 입을 대로 입은 상태였다. 1978년에 78만 명이나 농촌을 떠났다고 돼 있다. 그렇게 이농 현상이 크게 일어났고, 그러면서 박정희 최대 치적이라고 얘기되는 새마을운동이 쭉정이만 남게 된 것 아니냐는 얘기를 듣게 된다. 청와대 새마을 담당 특보로 불린 박진환이 10·26 전날인 1979년 10월 25일 박정희에게 "민심이 떠나가는 것 같은 기분이 듭니다", "정부와 국민이 뭔가 헛돌고 있는 것 같습니다"라고 말한 것은 대단히 상징적이다. 성과주의에 급급해 무모할 정도로 강제로, 너무 급하게, 그것도 대대적으로 심게 했기 때문에 노풍 피해 현상이 일어났고, 그것은 한때 괜찮아지는 것 같던 농촌에 큰 타격을 줬다.

── 부가가치세 문제도 중요한 사안 아니었나.

부가가치세도 12·12선거는 물론 1979년 부마항쟁 등에 영향을 끼친 것으로 나온다. 이것도 조금 늦춰서 시행했어야 할 일인데 고도성장을 위한 재정 강화책으로 조급하게 시행한 것 아니냐는 얘기를 들을 수 있다.

김정렴이나 이장규가 쓴 걸 보면, 부가가치세 시행을 한 달여 앞둔 1977년 5월 하순에 경제기획원 물가정책국 실무 담당자가 가뜩이나 불안한 물가에 치명적 영향을 줄 것이라고 문제를 제기했다. 그해 7월 1일에 부가가치세를 도입하는 것으로 돼 있었는데, 그것에 이의를 제기한 것이다.

사실 이해에도 물가가 계속 솟구치고 있었다. 이해에 도매 물가 상승률은 10.1퍼센트, 소비자 물가 상승률은 10.9퍼센트로 나중에 발표됐지만, 이장규 글에 의하면 아무도 믿지 않았다고 한다. 정부가 정한 고시 가격이나 출고 가격에 비해 실제 시장 가격이 엄청 높았던 것이다. 당시 경제 관료였던 강경식은 "정부 고시 가격은 물가 통계 작성용일 따름이다"라고 설명했다.

한국개발연구원KDI도 연기를 주장했다. 중앙정보부도 부가가치세 도입이 무리이며 조세 저항이 심각할 것이라고 보고했다. 남덕우 경제 부총리가 부가가치세 시행을 지지한 것으로 보도되기도 했지만, 남덕우도 부정적이었다는 글도 있다. 최규하 총리도 부정적이었다. 주요 경제 단체도 시기상조론을 폈다. 거기서도 물가 억제선, 즉 물가 상승률 10퍼센트를 유지하기 힘들다는 것을 이유 중 하나로 제시했다.

이렇게 물가 정책 실무 담당자들도, 주요 경제 단체에서도 부정적인 의견을 표출한 가운데 박정희 주재 아래 1977년 6월 13일 청와대에서 회의가 열렸다. 이 회의에서도 연기를 지지하는 의견이

다수를 차지했다. 그런데 대통령 의중을 헤아리는 비서실장 김정렴이 막판 뒤집기로 시행 연기를 반대했고, 결국 박 대통령이 단안을 내려서 예정대로 시행하도록 한 것이다. 이런 것도 유신 체제가 아니라면 이렇게 될 수 있었겠느냐고 볼 수 있다.

12·12선거 후 중앙정보부, 공화당 등에서 김정렴 비서실장과 경제 장관들을 그만두게 해야 한다는 보고를 올렸다고 전에 말하지 않았나. 이것에 대해 김정렴은 그 보고들에서 비서실장을 교체해야 한다고 얘기한 제일 큰 이유가 부가가치세에 대해 논의할 때 '연기하지 말고 시행하자'고 자신이 적극 주장했다는 바로 그 점이었다고 썼다.●

● 청와대 회의 다음 날인 1977년 6월 14일 자 경향신문은 한 달여에 걸친 부처 간 부가가치세 공방 경위와 뒷얘기를 보도했다. 이에 따르면, 이 사안은 크게 보면 정부 관계 부처와 재계 그리고 여론이 묘하게 얽힌 싸움이었지만 물가 당국인 경제기획원과 세제를 담당한 재무부의 대결이기도 했다. 재무부는 시행 연기도, 13퍼센트로 잡은 기본 세율을 인하하는 것도 있을 수 없다고 강경한 태도를 취했다. 이에 대해 경제기획원의 물가 정책 실무자들은 "선진국에서도 기본 세율은 낮게 잡고 있으며, 물가 충격과 서민 부담을 줄이기 위해 생필품 등에는 부담이 적은 다단계 세율을 적용하고 있다"며 "그런데 우리나라에서는 시행 초기부터 세율이 너무 높고 무차별적"이라고 비판했다.
경제기획원 상층의 기류는 또 달랐다. 6월 7일 경제 4단체장이 남덕우 경제기획원 장관을 방문해 실시 연기 또는 세율 인하를 강하게 요구했지만, 남 장관은 기존 방침대로 강행하겠다고 강조했다. 경제 4단체 쪽에서 "물가를 잡을 자신도 없으면서 어떻게 강행한다는 소리만 하느냐"는 강도 높은 이야기가 나올 정도였다.
그런 가운데 시중에서는 정부가 이야기하는 세율로 부가가치세가 도입되면 물가가 더 크게 오를 것이라는 얘기가 돌면서 일부 물품에 대한 매점매석, 품귀, 가격 앙등 현상이 발생했고 집값도 덩달아 뛰었다. 이런 우여곡절을 거쳐 '7월 1일 시행, 기본 세율은 10퍼센트로 조정'으로 귀결됐다. 한편 12·12선거 후 김정렴뿐만 아니라 남덕우도 경제 실패에 대한 책임을 지고 물러나게 된다.

초창기 투기의 주인공은
바로 유신 정권이었다

── 박정희 집권기 경제를 살필 때 놓칠 수 없는 것이 투기 문제
아닌가.

노풍 볍씨, 부가가치세처럼 투기도 고도성장 정책의 산물이었
다. 유신 경제에서 빼놓을 수 없는 것이 투기다. 박정희 유신 권력
은 투기 사행 심리를 부추겨 뿌리내리게 해 두고두고 우리 사회에
큰 해악을 남겼다. 성실하게 일을 해서 살려는 것이 아니라 부동산
투기로 단박에 큰돈을 움켜쥐려는 사회 풍조를 만들어낸 것이다.
1970년대 중후반에 투기는 심각한 양상을 띠고 있었다. 집이 없거
나 방 값을 내기 어려운 소외 계층이 부마항쟁에 대거 참여하는데,
투기 광풍도 일반 서민들의 소외감을 크게 부채질했다.

투기가 심해진 데에는 고도성장 정책이 큰 역할을 했다. 고도
성장 자체가 인플레이션을 유발하기 때문에 물가가 높아질 수밖에
없었고, 그래서 사람들이 가진 돈을 투기 쪽으로 가게끔 하는 면이
있었다. 그렇지만 그 시기에 투기 문제가 그토록 심각했던 건 유신
정권이 고도성장 정책의 일환으로 건설 경기를 진작하는 정책을 많
이 쓴 것이 기본적으로 작용했다. 건설 경기를 진작하기 위해서는
기업들이 그것에 부응해 막 뛰어들게끔 해야 했고, 그러려면 투기
를 부추기는 정책을 안 쓸 수 없었던 것이다.

1970~1971년에 땅 투기로 수백억 원의 매매 차익을 남겨 1971
년 박정희 후보의 대선 자금으로 썼다는 정황이 확인된다며 한 신
문은 '강남 땅 투기 원조는 박정희였다'는 제목을 뽑은 적이 있는데

1970년 2월 2일 자 경향신문. "일확천금이 부침하는 강남의 투기 열전"을 보도하고 있다.

(한겨레, 2017년 1월 9일), 박정희 정권은 기본적으로 서민을 위한 주택을 정부 재정으로 건설하려는 생각이 없었다. 재정이 충분하지 못했던 점도 작용하긴 했을 것이다. 그런데 당시 주택 수요는 엄청났다. 이래서 민간 기업들이 대거 주택 건설에 응하도록 하기 위해 정부는 건설 경기를 부양했다. 이것은 투기 방조 또는 조장으로 귀결되었다. 그런데 강남 아파트 건설이 단적으로 말해주듯이 건설 기업들은 큰돈이 되는 대형 아파트를 건설하려고 했지, 소형 아파트를 지으려 하지 않았다. 서민 주택은 건설하려 하지 않았다, 이 말이다. 요즈음 '똘똘한 한 채'라는 말이 나돌지만, 땅 투기꾼들은 대형 아파트 투기로 일거에 큰돈을 챙길 수 있었다. 정부 재정으로는

주택을 충분히 건설할 수 없으니까 엄청난 주택 수요에 맞춰 민간 기업으로 하여금 짓게 한다는 게 박정희 정권의 논리였지만, 현실에서는 주로 건설업자와 투기꾼을 위한 대형 아파트 건설로 귀결됐다.

투기 문제와 관련된 대표적인 정책이 구획 정리 사업이다. 구획 정리 사업이라는 방식은 박정희가 강력하게 추진했던 경부고속도로 건설 사업에서 이미 나타났다. 건설 사업에 필요한 재원을 충분히 확보하지 못한 정부는 그때 구획 정리 사업을 통해 비용을 조달했다.

— 구획 정리 사업을 통한 비용 조달, 구체적으로 어떤 방식이었나.

구획 정리 사업이라는 건 일정한 지역을 대상으로 무질서하게 존재하는 땅을 정부에서 합리적으로 구획하고 도로, 공원, 학교 같은 기반 시설을 건설해 기존 토지의 가치를 높이는 사업을 말한다. 그러면 땅 주인은 이 사업 덕분에 토지 가치가 상승하는 이득을 보게 되지 않나. 그렇기 때문에 땅 주인은 이 사업을 위해 토지 일부를 내놓게 된다. 정부는 그 땅의 일부에 공공시설을 건설해 땅의 부가가치를 높이고, 남은 땅을 소유하게 된다. 무상으로 소유하게 된이 남은 땅을 체비지라고 얘기한다. 그 체비지를 팔아서 정부는 개발 비용을 충당했다.

강남 개발에서 주로 이런 방식이 많이 활용됐다. 유현 PD는 강남 개발의 경우 구획 정리가 정부 주도형 개발 사업으로 이뤄졌는데, 땅값이 올라야 개발 비용이 나오는 방식이라 정부가 땅값 상승을 원할 수밖에 없었고 개발 지상주의 정책으로는 필연적으로 투기를 불러올 수밖에 없었다고 썼다. 그래서 초창기, 이건 1970년대

중후반을 가리키는데 그러한 초창기 투기의 주인공은 바로 유신 권력이었다고 지적했다.

어떤 식으로 투기가 조장됐는가를 보자. 경부고속도로 건설 확정 이후 강남 일대에 지정된 토지 구획 정리 지구는 총 900만 평이었는데, 이건 전 세계 도시 계획 사상 유례가 없는 거대한 구획 정리 사업이라고 한다. 여기서 건설 경기를 진작하고 땅값을 올리기 위해 여러 가지 정책이 나타난다.

8학군의 탄생과
'강남 공화국'

—— 어떤 정책을 썼나.

이때는 강북 사람들이 강남에 이주하는 걸 꺼렸다. 잘 모르는 데니까. 그래서 이런 것에 대한 대책으로 영동 지구 개발 촉진법을 만들고 서울의 중심이 되는 시청, 상공부 등 관청의 강남 이전을 구상했다.* 시청, 상공부를 실제로 이전하지는 않았다. 반대로 강북에는 강력한 개발 억제책이 시행되면서 유흥업소 같은 것들이 억제됐고 그 대신 강남에는 그게 허용돼서 강남이 룸살롱, 카바레로 유명하게 된다고 유현 PD는 썼다.

강남 쪽 건설 경기를 띄우기 위해 지하철 노선도 바꿨다. 그 당시 서울 인구는 대부분 강북에 살지 않았나. 당연히 그쪽 수요가 많

---

* 영동 지구는 영등포 동쪽이라는 뜻으로 오늘날 강남을 가리킨다.

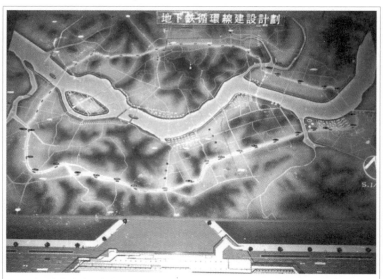

1978년 2월 말에 착공될 서울 지하철 2호선의 모형도. 지하철 2호선을 건설할 때 처음 나온 안은 강북 중심의 일자형 노선이었지만 구자춘 서울시장의 주장에 따라 강남을 통과하는 순환선으로 결정되었다. 사진 출처: 서울사진아카이브

을 수밖에 없었기 때문에 지하철 2호선을 건설할 때 처음에 나온 안은 강북 중심의 일자형(왕십리와 영등포를 직선으로 잇는 노선)을 취하는 것이었다. 그런데 이걸 버리고 구자춘 서울시장의 주장에 따라 강남을 통과하는 순환선으로 결정했다.

아주 중요한 게 또 있다. 우리가 8학군, 8학군이라고 그 후 아주 많이 사용하는데, 강북에 있던 이른바 명문고들을 강남으로 이전시켰다. 그러면서 소위 신흥 명문 학군이라는 8학군이 생기게 되는데 이것도 강남 투기 분위기를 얼마나 높였는가, 이 말이다. 그러면서 땅값, 아파트 값이 강남에서 천정부지로 뛰게 된다.

—— 얼마나 뛰었나.

1978년 3월 9일 잠실에서 최규하 국무총리와
구자춘 서울시장이 참석한 가운데 열린 지하철
2호선 기공식. 사진 출처: 서울사진아카이브

열두 번째 마당

1974년경부터 강남 아파트 투기 바람이 불었는데, 거기에다가 1976~1978년에 중동 특수로 큰돈이 유입되면서 강남 투기 열풍은 투기 광풍으로 바뀐다. 전국의 지가가 1976년에 26퍼센트, 1977년에 34퍼센트 올랐는데 1978년에는 무려 49퍼센트나 올랐고 특히 서울은 135.7퍼센트로 투기 역사상 또는 지가 역사상 기록적이었다. 이것 가운데서도 강남의 경우는 아주 심했다. 1963년부터 1979년까지 강남구 학동의 지가는 1,333배, 압구정동은 875배, 신사동은 1,000배 올랐다고 한다. 그러면서 말죽거리 신화가 얘기되고 8학군이 위세를 떨치는 그런 때가 오게 되는 것이다. 또한 '강남 특별시', '강남 공화국'이라는 말까지 나오게 된다. 그런데 같은 기간에 강북을 보면 중구 신당동, 용산구 후암동의 경우 지가가 25배밖에 오르지 않았다.

　　박정희는 투기가 경제 발전 등 여러 면에서 유신 체제에 도움이 된다고 생각했을 것이다. 1970년대 후반 언론에서 부동산을 사들이는 자들 중 상당수가 권력층이라고 보도하는 것을 종종 볼 수 있었다. 유신 정권은 이들의 지지를 받을 수 있었다. 하지만 무주택자를 포함해 당시 한국인의 대다수를 차지하는 서민들은 투기 광풍에 굉장히 심한 소외감과 거부감을 느꼈다. 그도 그럴 것이 자신들의 노동으로 평생 벌어도 못 벌 큰돈을 기득권층은 투기로 아주 손쉽게 벌어들였기 때문이다. 유신 말기의 빈익빈 부익부 현상을 단적으로 보여주는 것이 바로 이 투기였다.

　　박정희를 좋아한, 박정희와 비슷한 독재자였던 이광요(리콴유)는 싱가포르에서 박정희와 아주 다른 주택 정책을 썼다. 싱가포르에서는 인구의 80퍼센트가 정부 지원으로 건립된 고층 아파트에 살고 있었다. 이광요는 20세기가 다 가기 전 모든 싱가포르 국민이

1976년 11월 29일 서울 한강변의 아파트 단지 모습. 1974년경에 시작된 강남 아파트 투기 바람은 1976~1978년 중동 특수로 큰돈이 유입되면서 투기 광풍으로 바뀌었다. 사진 출처: e영상역사관

집을 소유할 수 있도록 주택 정책을 밀어붙였다. 박정희와는 크게 다른 이러한 정책으로 이광요는 박근혜가 대통령이 될 때까지 장수했고, 이광요의 아들(리셴룽)은 아버지 못지않게 장기 집권을 할 수 있었다.

— 오늘날 이런저런 조사 결과를 보면 돈이 없어서 결혼을 못한다는 응답이 꽤 높게 나오는 경우가 있다. 그런 응답을 할 수밖에 없게 만든 사회 문제 중 하나가 부동산 투기다. 투기꾼 천국이라는 말이 심심찮게 나올 정도로 투기가 오랫동안 성행하면서 말 그대로 '미친 집값'이라는 결과를 낳았기 때문이다.

박정희 정권을 거치면서 한국 사회가 그렇게 변했다는 점은 박정희 평가에서 두고두고 염두에 둬야 할 대목이라는 생각이 든다.

그렇게 투기 광풍이 벌어져서 이제는 유신 체제 자체를 위협하게 되니까 남덕우 경제 부총리는 1978년 8월 8일에 가서야 부동산 투기 억제 및 지가 안정을 위한 종합 대책이라는 걸 발표했다. 8·8 조치라는 건데, 부동산 양도세를 강화하고 토지 거래 허가 제도를 실시하고 전매를 제한하는 정책을 썼다.

그러나 투기로 이미 큰돈을 벌었고, 8·8 조치로 제약이 있다고 하더라도 아파트 추첨에 당첨만 되면 여전히 큰돈을 벌 수 있는 상황에서 투기꾼들이 가만히 있을 리가 없었다. '한국에서 투기는 어떤 권력도 잡을 수가 없다'고 할 정도로 1970년대 후반부터는 투기가 계속해서 성하게 되어 망국병이라고 할 만한 투기 사행 심리를 이 땅에 깊숙이 뿌리내리게 했다. 1980~1990년대에도 투기는 심했고 2000년대에 들어서도 가상 화폐 투기를 포함해 투기가 계속 나타나는 걸 볼 수 있다.

고도성장이냐, 안정화 정책이냐
사사건건 박정희와 신현확 경제팀 충돌

유신 체제 붕괴, 열세 번째 마당

중화학 중복 과다 투자
부채질한 유신 정권

김 덕 련 유신 정권의 조급증은 중화학 공업화 문제에서도 드러나지 않았나.

서 중 석 엄청난 특혜가 따른 재벌 중심의 중화학 공업 정책은 가장 대표적인 박정희의 고도성장 정책이었다.

1978년 12·12선거에서 "공화 위에 재벌 있다"는 신민당 구호가 선풍적인 인기를 끌었다. 재벌과 권력의 유착을 비난하는 것 빼놓고는 야당 정책에서 눈에 띄는 것이 없었다. 그럼에도 이 선거에서 신민당이 공화당을 앞지르는 '유신 체제 아래에서 기적'이 일어났다. 그만큼 유권자들은 재벌을 곱게 바라보지 않았다.

당시 재벌 순위는 중화학 공업 순위라고 말해도 지나치지 않을 정도로, 중화학 공업은 재벌 세계를 새롭게 재편했다. 그러한 과정에서 엄청난 중복 투자가 일어나 경제를 휘청거리게 했다. 박정희 유신 권력이 고도성장을 이끄는 중화학 공업으로 반석 위에 오른 듯하더니, 중화학 공업 정책 실패로 박정희의 경제 개발 공적이 몽땅 날아가는 형국이었다. 중화학 공업은 유신 체제를 뿌리째 뒤흔들었다.

중화학 공업은 1970년대에 들어서면서 국내외적인 여건을 볼 때 꼭 했어야 할 중요 산업임이 틀림없다. 박정희 정부는 중화학 공업을 발전시키기 위해 1973년 중화학공업추진위원회 기획단도 출범시키고, 그 후 중화학 공업에 투자하는 기업들을 대상으로 대단히 큰 특혜 정책을 썼다. 그렇지만 중화학 공업은 워낙 덩치가 큰 것인지라 초기에는 기업들이 거의 투자를 안 했다. 그러다가 1975~1976년에 대대적인 중동 특수로 큰돈이 들어오면서 기업들이 중화학 공업과 건설업에 막 뛰어들었다.

박정희 유신 정권은 중화학 과열을 부채질했다. 그렇게 된 데에는 유신 체제를 유지하기 위해 빨리 성장률을 높여야겠다는 욕심이 크게 작용했다. 중복 과다 투자 현상에는 성장에 대한 박정희의 강박관념이랄까 조급함이 담겨 있었다.

박정희도 믿기 어려웠던 1976~1977년의 대호황, 국제 수지 흑자를 경험한 것이 박정희의 조급함을 한껏 부채질했다. 1976년 들어 석유 파동에서 벗어나 국제 경기가 회복되면서 수출이 52퍼센트나 증가했고, 1977년에는 33퍼센트 증가해 100억 달러 수출 목표를 앞당겨 달성했다. 중동 건설 수주액도 1976년 25억 달러, 1977년 35억 달러에 이르렀다. 여기에 중화학 공업 투자가 큰 역할을 해 1976년 14퍼센트, 1977년 13퍼센트에 가까운 대단한 경제 성장을 했다. 그런데 박정희는 이러한 대호황의 요인도, 또 그것이 안고 있는 어려움도 제대로 이해하지 못한 채 유신 체제 수호와 직결된 성장 제일주의라는 미망에 깊숙이 빠져들었다.

박정희가 규모가 큰 중화학 공장을 짓게 하는 게 중소기업을 육성하는 것보다 성장률을 높이는 데 유리하다고 본 것이고, 또 재벌들을 중심으로 추진해야 빨리빨리 중화학 공업이 발전할 수 있다고 해서 금융 특혜 등 각종 특혜를 주면서 재벌 기업들이 적극적으로 중화학 공업에 참여하게 한 것이다. 재벌들도 큰 공장을 지으면 재벌 서열에서 앞서고 재계 영토 분할에서 우위에 설 수 있었다. 이러한 정부와 재벌들의 입장이 맞아떨어져서 엄청난 중복 과다 투자 현상이라는 게 유신 말기에 발생했다.

1972년 쌍용양회 영월공장 준공식 모습. 박정희는
규모가 큰 중화학 공장을 짓는 게 중소기업을
육성하는 것보다 성장률을 높이는 데 유리하다고
보고, 재벌들을 중화학 공업에 참여하게 했다.
사진 출처: e영상역사관

── 어느 정도였나.

국내 투자가 1976년에 15퍼센트, 1977년에 27퍼센트 증가했는데 1978년에는 41퍼센트나 급증했다. 중화학 건설 투자로 이렇게 급증한 것인데, 1978년의 경우 무려 83퍼센트가 중화학 부문 투자였다. 그렇다고 기술 개발이나 생산성 향상을 위해 노력했느냐 하면, 정부 보증에 의한 차관 도입으로 기업 덩치를 키우는 것이 모든 것에 우선했다.

이 시기에 국회의원이었고 야당에서 경제통으로 불린 고흥문은 유신 후기에 3대 환상이 있었다고 말했다. '성장률은 높을수록 좋다', '수출 실적은 많을수록 좋다', '모든 가격은 억제할수록 좋다'가 바로 그것이었는데, 박정희 정권의 그와 같은 3대 환상 때문에 대재벌을 비호하고 중소기업은 외면하고 서민을 골병들게 하는 현상이 나타났다고 얘기했다. 그러한 3대 현상에 더해 박정희 정권은 조세, 금융 정책 등을 통해 재벌들한테 각종 특혜를 제공했고, 엄청난 규모의 외채 도입을 보증했다. 그것에 대해 고흥문 이 사람은 대기업에 의한, 대기업을 위한, 대기업의 정부가 바로 박정희 정권, 유신 정권이라고 했다. 여기서 대기업은 재벌을 가리킨다. 대만과는 크게 차이가 나는 방식으로 중화학 공업을 발전시킨 것이다. 박정희 정권의 이런 모습은 손쉬운 방법으로 고도성장을 이루려는 욕구에서 비롯된 것이었다.

경제 평론가 박병윤은 1978년 말로 접어들면서 중화학 과열은 클라이맥스로 치달았다고 지적했다. 포항제철 3기 설비 확장 사업 준공식이 1978년 12월 8일에 있었는데, 여기서 대통령은 치사를 통해 1986년까지 우리나라 중공업을 세계 10대 강국 대열에 올려놓겠다고 다짐했다. 1979년 1월 19일 연두 기자 회견에서 이걸 다시 한 번 천명했다. 닷새 후인 1월 24일에 열린 무역 진흥 확대회의에서는 중화학 공업을 주축으로 하는 수출 주도형 전략을 추진하라고 지시하면서 과감한 금융 지원 정책으로 이걸 뒷받침해야 한다고 거듭 강조했다. 2월에 대통령은 연두 순시에서 10대 전략 산업 육성 계획을 연이어 보고받게 된다. 중복 과다 투자로 심각한 위기가 도래하고 있었는데도 박정희는 '돌격 앞으로!'를 계속 외치며 채찍질했다. 이런 것들이 재계를 엄청나게 충동질했다.

거듭된 중화학 투자 조정, 원인은 박정희식 성장 제일주의

── 과잉 중복 투자는 한국 경제 전반에 큰 부담을 주지 않았나.

이때쯤 돼서는 중화학 공업 문제가 한국 경제에 굉장히 큰 어려움을 주고 있었다. 1979년 10·26 직후 경제기획원 장관, 경제 부총리를 하게 되는 이한빈은 1970년대 중화학 공장, 원유 값, 이건 1979년 유가 폭등을 가리키는데, 그리고 차관 이자 같은 것들이 한국 경제에 감당하기 어려운 부담을 줬다고 설명했다. 바쁜 목을 메우고 이자를 물기 위해 새로운 차관을 들여와야 하는 악순환이 이 시기에 심하게 나타났을 뿐만 아니라 성장 둔화, 국제 수지 악화, 물가 앙등이라는 3중고에 한국 경제가 시달리게 됐다고 썼다.

당시 경제에 대해 전두환도 한 말이 있다. "(19)79년, (19)80년 우리 경제가 완전히 부도가 나게 되어 있었습니다. 외채는 많고 상환 능력은 없고 중화학 공업에 투자는 많이 해놓았지만 방산 업체가 가동이 안 되고 있었어요. 공장 가동률이 40퍼센트 정도였습니다. 그러니까 인플레와 고도성장이 한계점에 오니까 국제 사회에서 경쟁력이 없어졌습니다. 돈도 못 갚고 땅장사를 하거나 변칙적으로 정치 자금을 내고 해서 기업 전체가 껍데기만 있었지 성한 게 없었어요."

그렇지만 1979년에 들어와서도 정부와 재벌은 짝짜꿍해서 중화학 공업 중복 과다 투자를 계속했다. 경제가 큰 병을 앓고 있는데도 박병윤이 얘기한 그대로 그걸 계속 키우는 방향으로 밀어붙인 것이다. 그러나 중화학 공업 문제가 당시 '한국병'으로서 너무나 심각한 상태에 이른데다 유가 파동까지 겹치면서 박정희로서도 어쩔 수 없는 상황에 이르렀다.

결국 1979년 5월 25일 신현확 부총리를 위원장으로 하는 중화학투자조정위원회는 3원화돼 있는 터빈 제너레이터, 4원화돼 있는 보일러, 발전 설비 등의 분야를 조정하겠다고 발표했다. 그렇게 하면 8개 사업 분야에서 3,727억 원이 절약된다는 설명이었다.

그러나 그 정도로는 해결할 수 없을 만큼 중화학 공업 중복 과다 투자 문제는 이미 너무나 심각한 상황이었다. 그럼에도 성장 제일주의에 매달리던 박정희는 5·25 조치조차 이행하려는 의지가 없었다. 그런 가운데 10·26을 맞았고, 그 후 전두환·신군부가 권력을 장악했다. 이 당시 상황을 이장규는 이렇게 썼다. "중화학 공업 추진은 하루아침에 천덕꾸러기 신세로 전락했고, 실무 총책이었던 오원철은 신군부로부터 경제를 망쳤다는 죄목으로 심한 고초를 겪어야 했다. 박정희의 경제 개발 공적은 막판의 중화학 공업 투자 실패로 몽땅 날아갔다는 분석이 정설처럼 여겨졌었다. 그만큼 중화학 공업 육성의 부작용이 심각했던 것이다."

결국 전두환·신군부의 국가보위비상대책위원회(국보위)가 1980년 8월 20일 중공업 분야 투자 조정을 단행했다. 재벌들이 쉽게 따르려 하지 않은 사안이지만, 이때는 그야말로 법을 넘어서서 막강한 권력을 휘두르던 국보위에서 그걸 단행한 것이다.

── 국보위의 투자 조정안, 구체적으로 어떠했나.

그 내용을 보면, 발전 설비와 중장비는 대우로 일원화하고 승용차는 3사를 현대로 통폐합한다는 것 등을 발표했다. 이에 따라 현대양행의 군포 중장비 공장을 비롯해 창원 종합 기계 공장, 그리고 대우 그룹의 옥포 종합 기계 공단을 1개 법인으로 통합, 합병해 대우 그룹이 책임 경영하게 됐다. 전에 부마항쟁에 대해 얘기할 때, 창원 공단도 불황에 시달렸고 그중에서도 현대양행의 경우 가동이 제대로 안돼 세계 최대의 창고가 돼버렸다는 말까지 듣게 된다고 말하지 않았나. 투자 조정 대상이 된 현대양행의 창원 종합 기계 공장이 바로 그것이다.

자동차의 경우 현대와 새한이 역시 1개 법인으로 통합, 합병돼 현대 측이 승용차 생산에 전념하기로 했다. 기아산업은 브리사와 피아트, 푸조 등 승용차 생산에서 손을 떼는 대신 타이탄, 복서 등 5톤 이하 트럭 생산에 전업專業키로 했다. 새한의 엘프, 현대의 바이스 등 기아와 경쟁하던 차종은 생산을 금지했다.

국보위는 중화학 부문 중복 과다 투자를 방치할 경우 기업은 물론 금융 기관까지 모두 부실화할 우려가 있다며, 과열 투자의 핵심 부문인 발전 설비와 자동차, 건설 중장비 부문을 우선 1차로 조정했다고 발표했다. 국보위는 이 조치로 1983년까지 1조 1,400억 원 정도 투자가 절감되며 그 돈을 그동안 소외됐던 중소기업과 수출 경쟁력이 있는 경공업 전략 업종 등에 지원하겠다고 밝혔다.

이 시기까지는 좁은 국내 시장을 놓고 발전 설비 4사, 승용차 3사, 중전기 7사, 엔진 3사, 전자 교환 시스템 4사로 갈라져 있었다. 그러면서 중공업 개점휴업 상태에 이른 것은 한국 경제 최대의 고질병으로 꼽혔다.

—— 이 무렵 다른 나라는 어땠나.

변상근 기자가 쓴 글을 보면, 발전 설비의 경우 당시 프랑스와 서독은 각각 1개 사였고 영국도 일원화를 추진 중이었으며 중공업 대국 일본에서도 '3사로 나뉘어 있는 건 문제가 있다'는 의견이 나오고 있었다. 승용차의 경우 유럽에서는 대개 국가별로 2개 회사 체제였다. 중전기의 경우 서독에서는 지멘스 하나가, 엔진은 스위스의 슐츠라는 하나의 회사가 각각 유럽 전역을 망라하고 있었다. 이런 실정이었는데, 그 당시 기술력으로는 외국 시장을 넘보기가 어려웠던 한국의 경우 조금 전에 살펴본 것처럼 엄청나게 난립한 상태였다.

그래서 1980년 8월 20일 국보위라는 강권 기구에 의해 통폐합이 이뤄졌다고는 하지만, 중화학 공업 분야 중복 과다 투자 문제는 여전히 남아 있었다. 그래서 국보위는 그해 9월 13일에 또다시 중화학 투자 조정을 단행했다. 이때는 중전기, 동 제련, 전자교환기, 선박 엔진 등 4개 부문을 통합 조정했다. 박정희의 성장 제일주의, 경제 실적 부풀리기가 1978~1979년부터 한국 경제를 얼마나 어렵게 했는가를 이런 사례에서도 잘 알 수 있다. 여기서 유신 체제 후기에 한국 경제 사절단이 대만을 방문해 대만 사례를 참고한 것을 눈여겨볼 필요가 있다.

박정희가 있는 한
경제 안정화 정책은 자리 잡을 수 없었다

— 어떤 목적으로 간 것인가.

함근식 교수가 쓴 글에 따르면, 1977년과 1978년 두 해에 걸쳐 재무부 장관 등 우리 정부 고위 관리들로 구성된 방문단이 대북(타이베이)을 방문했다. 방문 목적은 1973~1974년에 1차 석유 파동으로 인한 경제 위기를 대만은 어떻게 극복했기에 1975년부터 빠르게 경제 안정을 이룩하면서 안정과 성장을 함께 누렸는가, 그 부분을 알아보기 위한 것이었다.

이 방문단은 높은 투자율과 고수준의 저축률, 공업 부문과 농업 부문의 균형 성장 및 수출 증대, 외원과 외자의 효율적 사용 등이 대만 경제 성장의 원동력이라고 판단했다. 자유중국이 이룩한 경제 성장은 안정을 바탕으로 하면서 그와 동시에 성장을 추구하는 정책을 일관성 있게 추진한 결과라는 것을 이 사람들이 현장에서 본 것이다.

대만은 석유 파동으로 경제가 심한 충격을 받게 되자 고도성장을 피하고 저성장책으로 대처했다. 이 점에서 한국과 정반대인데, 외적 충격을 자체적으로 흡수하는 것이 필요했기 때문이다. 항해 중 태풍이 부는데 고속 항진을 하는 건 모험이며, 태풍을 피하거나 아니면 태풍의 위력이 감소하고 태풍이 지나간 뒤 재항진하는 것이 순리가 아니냐는 논리에 따른 것이었다. 저축률은 물가가 안정되면 자동적으로 올라갈 것이며, 물가가 안정되면 환율도 안정되고 수출도 늘어난다고 보고 안정 위에서 경제 성장을 하는 정책을 채택한 것이다.

—— 대만에 가서 시찰한 효과가 있었나.

한국에서도 1978년경부터 경제 관료 일각에서 안정화 시책의 필요성이 강력히 제기됐다. 1978년 12·12선거 직후에는 중앙정보부, 공화당 등을 통해 김정렴과 남덕우 부총리 등 경제팀을 바꿔야 한다는 요구가 거듭 나오면서 대대적인 개각이 이뤄지고, 신현확이 경제 부총리가 됐다. 신현확은 안정화 정책을 강력히 지지했다.

하지만 박정희가 있는 한 안정화 정책은 자리 잡을 수 없었다. 최고 권력자가 바뀌어야만 안정화 정책은 실현될 수 있었다. 이 점이 아주 중요하다. 거듭 강조하지만 10·26이 갖는 역사적 의의를 폭넓게 이해해야 한다는 것을 경제에서도 새삼 느끼지 않을 수 없다. 이 부분은 당시 경제기획원 간부였던 강경식의《국가가 해야 할 일, 하지 말아야 할 일》및 신철식(신현확 아들)의《신현확의 증언》, 경제부 기자로 장기간 활동한 경제 평론가 이장규의《대통령의 경제학》, 고승철·이완배의《김재익 평전》을 주로 참고했다. 신현확은 이승만과 박정희를, 1997년 IMF 사태가 일어날 때 경제 부총리였던 강경식은 이승만과 박정희 그리고 전두환을 존경했다는 점을 먼저 밝혀두는 것이 좋겠다.

── 안정화 시책 문제, 어떻게 전개됐나.

안정화 정책과 관련해 경제 관료들이 작성한 첫 번째 중요 보고서가 1978년 3월 말경 나온 '한국 경제의 당면 문제와 대책─전환기의 과제'였다. "중화학 건설 정책이나 고도성장 정책이 우리 경제의 정상적인 능력 범위를 벗어나고 있었다. 당장은 별 문제가 없는 것 같지만 곧 심각한 어려움이 닥칠 것이 분명한 상황"이라는 문제의식을 갖고, 경제기획원 경제기획국을 중심으로 KDI, 관련 경제 부처 중견들이 참여해 만들었다.

보고 내용의 핵심은 이제까지 해온 방식을 그대로 가지고 갈 수 없다는 것이었다. 금기인 성역을 깨는 정책이 추진돼야 했다. '수출은 늘리고 수입은 억제한다'가 아니라 '수입을 자유화해야 수출도 늘어난다'로 가야 한다는 것이었다. 금융 자율화도 필수적이었다. 정부가 중화학 등에 집중 투자함으로써 폭발적으로 증가하는 내구 소비재 생산을 위한 설비 투자에 손을 못 썼는데, 이제 관치 금융에서 벗어나야 한다는 것이었다. 최우선 과제는 물가였다.

남덕우 부총리는 보고 내용에 '공감한다'면서도 아무런 소식이 없었고, 청와대에 보고하지도 않았다. 청와대 경제수석에게 올린 보고서도 마찬가지였다. 여러 차례 내용을 조금씩 바꿔가면서 보고했지만 결과는 다르지 않았다. 남덕우 부총리가 1978년 8월 8일 부동산 투기 억제 및 지가 안정을 위한 종합 대책을 발표한 것은 다행이었지만. 그러다가 그해 12월 신현확이 부총리로 오게 된 것이다.

신현확이 경제 수장이 되면서 "수출 지상주의, 중화학 공업 정책, 새마을 사업, 물가 지수관리 등 박정희 정부가 자랑하는 숱한 성역들이 '경제 안정화'라는 수술대 위에 올랐다". 1979년 1월 11일, 신현확이 드디어 연두 보고를 했다. 전해에 경제기획국에서 만든 '한국 경제의 당면 문제와 대책—전환기의 과제'를 토대로 한 '80년 대를 향한 새 전략'을 특별 보고했다. 거기서 중화학 투자 집중 문제도 부각했다. 경공업 생산액은 48.4퍼센트인데 투자는 18.1퍼센트 밖에 안되고, 투자의 대부분은 중화학 공업으로 81.9퍼센트나 됐다. 물가 구조의 정상화가 대책의 핵심 과제로 제시됐다.

─── 박정희는 어떤 반응을 보였나.

박정희는 경제 안정의 필요성을 제기한 특별 보고에 대해 한 마디도 하지 않고, '낙농가의 우유 가격을 올려주라'는 생뚱맞은 지시만 했다. 특별 보고와 정면으로 배치되는 지시였다. 특별 보고에서는 "국내 분유 값이 국제 시세의 몇 배에 달해 저소득층 어린이들이 영양실조에 허덕이고 있으니 외국의 분유를 수입해야 한다"고 주장했는데, 박정희는 그렇게 말한 것이다. 박정희의 불만이 얼마나 컸는지 짐작이 가는 반응이었다.

박정희는 다른 부처 보고를 받으면서 안정화 시책에 대한 불만을 얘기하기 시작했다. 가격 통제를 없애고 시장에 맡기자는 경제기획원의 주장에 대해서는 "요즈음 정부 일각에선 물가 안정을 포기하자는 소리를 하는 사람이 있다"고 말했다. 수출 지원을 위한 저리의 수출 지원 금융 제도가 기업가에게 금리 차액이나 자금 유용에 의한 이윤 추구 방식으로 악용된다는 지적에 대해 "수출을 줄여야 한다는 정신 나간 소리를 하는 사람들도 있다"고 비난했다. 상공부에서 중화학 공업 중심의 '10대 전략 산업 육성 계획'을 내놓고 중화학 투자를 확대해야 한다고 보고하자, 박정희는 "오늘 처음으로 시원한 보고를 들었다"며 장관을 칭찬했다.

1979년 1월 하순경 신현확은 강경식에게 "나, 아무래도 부총리 그만둬야 할까 봐"라고 말했다. 박정희에게 물가와 관련된 행정 규제 100여 개를 1월 말까지 풀겠다고 보고했는데, 아무 소식이 없다는 것이었다. 박정희가 경제 안정화 방향에 불만이 많으니 재무부에서도 금융 자율화를, 농수산부와 상공부는 수입 자유화를 반대했다. 게다가 1월 말에는 유신 정권에서 고도성장 정책을 맡아온 남덕우 전 부총리를 대통령 경제 담당 특보로 임명하기까지 했다.

성장 제일주의에 제동 건 경제 안정화 시책, 곰쓸개 씹은 듯한 표정으로 재가한 박정희

── 안정화 시책을 주장하는 쪽은 그 후 어떻게 움직였나.

그럼에도 경제기획원은 '80년대를 향한 새 전략' 홍보를 전개했다. 비정상적으로 과열된 경제, 정부 주도의 통제 경제를 비판하는 내용이 신문 논조로 나타나고 학자들의 기고란에도 여기저기 실렸다. "중화학 공업에 대한 과잉 중복 투자가 심각하다"가 주요 내용이었다. 나중에 전두환·신군부 정권에서 경제 안정화 정책을 펴는 데 주도적인 역할을 하는 김재익도 당시 사회를 위기로 몰고 갔던 물가 불안이 중공업 일변도 투자에서 비롯된 것이라는 확신을 갖고 있었다.

박정희도 현실을 외면만 할 수는 없었다. 1979년 2월 진해 해

1980년 창원 공단 전경. 당시 창원 공단 내 여러 공장의 설비가 비슷했고, 생산 품목에 중복이 많았으며, 가동률이 형편없이 낮았다. 사진 출처: 국가기록원

군사관학교 졸업식에 참석한 박정희는 예고 없이 창원 공단을 방문했다. 여러 공장의 설비가 비슷했고, 생산 품목에 중복이 많으며, 가동률이 형편없이 낮았다. 브리핑 내용도 비슷했다. 3월 15일 박정희는 신병현 한국은행 총재, 김만제 KDI 원장, 장덕진 경제과학심의회 상임위원을 불러 경제 현안의 문제점을 물었다. 부총리와 경제기획원 간부들에게는 절대 비밀로 했다. 세 기관 모두 안정화 시책 방향과 비슷한 정책을 제시했다. 박정희는 눈앞에 있고 경제기획원 쪽은 절대 비밀로 했는데, 이들은 모두 경제기획원 쪽 손을 들어준 것이다.

　3월 31일에는 신현확도 참여하게 한 속에서 세 기관이 각각 보고를 했다. 세 보고자는 "⑴ 행정 규제 위주의 물가 대책을 지양하고 가격 현실화를 서두른다 (2) 금융 긴축 기조를 견지한다 (3) 금리 현실화를 단행한다 (4) 중화학 투자 사업은 과감히 조정한다 (5) 민생 및 내수 부문의 생산을 적극 지원한다" 등을 강력히 주장했다.

4월에 들어서면서 '율산 사건'이 일어났다. 불과 몇 년 사이에 거대 재벌로 등극한 것 같던 율산 그룹 계열 14개 회사가 도산하거나 경영권이 넘어갔다. 4월 17일 신현확은 가격 통제 철폐, 수입 개방 확대, 중화학 공업 축소 및 조정, 재정과 금융 긴축, 새마을운동 지원 축소 등을 골자로 한 '경제 안정화 종합 시책'을 발표했다.

── 박정희로서는 내키지 않는 일일 수밖에 없지 않았나.

드디어 안정화 정책이 햇볕을 본 역사적이고 획기적인 발표였지만, 이 종합 시책을 재가 받을 때 박정희는 '곰쓸개 씹은 듯'한 표정이었다고 《김재익 평전》에 쓰여 있다. 성장 제일주의에 정면에서 제동을 건 것으로, 한때 경제 발전에 중요한 역할을 하기도 했지만 이제는 사라져야 하는 박정희식 경제 발전에 대한 퇴출 선고이자 좀 더 강하게 표현한다면 파산 선고라고 얘기할 수 있었다.

그러나 파산 선고를 받고 퇴출당할 뻔한 건 4·17 선언이었다. 이 선언을 한 경제기획원은 신현확을 위원장으로 한 중화학투자조정위원회를 조직했다. 하지만 기업의 사활과 관련되는 일이어서 대기업들의 반발이 상상 이상으로 거셌다. 박정희가 힘을 실어주지 않는 것이 더 큰 문제였다. 강경식의 표현을 빌리면, 안정화 시책에서 문제를 제기하기 전까지 중화학 투자는 성역에 속했다. 박정희가 집념을 가지고 추진 중인 최우선 사업이기 때문이었다. 그래서 중화학 투자를 조정해야 한다는 문제 제기 자체가 금기 사항이었다고 한다.

애초에 신현확은 대대적으로 투자를 '조정'하려고 했으나, 앞에서 언급한 5·25 중화학 투자 조정은 발전 설비 부문에 대한 교통정리로 끝나고 말았다.《신현확의 증언》에서는 여러 요인이 있지만 "가장 큰 요인은 대통령이 경제 안정화 시책에 적극적인 의지가 없다는 점"이라고 지적했다. 이 5·25 투자 조정 방침조차 발표한 계획대로 추진되지 않았다. 안정화 시책은 뭐 하나 제대로 진전되는 것이 없었다. 제2 석유 화학 단지처럼 아직 착공되지 않은 것은 미룰수 있었지만, 이미 짓기 시작한 공장은 건설을 중단할 수 없었다. 비슷한 사업을 여기저기서 할 경우 어느 쪽 손을 들어줘야 하느냐가 아주 힘든 문제였다.

박정희가 안정화 시책 '막판 뒤집기' 시도하려 할 때 10·26 일어나

── 금융 부문은 어떠했나.

금융 개혁도 헛바퀴만 돌았다. 소극적인 재무부와 소모적인 싸움만 벌였는데, 그 뒤에는 박정희가 있었다. 대출 금리가 물가 상승률을 밑돌았다. 더구나 정책 금융 금리는 더 낮아, 기업이건 복부인이건 은행 대출로 부동산 투기에 열을 올렸다. 금융 산업 최대의 문제는 정책 자금이었는데, 이 정책 자금이 눈덩이처럼 불어났다. 1976년의 46퍼센트도 너무 높은 것이었는데 1978년에는 74퍼센트였다. 그러니 팍 줄어든 일반 자금은 사실상 배급제가 됐다.

당장 손봐야 할 최대 과제는 정책 자금 중에서 수출 지원 금융이었다. 그중에서도 수출 신용장 없이 밀어내기식 수출을 하는 종합 상사의 DA(수출환어음) 수출이 문제였다. 수출 금융을 악용해 미국에 수출할 물품을 창고에 넣어두고 이를 담보로 해외에서 낮은 금리로 자금을 빌린 다음 이를 송금하면 그 이자 차이만큼 돈을 벌 수 있었고, 이는 부동산 투기 자금으로도 사용됐다. 강경식에 의하면 통계상으로는 수출이 늘어나는 것처럼 보였지만 실제로는 현지에서 팔리지 않아 창고에 쌓여 있는 것도 비일비재했다. 기업 중에는 수출로 돈을 벌기보다는 이렇게 금리 차액으로 수지를 맞추는데 더 열심인 경우도 생겼다. 그래서 5월에 "업계의 반대가 워낙 심해 문제를 다 바로잡을 수는 없었지만, 종합 상사들이 연불 수출 금융을 악용하지 못하도록 지원액을 점차 줄여나가는 등 그런대로 손질을" 했다. 그런데 사달이 났다.

—— 무엇인가.

6월에 신현확이 파리에서 열린 한국국제경제협력회의에 수석 대표로 참석했는데, 서울에서 전화가 왔다. 연불 수출 금융 제도를 원래대로 환원시켰다는 것이었다. 중앙일보 초판 제목 그대로 일종의 '경제 쿠데타'였다. 부총리가 자리를 비운 사이에 남덕우 경제 특보가 주재해 서둘러 정책을 뒤집은 것이다.

언론은 주무 장관이 없는 사이에 전격적으로 처리한 남덕우 등 성장론자들을 비판했다. 그러나 신현확의 생각은 달랐다. 남덕우 특보는 앞장섰을 뿐이라는 것이다. 강경식은 이렇게 썼다. "박정희 대통령이 남덕우 특보와 최각규 상공 장관, 정재석 (경제기획원)

차관을 청와대로 불러 이 문제에 대해 직접 지시를 해서 이루어진 일이라는 사실을 알게 된 것은 훨씬 뒤의 일이다."

박정희와 안정론자들은 각을 세웠다. 신현확이 수출 기업과 중화학 공업에 대한 지원을 줄여야 한다고 역설하자, 박정희는 "이것도 줄이자고 하고 저것도 축소하자고 하고, 당신은 왜 자꾸 줄이는 쪽으로만 주장하는 거요?"라고 따졌다. 신현확은 "빚이 여기서 더 불어나면 경제가 감당 못하고 자빠지게 됩니다. 지금 우리 경제가 그런 상태입니다"라고 대답했다. 박정희는 가격 통제를 해제해야 한다는 주장에 "생필품 가격을 눌러놔야 물가가 잡히고 서민들도 생활이 나아지는 것 아니오"라고 항의했다.

발상의 차이가 너무 컸다. 박정희는 일제 때부터 '통제 경제'에 익숙했고, 특히 1970년대에는 '통제', '단속'을 계속 외치면서 그것만이 '성과', '성장', '안정', '능률'을 보장한다고 확신했다. 시장 자율이건 시민 사회 자율이건 문화 현상이건 박정희의 머릿속에는 자율이 혼란을 불러오는 주범으로 꽉 박혀 있었다. 분을 참지 못한 박정희는 급기야 신현확에게 이렇게 내질렀다고 한다. "당신이 내 기본 이념을 누를 작정이오!"

—— 그런 속에서도 안정화 시책은 계속 추진되지 않았나.

경제기획원은 중화학 공업 검토를 계속했다. 8월에는 '중화학 공업 추진의 당면 과제와 대책'을 마련해 투자 조정 대상을 선정 발표했다. 그리하여 9월부터 시행에 들어가기로 했지만, 실제로 잘 시행되지는 않았다. 1979년 후반에 제2차 석유 파동이 닥쳤을 때 안정화 시책을 주장한 관료들은 "중화학 투자에 어느 정도 제동을 건 것이 얼마나 다행스러운 일이었는지 모른다"며 가슴을 쓸어내렸다고 한다. 강경식은 "1980년 8월 국보위에서의 결정을 기다려서야 중화학 투자 조정은 우리나라 경제사에 큰 획을 긋게 되었다"고 썼다. 이러한 구조 조정을 거치고 국제 경제 상황이 아주 유리하게 작용하면서, 1980년대 중반에 들어서면 중화학 공업은 경제가 새롭게 도약하는 데 결정적 역할을 했다고 이장규는 썼다.

안정화 시책을 주장한 관료들은 1979년 9월에 '향후 12개월의 전망과 대책'을 경제 동향 보고 회의에서 특별 보고했다. 주요 내용은 '과거 2~3년과 같은 고물가 속의 과열 경기는 지양해야 한다. 부동산 투기, 소비 증가, 인플레이션을 바로잡기 위해서는 일시적 불황을 감수해야 한다. 오늘의 경기 후퇴는 대외 여건 악화와 함께 지난 2~3년의 이례적인 과열 경기에서 오는 반작용 현상이다'라는 것이었다.

이장규는 이 점을 좀 더 심층적으로 표현했다. 1977년의 대호황은 "이내 극심한 인플레이션과 부동산 투기, 그리고 국제 수지 악화라는 악순환 구조에 빠져들기 시작한데다가 제2차 오일 쇼크까지 겪게 된다. 그러나 이것은 어느 날 갑자기 찾아온 재앙이 아니었다. 무리를 무릅쓴 성장 일변도 정책들의 해묵은 부작용들이 마침내 터져 나오기 시작한 것이다."

관료들은 안정화 시책에 대한 대통령의 관심을 환기하기 위해 안간힘을 다했다. 그러나 박정희는 귀를 기울이지 않았다. 박정희의 이 같은 어정쩡한 태도로 안정화 시책은 제자리걸음을 했다. 그뿐 아니라 신현확 경질은 시간문제였다. 석유 파동으로 더 불안해진 박정희는 1978년 12·12선거 직후 물러난 김용환 전 재무부 장관을 불러 재기용 언질을 주면서 준비를 지시했다고 한다. 그리고 해가 바뀌면 다시 성장론자들을 불러들이려 했다. 막판에 박정희는 신현확의 면담 요청도 받아주지 않았다. 김재규는 안정화 시책을 지지했는데, 10·26은 박정희가 막판 뒤집기를 시도하려 할 때 일어났다.

"박정희가 바뀌어야 우리 경제가 산다" 10·26으로 경제 위기 벗어날 수 있게 돼

── 경제 안정화 필요성과 10·26의 문제, 어떻게 보나.

안정화 시책을 주장한 관료들은 10·26을 어떻게 평가할까. 당시 경제기획원 기획차관보였던 강경식은 이렇게 썼다. "1979년 하반기부터 본격화한 2차 석유 파동 속에 박 대통령의 갑작스런 서거라는 변고가 일어나 정치권력 공백을 맞았으나, 경제 정책 면에서 엇갈렸던 여러 갈래의 목소리들이 한 가닥으로 수렴되는 현상을 보였다. 10·26이라는 상상도 못한 사태로 3공 말기에 심한 표류를 거듭했던 안정화 시책은 오히려 정치적 격랑 속에서 정착의 계기를 마련했다." 여기서 "3공"은 유신 정권, 즉 소위 4공화국을 잘못 표현한 것이다.

나는 이 지적을 박정희가 몰고 온 당시 경제 위기에서 벗어날 계기를 만든 것이 10·26이었다는 말로 해석한다. 10·26이 없었다면 경제는 표류에 표류를 거듭했을 것이고, 그만큼 경제난은 가중됐을 것이다. 김재규의 10·26이 지닌 경제적 의의에 대해 박정희를 존경해 마지않는, 1961년부터 박정희 집권 18년 동안 경제 관료였던 강경식이 비록 관료 입장에서 말한 것이긴 하지만 딱 잘라 이렇게 얘기한 것이다. 박정희가 바뀌어야 우리 경제가 바뀔 수 있었다고.

31년간 경제부 기자 등 저널리스트로 활동한 이장규는 박정희가 중화학 투자, 수출 주도, 새마을 사업에 대한 근본적 재검토를 생각하지 않았다고 지적했다. 또한 제2차 오일 쇼크, 수출 추락으로 국내 기업이 도산하고 부동산 투기, 불황 속의 물가 폭등, 부가가치세 도입에 대한 조세 저항으로 민심이 흉흉하게 돌아가 정치는 차치하고 경제 쪽에서만도 이처럼 시커먼 먹구름이 몰려오면서 박정희 정권의 종말을 예고하고 있었다고 강조했다. 김재규는 유신 정권 말기 경제 문제에 많은 관심이 있었는데, 박정희 유신 정권은 경제 때문에도 망하게 돼 있었다는 것이다.

박정희만은 부패하지 않았다?
부정부패 악취, 18년간 진동했다

유신 체제 붕괴, 열네 번째 마당

김 덕 련 유신 체제가 단명할 수밖에 없었던 요인을 앞에서 몇 가지 살폈다. 더 짚어볼 점으로 어떤 것들이 있나.

서 중 석 유신 정권은 왜 다른 나라 독재 정권과 달리 7년밖에 못 갔는가. 그렇게 만든 요인 중 하나로 살펴봐야 할 것이 더 있다. 백 번 양보해서 독재를 하면 뭔가 좋은 점이 있어야 하는 것 아닌가. 예컨대 부정부패를 근절했다거나 복지 정책이나 서민을 위한 정책 을 과감하게 폈다든가 하는 게 있어야 한다.

우선 부정부패 문제를 살펴보자. 참으로 이상하게도 박정희 에 대한 인상 중 하나로 '박정희는 청렴했다', 이런 생각을 갖고 있 는 사람이 적지 않다. 특히 유신 시대에 초·중·고등학교를 다녔거 나 TV를 열심히 본 사람은 박정희가 근엄하고 거룩하게까지 보여 서 그런지 박정희는 정말 부정부패하고는 관련이 없다고 생각하는 사람들이 있다.

박정희만은 부패하지 않았다?
부정부패 악취 진동한 집권 18년

── 사실과 부합하지 않는 허상 아닌가.

1961년 5·16쿠데타를 일으킨 때부터 1979년 유신 체제가 망할 때까지 박정희 정권의 부정부패는 끊이지 않았을 뿐만 아니라 박정 희 자신이 이걸 근절할 생각을 갖고 있지도 않았다. 더 나아가서 박 정희가 한 행동을 보면 박정희는 '이건 나쁜 것이 아니다', 이렇게까지 여긴 것으로 보인다. '이건 나쁘긴 하지만 필요한 것 아니냐', 이런 식으로 필요악이라고 생각하는 수준을 아마도 넘어섰다고 봐야 할 것 같다.

박정희 집권기에 있었던 선거에서 부정부패는 야당이 여당을 공격하는 가장 중요한 품목이었다. 예컨대 1971년 선거에서도 김대중 후보 쪽에서 부정부패를 추궁했는데, 그게 대단한 인기를 끌었다. 만연한 부정부패를 근절하려면 혁신적이어야 하는 건데, 당시 선거 유세를 보면 박정희는 그렇게까지 할 필요는 없다는 식으로 답변했다.

5·16쿠데타 후 얼마 지나지 않아 쿠데타 최고 권력자가 김지태가 갖고 있던 부산일보사와 MBC를 강탈했다는 이야기가 그간 참 많이 나오지 않았나. 그런 데서도 볼 수 있는 것처럼 박정희와 그 측근들은 자신들의 부정부패는 당연하게 생각했던 것으로 보인다. 박정희 집권기에 부패가 심하다는 얘기는 무수히 나왔지만, 송사리만 다쳤을 뿐 큰 부패를 엄격히 다스렸다는 얘기는 찾아보기 힘들다. 신현확은 1964년 경제과학심의회 상임위원이 됐을 때, 한번은 박정희가 현 정부가 어느 정도 부패했느냐고 묻자 "'부정부패의 대표'라고 하는 자유당 시대에 비해 최소한 열 배는 더 부패했습니다"라고 답변했다고 한다.

박정희 최측근이던 이후락만 해도 검은돈 중에서 자기가 챙긴 걸 떡고물이라고 표현하면서 이건 잘못이 아니라는 태도를 보이지 않았나. 그런 인식도 심각한 문제라고 볼 수 있지만, 그 떡고물 규모가 엄청났다는 것도 문제다. 이후락 한 사람이 챙긴 것만 해도 194억 원이 넘을 정도로 떡고물이라는 게 어마어마했다는 것을 1980년 5·17쿠데타 직후 전두환·신군부 정권에서 폭로하지 않았나.

박정희 최측근이던 이후락(왼쪽 두 번째)만 해도 검은돈
중에서 자기가 챙긴 걸 떡고물이라고 표현하면서 이건
잘못이 아니라는 태도를 보였다. 이후락 한 사람이 챙긴
것만 해도 194억 원이 넘을 정도로 떡고물이라는 게
어마어마했다. 사진은 1969년 3월 30일 대통령 비서실장
신분으로 아이젠하워 전 미국 대통령 장례식 참석차 미국을
방문한 모습. 사진 출처: e영상역사관

공화당의 유력자들, 그러니까 김종필이나 이후락이나 김성곤이나 박종규 같은 사람들은 막대한 정치 자금, 선거 자금을 마련하기 위해 기업으로부터 돈을 걷는 데 거리낌이 없었다. 한국에 직접 투자한 걸프사 같은 미국 회사한테도 기부금을 요구했고, 지하철 리베이트가 얘기해주듯이 일본에서 물품을 사올 때에도 리베이트가 따라붙는 건 당연하다고 생각하고 있었다. 그러면서 심지어 경제 발전을 위해 유용하게 써야 할 해외 차관에서 5퍼센트 정도를 떼어내서 정치 자금으로 썼다는 《신동아》 기사가 크게 화제가 되는 상황까지 나타나지 않았나.

─ 청와대에서 이런저런 명목으로 돈이 나가는 일도 많던 때 아닌가.

박정희는 격려금 또는 이른바 촌지 봉투, 하사금 같은 걸 무지하게 많이 내렸다. 지방에 내려갈 때에도 지방 관리들한테 촌지 봉투를 돌렸다. 관리한테만 돌린 것도 아니었다. 특히 군에 대해서는 조직적이라고 할까, 아예 정기적으로 하사하는 성격을 띠는 촌지도 많았다. 여당이나 유정회에도 돈이 나갔고 야당에도 촌지를 뿌렸다. 사회 저명인사, 직접 면대하는 사람들, 새마을 지도자 등 권력을 유지하는 데 뭔가 도움이 된다고 여겨지는 사람들한테 광범위하게 이런 걸 살포한 것으로 보인다.

그런데 이건 일종의 매수 행위 아닌가. 자기 사람을 만드는 데 돈처럼 유용한 건 없다는 자기 나름의 철학이랄까 신조가 이런 행위를 낳게 한 것 아니겠나. 채명신 회고록을 보면, 심지어 아들 학자금으로 쓰라고 하면서 봉투를 보냈다고 나온다. 채명신이 해외에서 근무할 때인데, 아이 학비에 보태라며 봉투를 보낸 것이다. 《신현확의 증언》에는 신현확이 집에 틀어박혀 있을 때 박정희가 두세 달에 한 번씩 봉투를 보냈다고 나온다. 생활비 정도이지만, 그런 돈이 신현확에게만 갔겠나. 또 그 돈이 어디서 나온 돈이겠나. 이해하기 힘든 일이다. 어떻게 이렇게까지 할 수 있느냐 싶은 건데, 그런 일이 무수히 벌어졌다.

박정희가 얼마나 철저한 '돈-부패 철학'의 신봉자인가를 보여주는 한 예가 있다. 부마항쟁 자료를 보면 1979년 10월 18일 0시를 기해 계엄을 선포한 직후 현지에 내려간 김재규 중앙정보부장은 계엄군에게 대통령 하사금을 전달했다. 그리고 계엄군은 장교와 사병 구분 없이 1만 원씩 하사금을 받았다. 이처럼 장성뿐만 아니고 장교, 나아가 사병에게까지 '하사금'을 내린 경우가 이것 말고 또 있지 않을까. 빙산의 일각은 아니겠지만, 1972년 10·17 유신 쿠데타를 일으킬 때 박정희는 군을 자신의 사병처럼 동원했는데, 부마항쟁 때 계엄군에게 내려보낸 하사금도 그러한 의미도 있는 것 아니겠나.

하사금에 설마하니 국민이 낸 세금은 그다지 많이 포함되지 않았을 것이고, 대개는 기업이 내는 정치 자금에서 나왔을 것이다. 전두환은 자신이 권력을 잡기 직전, 즉 유신 말기에 기업들이 돈도 못 갚고 땅장사를 하거나 변칙적으로 정치 자금을 내 껍데기만 있었고 성한 데가 없었다고 말한 바 있다. 또 전두환은 박정희가 "정치 자금을 차지철을 통해서 하고 신세를 많이 져", 차지철에 대한 보고서가 올라와도 그걸 정면으로 차지철한테 말은 못하고 보고서를 차지철한테 줘버려 보고서를 낸 사람만 죽게 된다는 얘기도 했다.

공화당 의원이던 이만섭은 유신 이후 장기 집권에 따른 권력 심층부의 타락과 부패가 광범위한 민심 이반을 가져왔다고 얘기했다. 매수 행위라는 건 한 번만 줄 수는 없고 일단 주면 계속해서 줄 수밖에 없는 면이 있지 않나. 그렇기 때문에도 부패 문제가 계속 더 심각하게 될 수밖에 없었다.

대만·싱가포르 최고 권력자들,
독재는 했어도 부패는 엄격히 단속

── 다른 독재 국가들은 어땠나.

　　대만과 싱가포르 사례를 보자. 대만의 경우 대륙에서 쫓겨난 장개석(장제스) 정부는 초기에 국민당 규율을 잡는 데 가장 집중적으로 힘을 쏟았다고 한다. 국민당의 기강 해이, 정신적 타락, 부패와 무능이 큰 영향을 끼쳐 대륙에서 밀려났다고 보고 그렇게 한 것이다. 부정부패 퇴치는 국민당이 가장 우선시한 정책 중 하나였다. 부정부패 척결을 위해 심지어 밀수 사건에 관여한 둘째 며느리, 장위국(장웨이궈) 부인인데 그 며느리를 질책해서 자살할 수밖에 없도록 했다는 이야기가 널리 회자될 정도였다. 1965년부터는 부패 공무원에게 최고 사형까지 선고하는 부패방지법을 시행했다.

　　싱가포르에서는 이광요(리콴유)가 장기간에 걸쳐 독재를 했는데, 관료 사회의 부정부패를 방지하기 위해 수상실 직속 기관으로 부패방지위원회를 설치했고 공무원 비리에 어떠한 관용도 베풀지 않았다. 한 번 불명예스럽게 면직된 공직자는 재기의 기회도 얻을 수 없었다. 부패행위조사국에서는 부패를 공공 부문과 민간 부문으로 나누어서 조사했는데, 공공 부문에서는 뇌물 수수, 직권 남용을 집중적으로 조사했다. 민간 부문에서는 외국 기업 유치에서 상거래 상의 불법 커미션 수수나 금융 거래상의 불법 행위를 주로 조사했다. 모든 공직자는 재산 신고 외에도 부채로 인한 재정적 궁핍함이 없음을 소명하는 무無부채 신고 의무를 지도록 규정했다. 또한 선물을 받으면 소속 기관장한테 신고하도록 했다.

이렇게 부정부패 방지 활동을 엄격하게 전개했다. 그렇기 때문에 이광요가 그렇게 비판 세력들을 봉쇄하고 국민한테 호통을 치고 훈계하면서도 장기간에 걸쳐 독재를 할 수 있었던 것 아니냐는 얘기를 들었다.

— 박정희 정권과는 여러모로 다른 모습이다.

나는 박정희 정권이 사회 경제적 부정부패라도 근절하려고 했어야 할 것 아니냐고 본다. 물론 중화학 공업에서 볼 수 있는 광범위한 정경유착, 이런 것도 사회 경제적 부정부패 아니냐고 얘기할 수 있다. 그렇지만 그런 건 별개로 치더라도 예컨대 중간 상인의 횡포나 재벌의 부당 이득, 소위 '갑질'로 불리는 행위들, 그런 것들은 정부가 어느 정도 잡아서 서민이나 을에 속하는 사람들이 맘 편하게 살아갈 수 있도록 해야 하는 것 아닌가. 그러나 그렇게 하지 않았다.

제일 큰 것 중 하나가 농산물 가격 문제였다고 난 본다. 유신시대에 농산물 시세가 급등한 적이 많았다. 생산량이 갑자기 줄어든 것 같은 점이 작용한 경우도 적지 않긴 했지만, 중요한 건 농산물 가격이 급등하더라도 농민은 하등의 혜택을 못 누리고 도시 서민은 엄청 울어야 하는 일이 많았다는 점이다. 그런 현상이 당시 신문에서 많이 지적됐다. 가락동을 비롯한 농산물 거래 시장에서 중간 상인이 과도하게 마진을 남길 수 있도록 정부가 사실상 방임하다시피 한 것 아니냐는 생각이 그때 많이 들더라. 반대로 농산물 가격이 폭락할 경우 농민은 말 그대로 죽어났다. 그렇다고 해서 도시 주민들이 값싼 농산물을 접할 수 있었던 것도 아니었다. 과도한 중간 마진이 거래 상인에게 가는 구조였기 때문이다.

대만은 이와 달랐다. 중간에서 마진을 지나치게 챙기지 못하도록 국가가 철저히 관여해서 그걸 막았다고 한다. 중간 상인들이 과다 이득을 획득할 경우 부정부패에 준해 엄벌에 처했고, 도시민들이 농산물을 현지 가격으로 사 먹을 수 있도록 일종의 공영제 같은 성격으로 농산물 거래를 하게 한 것으로 기억한다.

사실 이런 정책은 독재 정권 아니면 쓸 수가 없다. 그런데 박정희 정권은 유신 체제에서 뭐든지 빨리만 되면 된다고 생각했고 근본적인 정책, 대책을 세우려는 생각을 안 했다. 농산물 거래의 경우에도 이것 때문에 이런저런 상황이 발생하면 귀찮다고 생각했는지 이런 문제들을 해결할 근본 대책을 세우지 않았다.

권력형 특혜·투기 판친 병든 사회

── 오늘날 농민, 농업, 농촌 문제가 심각한 상태에 이른 건 그 시기에 그러한 방식으로 틀이 짜인 것과 떼어놓고 생각할 수 없다. 전에 살펴본 부동산 투기 문제 역시 박정희 집권기에 짜인

1978년 압구정 현대아파트 모습. 압구정 현대아파트 특혜 분양은 다수의 서민들의 노동 의욕을 꺾고 저축 의욕을 하루아침에 사라지게 한 사건이었다. 사진 출처: 서울사진아카이브

큰 틀과 결코 무관하다고 볼 수 없지 않나.

이 대목에서 부동산 투기 문제를 다시 한 번 살펴볼 필요가 있다. 부정부패와 이웃사촌이 투기이고, 이 투기는 박정희 유신 권력에 의해 조장되어 독버섯처럼 자랐다. 1970년대 후반에서 1980년대에 걸친 시기에는 전매를 몇 번만 하면, 또는 분양을 몇 개만 받으면, 혹은 대형 아파트를 몇 채만 소유하면 '떼부자'가 되고 그야말로 일확천금을 할 수 있었다. '저 멀리 엘도라도가 있다', 이런 식의 소문이 아니라 사실 그대로 옆에서 다 일어나고 있는 현상이었다.

그래서 통계청에서도 그 시기에 이런 글이 나온 걸 볼 수 있다. 뭐냐 하면, 공무원들이 지금 재형저축을 해봤자 사실상 아무 소용이 없다는 얘기였다. 치솟는 물가, 만연한 투기로 재형저축 같은 것이 현실에서 의미가 없어지는 현상이 일어나고 있다는 지적이었다.

1978년 12·12선거에 3대 스캔들이 영향을 끼쳤다고 전에 말하지 않았나. 그중에서 특히 압구정 현대아파트 특혜 분양은 다수의 서민들에게 크게 문제가 될 수 있었다. 동아일보 같은 경우 박정희가 두 번째 체육관 대통령이 된 사실을 보도한 톱기사 바로 옆에 사이드 톱으로 '현대아파트 특혜 260명 소환'이라는 기사를 비중 있게 보도했다. 그러한 특혜 분양이 얼마나 국민들의 노동 의욕을 꺾고 저축 의욕을 하루아침에 사라지게 했겠나.

—— 특혜 분양을 받은 사람들은 어떤 이들이었나.

언론에 공개된 걸 보면 국회의원이 6명 들어 있었고 언론인이 34명이나 되고 법조인, 예비역 장성도 다수 있었다. 특혜 분양을 받은 공직자가 190여 명이나 됐는데, 힘이 있는 부처 사람들이 많았다. 이런 특별한 위치에 있는 사람들이 특혜 분양을 받았기 때문에 더더욱 서민들은 '이럴 수가 있느냐', 이런 생각을 갖지 않을 수 없었다.

1978년 7월 4일 자 동아일보에 따르면, 당시 현대는 사원용 명목으로 950여 가구 건설을 허가받았으나 이 중 600여 가구를 비사원용으로 분양했다. 동아일보는 청와대 사정 담당 고위 당국자가 특혜 분양을 받은 공직자 등의 현황을 3일 다음과 같이 밝혔다고 보도했다. 차관 1명, 차관급 1명, 차관보 3명, 전직 장관 5명, 전직 차관 2명, 국회의원 6명(공화당 2명, 유정회 2명, 무소속 2명), 검사 15명, 판사 9명, 장성 3명, 중앙정보부 10명, 상당수의 국장급 공무원, 그리고 변호사, 언론인, 의사, 교수, 예비역 장성, 국영업체, 은행 이사들과 정부 각 부처 국장급 이하 공무원 다수. 엘리트라고 자부하며 어깨에 힘을 잔뜩 넣고 사는 이들 중 상당수의 마음속에는 부끄러움이라는 것이 없음을 대다수 서민은 다시 한 번 절감해야 했다.

당시 9급 공무원 월급이 6만 원 정도였다고 한다. 그런데 분양권을 전매하면 몇 십만 원이 그 자리에서 생겼다. 문제가 된 압구정 현대아파트 특혜 분양의 경우 수사 관계자의 말에 의하면 한 채에 300만 원에서 500만 원까지 프리미엄이 붙어 있었다고 한다. 한번 생각해보자. 그러면 9급 공무원이 몇 년을 모아야 그런 돈이 나오는 건가. 한 번 전매하면 생길 수 있는 이익과 비교해보면 도대체 몇 년이나 모아야 하는 건가, 이 말이다. 문제가 된 특혜 분양 말고 압구정에 있던 여타 현대아파트에는 대개 150만 원에서 250만 원의 프리미엄이 붙어 있었다고 한다. 이러니 누가 공장에서, 농촌에서 성실하게 일하려고 했겠느냐, 이 말이다.

경쟁률이 50 대 1, 100 대 1이 된다는 강남, 여의도 지역의 아파트 분양에서 하나만 당첨돼도 수십 년 먹고살 수 있었다. 이런 것에 몇 번 성공하고 또 몇 채의 아파트를 가지고 있으면 아무런 일도 하지 않아도 죽을 때까지, 그리고 자식까지 대대손손 잘살 수 있었다. 그래서 당시 주민등록상 주소지를 여러 번 옮기는 사람이 많이 생겼고, 자식들이 다니는 학교도 여러 번 옮기게 하고 그랬다. 어떤 초등학생은 학교를 6~7번이나 옮겼다고 그 무렵 신문에 보도돼 화제가 되기도 했다.

투기 사회에서 정직한 서민은
만만한 먹잇감이었다

—— 근래 고위 공직자 인사 청문회에서 빠짐없이 나오는 투기 관련 문제가 대부분 그런 것들과 관련돼 있지 않나. 특히 이명박,

박근혜 정부에서는 '인사 청문회에서 투기는 필수 과목'이라는 지적이 곳곳에서 나올 정도로 문제가 심각하다. 그만큼 수많은 국민이 분노하고 있는데도, 투기를 비롯한 각종 비리에서 자유롭지 않은 사람들을 마치 아무 일 없었다는 듯 고위 공직자로 임명하는 일이 계속되는 것도 정상적인 국가라면 생각하기 어려운 일이다.

주로 2000년대에 들어와서 장관 후보자들의 재산 획득 과정, 전력 문제 같은 게 세간에 많이 거론되지 않았나. 그때마다 얘기되는 게 이 위장 전입 문제, 그리고 전매를 몇 차례나 했고 아파트는 몇 채나 소유했느냐 하는 문제 아닌가. 앞에서 투기는 부정부패와 이웃사촌이라고 했는데, 투기꾼 장관이 어떻게 부정부패에 초연할 수 있겠나.

한국 사회는 박정희 집권기에 투기 사회로 바뀌었다. 그 이후 투기는 하나의 사회 풍조가 되어 계승되고 또 계승되었다. 투기만 잘하면 일확천금을 하고 떼돈을 벌 수 있다는 것이었는데, 이것에 대한 도덕적인 저항을 찾아보기가 어려웠다. 오히려 그게 뭐가 나쁘냐는 식이었다.

이렇게 되니까 셋방살이도 힘든 노동자나 점원 같은 서민들의 박탈감이 심할 수밖에 없었다. 허리띠 졸라매고 평생 열심히 모아봤자 분양권 전매 프리미엄에도 훨씬 못 미치는 사회가 되면 이제 본연의 경제 논리는 중요한 게 되지 않는다. 근면, 검약, 그리고 정직하고 성실하게 산다는 건 투기 광풍 속에서는 존재하기가 어려운 것 아닌가. 저축을 열심히 하면 그래도 나중에 집 한 채는 살 수 있겠다는 꿈도 점점 갖기 어렵게 만드는 구조 아닌가. 결국 부마항쟁 같은 식으로 불만이 언제든 폭발할 수 있는 사회, 그런 폭탄이 사회 곳곳에 매설된 사회가 된 것이다.

— 부동산 문제가 없는 나라는 찾기 어렵지만, 그 점을 감안하더라도 한국의 부동산 투기 문제는 유별난 데가 있지 않나.

나는 이 시기에 스페인에서 한국 같은 투기 광풍이 불었다는 얘기를 들어본 적이 없다. 스페인의 경우 2000년대에 금융 위기를 겪고 부동산 문제로 몸살을 앓긴 하지만, 1970년대에는 그렇지 않았다. 대만에 대해서도 그런 기사를 본 적이 없다.

일본의 경우 한때 부동산 열기가 대단했다. 일본의 부동산 문제는 한국과는 성격이 다르다. 한국의 경우 권력이나 기업과 연관된 부동산 투기라는 면이 강하다. 그렇지만 일본의 경우 한국처럼 권력이 깊숙이 연관된다든가 하는 부분은 약하다.

싱가포르 같은 데에는 토지와 주택에 대한 제도가 잘 구축돼 있다. 전에 내가 싱가포르에 갔을 때에도 가이드가 그 설명을 열심히 하더라. 서민 주택 부분을 잘했기 때문에 독재에 대한 반발이 거의 없다고 말하더라. 집이 있고 먹고사는 데 큰 어려움이 없으니 반

이와 관련, 1970년대에 서울시 도시계획국장 등을 지낸 손정목의 증언을 음미할 필요가 있다. 손정목은 2016년 《월간중앙》과 한 인터뷰에서 1970년대 초 투기에 대해 이렇게 말했다. "소위 '복부인'도 이때 나타났다. 하지만 진짜 큰손은 따로 있었다. 윤진우. 내 직전의 도시계획국장이었다. 그가 수십만 평 단위로 땅을 사면 나머지 자투리땅 수백~수천 평을 복부인들이 사는 식이었다. 정치적 사정이 있었다. 1970년 초 그가 강남 일대 땅을 사고 다닌다는 소문이 돌았다. 나중에 알고 보니 당시 박종규 청와대 경호실장의 지시였다. 그때 24만 평을 구입한 뒤 18만 평을 다시 팔았다. 윤 국장이 땅을 싸게 사들였다가 땅값이 오르면 되파는 식이었다. 그렇게 20억 원, 지금으로 치면 5,000억 원 넘는 돈을 마련했다. 이 자금이 1971년 대선과 총선 정치 자금으로 쓰였다고 하더라."

1971년 4월 9일 박정희가 마산 수출 자유 공단을 시찰하고 있다. 마산은 박정희의 최측근인 박종규의 근거지였다. 사진 출처: e영상역사관

발이 없을 수밖에 없지 않느냐, 이렇게까지 얘기하더라.

그 말을 액면 그대로 다 믿기는 어렵지만, 서민 주택 정책에 힘을 쏟은 건 사실이다. 주택을 살 때 싱가포르 정부에서 상당히 많은 액수를 보조해줬다. 주택을 가지려는 사람한테는 저리 융자, 토지 매입의 특권을 줬다. 시장 가격보다 낮게 그렇게 해준 것이다.

이러한 체계적, 효율적 주택 정책으로 주택 보급률이 일찍 100 퍼센트를 넘어섰다. 공공 주택 거주 인구 비율도 1994년에 86퍼센트에 이르렀다. 그 가운데 대부분인 81퍼센트가 자가 주택에 거주하고 5퍼센트만 임대 주택에 거주했는데, 임대 주택의 경우 낮은 임대료가 적용되도록 짜여 있었다. 이처럼 공공 주택을 저렴하게

공급했기 때문에 독재를 하더라도 욕을 덜 먹는다고 얘기들을 하고 있다. 가이드도 그러더라. 서민을 위한 집이 저렇게 많다고 강조하면서, 부자들은 어차피 따로 사니까 그 사람들 걱정할 필요는 없다고.

"편파 인사에 사기 저상"
청와대 보고서마저 지적

── 지역 차별 문제도 유신 정권 평가에서 놓칠 수 없는 요소 아닌가.

지역 차별과 지역 갈등 문제도 독재 정권에서 더 심각한 상태가 됐다. 1967년을 전후해 공단을 만들 때 경상도 지역에 많이 만들었다. 이것들 중 일부는 납득할 수 있는 것도 있다. 그렇다 하더라도 과연 그때 다른 지역을 충분히 고려하면서 여러 공단을 만들었나 하는 문제는 생각해볼 필요가 있다.

왜냐하면 이후락 고향인 울산에 공단을 세우고, 박종규 근거지인 마산에 수출 자유 공단 그리고 창원 공단을 만들지 않았나. 이렇게 된 데에는 권력 관계도 작용한 것이고, 그건 지역 차별 문제와도 연결돼 있었다. 그리고 1960년대에는 비료, 농약 같은 게 귀했고 양수기도 아주 적었는데, 이런 것들도 대개 경상도 지역에 먼저 분배됐다고 신문에 나오고 그랬다.

유신 체제는 광범위한 지지 기반을 가지고 있지 않아서 자연히 특정 지역 지지에 크게 의존했다. 그러다보니까 지역 차별, 지역 갈등이 그 이전보다 훨씬 더 심각한 상태가 됐다. 경제나 건설 쪽뿐만 아니라 공직자 임명에서도 그런 문제가 드러났다. 특히 권력의 핵이라고 할 수 있는 군 요직, 검찰, 경찰, 그리고 힘 있는 경제 부처, 이런 쪽은 모두 특정 지역에서 좌지우지했다.

전에 얘기한 12·12선거에 대한 청와대 보고서를 보면 "부처 내 인사에 있어 지연 등이 지나치게 작용되어 예를 들면 경상도 출신이 아니면 기용될 수 없다는 말이 나오는 등 편파적인 인사에 사기가 저상沮喪되어 있다"고 나와 있다. 다른 데도 아니고 청와대 비서실에서 작성한 보고서에 이 내용이 나온다. 이런 실정이었다.

"국민은 무조건 따라오기 마련"
불통은 이미 유신 시대에 잔뜩 나타났다

— 편파적인 인사 이외에 다른 문제점도 관료 사회에 있지 않았나.

관료 사회가 경직돼 있었던 것도 중요하게 지적될 수 있다. 박정희는 한 사람의 지도자가 지시하고 호령하고 나머지는 모두 거기에 기계처럼 복종하면 능률이 최대로 높아질 거라고 판단했던 것 같다. 그러나 그건 관료주의, 무사안일주의, 명령이 떨어지기만 기다릴 뿐 솔선해서 일하지 않는 풍토를 키웠다. 공화당 의원들조차 '전부 대통령이 하지 않나. 우리는 따라가기만 하면 된다'는 생각을 갖게 했다. 자기 쇄신을 하지 않았다. 이러니 국민들한테 외면당할 수밖에 없었다.

유신 치하에서는 성취형 관료가 나타나기가 어려웠다. 그와 반대로 수치상 성과를 올리는 데 급급해 허위 보고가 나오기 마련이었다. 특히 농업 통계 같은 것에서 그런 문제가 심했다. 지방 관리들, 그러니까 군, 면의 관리들이 위에 보고할 때 그전보다 생산량이 줄었다는 보고를 하기가 굉장히 어려운 상황이었다. 그리고 그때는 예상 수확량을 보고하게 했는데, 어림짐작으로 하는 경우가 적지 않았다. 얼마나 생산될지 어느 누가 미리, 그것도 정확히 알 수 있었겠나.

그런 식으로 수치상 성과를 올리는 데 급급한 허위 보고가 이뤄졌기 때문에 유신 말기 경제 통계를 믿을 수 없다는 얘기가 경제 관료한테서도, 여권에서도 나왔다. 청와대 새마을 담당 특보, 농촌 담당 특보인 박진환 같은 사람도 그렇게 얘기하지 않았나.

막히고 경직되고 무사안일주의를 추구하는 이런 사회에서는 역동성을 찾아보기가 어렵다. 독재자가 창의성을 원하지 않는 면도 있지만, 창의성이 나타나기가 굉장히 어렵다. 정상적이라면, 시민 사회의 견제라든가 경쟁 관계에 있는 여러 조직이 있어야 하고 정치 세력의 비판도 따라야 하는 것 아닌가. 비판을 싫어하는 권력은 고인 물과 똑같다. 썩기 마련이고 전횡이 나타나기 쉽다. 장기 독재의 결과로 관료 사회가 얼마나 경직됐는가, 그런 현상이 나타나면서 국민의 지지를 받지 못했는가는 아까 이야기한 12·12선거에 대한 청와대 보고서에 잘 나와 있다.

── 그 부분에 대해 어떤 지적이 담겨 있나.

보고서를 보면 "국민은 무조건 따라오기 마련이라는 행정부의 일방적이고 관료적인 풍조가 조성돼 있다", 이렇게 나와 있다. 공화당도 불평했는데, "국민을 의식하지 않고 성과 위주로 밀고 나가려는 행정부 측의 독주적 경향 때문에 금번 선거에서 많은 손실을 봤다"는 불만이 나왔다는 것이다.

목표를 달성하기 위해서는 국민의 희생쯤은 감수해도 무방하다는 자만심이 부지불식간에 공무원 사회에 쌓였다는 지적도 나온다. 예컨대 도시 계획 같은 걸 빈번하게 변경해도 괜찮다는 생각을 갖게 됐다, 이 말이다. 또 시책을 졸속 추진해 많은 시행착오를 저질러도 국민한테 미안하다는 사과 한마디 없는 게 예사가 됐다고 이 보고서는 지적했다. '돈만 안 받으면 누가 뭐라고 할 거냐'고 하면서 일종의 무사안일 풍조가 공무원들 사이에 싹터 공무원들이 대민 봉사에서 불친절하고 업무 추진에 소극적인 자세로 임하고 있다는 말도 들어 있다.

일부 각료, 장관의 경우 "엘리트 의식"이 지나치게 강해서 국민을 전혀 의식하지 않는다는 말도 담겨 있다. 보고서에는 "엘리트 의식"이라고 표현돼 있지만, 이건 권위주의 또는 권위 의식이라고 하는 게 더 정확할 것이다. 상황이 이러했기 때문에 정부하고 그렇게 짝짜꿍이 잘되는 재계조차 "여론 소통이 안되어 답답하다"는 불평을 털어놓았다. "정부 시책에 적극 호응해온 경제계에서조차 금번 총선을 전후하여 여론 소통이 안되어 답답하다는 불평", 보고서에는 이렇게 적혀 있다. 유신 사회는, 특히 말기는 불통 사회였다.

이러면서 창조 능력이 극도로 배제된 사회가 돼버렸는데, 이한빈은 1970년대 대학에 창조적인 지도자가 들어갈 수 없었다는 얘기를 했다. 총장이 학생들과 교수들의 존경을 받는 것을 박정희 유신 정권은 몹시 경계했다는 것이다. 그래서 총장을 의사나 이공계 인사로 임명하는 것이 통례였다. 아울러 졸업한 학생들을 학교에 정보원으로 심기도 했다. 학교에서 인기 있는 사람이 누구인지를 조사하지 않았겠나. 이한빈 이 사람은 박정희 집권기에 대학 총장도 했는데, 자기가 그런 일을 겪은 게 아닌가 싶다.

— 안타깝게도, 유신 말기 보고서의 내용 중 상당 부분이 수십 년 전 문제만은 아니라는 생각이 든다. 보고서 내용을 보며 박근혜 정부를 떠올리는 독자들도 적지 않을 것 같다. 다시 돌아오면, 최고 권력자의 사생활 측면에서도 유신 정권은 다른 나라의 독재 정권들과는 차이가 나지 않았나.

과다한 폭음, 지나친 여자관계도 스페인의 프랑코나 대만의 장개석한테서는 찾아볼 수 없었다. 내가 전에 프랑코 딸을 만난 얘기를 한 적이 있는데, 가족 관계에 대한 통제력 문제에서도 이 사람들은 박정희와 달랐다.

박정희는 폭음으로 주위 사람들한테 엎여 다니기도 했고 실수, 실언도 적지 않았지만, 두 사람은 그런 일이 없었다. 여자관계 부분을 조금 더 이야기하면, 프랑코는 근엄하기 짝이 없던 자였으니까 말할 것도 없지만 장개석도 박정희와 달랐다. 물론 장개석도 장경국(장징궈)의 어머니인 본처를 버렸다고 해서 욕을 먹긴 했다. 젊었을 때, 그러니까 일본에서 군사 교육을 받고 돌아온 후 여자관계가 상당했다. 그렇지만 나중에는 다른 모습을 보였다. 특히 대만 총통 시절에는 여자관계가 나쁘다는 얘기를 듣지 않았다.

10·26 일어나자 아무도 유신 지지하지 않아
대한민국 대통령으로 부적합한 친일 경력

유신 체제 붕괴, 열다섯 번째 마당

김 덕 련 굴욕 외교라는 비판을 자초한 한일협정 문제에서 단적으로 드러난 것처럼, 일본 편향 문제도 많은 국민이 박정희를 곱게 볼 수 없게 만든 요소 아니었나.

서 중 석 심한 친일 정책, 이것도 박정희가 국민들의 지지를 받는 데 문제로 작용했다. 사실 박정희는 대한민국 국가 지도자로 적합하지 않은 과거를 가졌다. 박정희 집권 시기 최대의 금기가 그의 만주군관학교, 만주군 시절을 언급하는 것이었다. 한국인 거의 대부분이 그의 집권 기간에는 만주군관학교, 만주군 시절의 창씨 명을 몰랐다. 알 수가 없었다.

　박정희 정권은 국민에게는 만주 시절의 '활동'을 얘기하는 것을 금기시했는데, 박정희는 쿠데타로 국가 권력을 장악한 후 '처음'으로 일본에 갔던 1961년 11월에 기시 노부스케 등 일제의 대륙 침략의 거물들을 만났고, 더 나아가 만주군관학교 시절 교장을 특별히 만났다. 이런 것이 정말 있을 수 있는 일인가. 하필이면 일본에 처음 가서 만난 사람들이 이런 사람들이냐, 이 말이다. 그리고 한일 회담 때 친일 정책을 노골화하고, 그것에 더해 밀실 야합까지 하지 않았나. 그래서 한일 회담이나 한일협정에 대한 반대 운동이 거세게 일어났다. 저자세 굴욕 외교라고 하면서 얼마나 강한 반대가 있었나. 또한 1970년대 반유신 운동에서 빠지지 않고 따라붙은 것이 대일 경제 예속이었다. 박정희 정권이 너무나 심하게 대일 경제 예속 정책을 쓰고 있고 이러다가는 우리 경제가 큰일 난다는 주장이었다.

"독립 운동 했다는 거 말짱 엉터리"
만주군 장교 출신 박정희, 독립 운동을 모욕하다

─── 지난번에 박정희와 장제스, 프랑코를 비교했는데 장제스도 박
정희처럼 친일 문제에서 자유롭지 않지 않았나.

장개석에 대해 '친일적이지 않았느냐', 이런 얘기를 할 수도 있
다. 장개석은 1906년 보정保定(바오딩)군관학교에 들어갔는데, 1907
년에는 일본에 유학해 일본 육사를 다니고 1911년까지 일본에서 군
생활도 하고 그랬다. 그래서 장개석도 일본군에 대한 향수가 있었
다. 1931년 만주사변이 일어났을 때 장개석이 거국적인 항일 투쟁
을 벌이지 않고 만주를 송두리째 넘겨준 것도 그러한 친일 의식과
관계가 있는 것 아니냐는 비판이 당시에 나왔다.

대륙에서 쫓겨나 대만 총통으로 있을 때에도 일본과 유화 정
책을 폈다. 그렇지만 그건 많은 사람에게 '미국의 동아시아 정책과
연결해 대만을 지키기 위한 선택이다', 이런 생각을 갖게 했지 박정
희처럼 그렇게 심한 친일 정책이라는 얘기를 듣지는 않았다. 또 나
중에는 야당인 민진당이 더 친일적이기 때문에도 '장개석의 친일이
문제다', 이런 얘기는 듣지 않았다.

─── 일제 때 박정희는 만주군관학교에 들어가기 위해 혈서까지 쓰
는 등 일본에 충성을 맹세했다. 그렇지만 해방 후 박정희가 그
러한 행위들을 반성한 흔적 같은 건 찾아볼 수 없다. 오히려 독
립 운동을 무시하고 비하하는 모습까지 보이지 않았나.

이병주 글에 나오듯이 1961년 5·16쿠데타를 일으키기 전 박정희는 일제의 군국 문화와 국수주의를 옹호하면서 독립 운동에 대해서도 정말 이해하기 어려운 태도를 취했다. "똑바로 말해 그 사람들 독립 운동 때문에 우리가 독립된 거요? 독립 운동 했다는 거 말짱 엉터리요, 엉터리. …… 해방 직후 우후죽순처럼 정당이 생겨갖고 나라 망신시킨 자들이 누군데. 독립 운동 했습네 하고 나선 자들이 아닌가. …… 독립 운동을 합네 하고 모두들 당파 싸움만 하고 있었던 거여. 그 습성이 해방 직후의 혼란으로 이어진 기라 말이다. 그런데도 민족의 체면을 유지했다고?" 이런 식의 발언에서도 독립 운동에 대한 태도를 볼 수 있다.

다만 대통령이 된 후에는 독립 운동에 대해 그런 얘기를 더 이상 공개 석상에서 하지 않았다. 최고 권력자로서 독립 운동에 대해 그런 얘기를 해서는 안 되기 때문에 안 한 것 아니겠는가. 그렇지만 이 사람은 일본 국수주의, 식민 사관 같은 것에 대단히 강하게 젖어 있었고, 만주군관학교, 일본 육사, 만주군 시기에 대한 긍지가 강했고 그만큼 향수도 컸다. 1945년 일제의 패망으로 그의 기대가 무너졌을 때 어떤 심정이었겠는가를 전에 내가 얘기한 바도 있지 않나.

그런 사람이 자주 의식, 자주성, 자주 정신 같은 걸 꾸짖듯이, 호령하듯이 1960년대건 유신 시대건 끊임없이 얘기했다. 그렇지만 당시 일제 잔재가 청산되지 않았고 사상적 혼란이 심해 전도된 사고를 가진 사람들이 적지 않았기 때문에도 '그게 제대로 된 자주 의식, 자주성, 자주 정신이냐?', 이런 비판을 충분히 하지 못했다.

일본 군인 정신에 투철했다는 얘기를 듣는 박정희는 군국주의 청년 장교들의 반서구주의, 반의회주의, 반자유주의, 반개성주의와 연결된 국수주의로서 자주, 자주 의식을 대단히 강조했다. 이 사람은 일본 노래도 좋아했고 일본 검도에 대해서도 자긍심이 있었다. 5·16쿠데타 이전 이병주와 술 마실 때에는 정종을 즐겨 마셨는데, 당시 정종은 일본에서 들여오는 데 문제가 있을 수 있었다.

── 어떤 노래나 술을 좋아하는지는 개인 취향 문제라고 볼 수도 있지 않나.

그런 건 개인적인 기호라고 얘기할 수도 있기는 하다. 이후락이 주일 대사를 할 때 박정희가 좋아하는 음식을 비행기로 보내줬다는 것까지 포함해서 그렇게 볼 수도 있다. 그렇지만 그런 식으로 보기 어려운 것도 적지 않다.

김진 기자 책을 보면, 어느 날 박정희의 부름을 받고 강창성 전 보안사령관이 청와대 집무실에 가봤더니 박정희가 일본군 장교 복장을 하고 있었다고 한다. 가죽 장화에 점퍼 차림으로 말채찍을 들고 있었다는 것이다. 전형적인 일본군 장교 복장이지 않나. "박 대통령은 가끔 이런 옷차림을 즐기곤 했지요. 만군 장교 시절이 생각났던 모양이에요. 다카키 마사오 소위로 정일권 중위 등과 함께 말 달리던 시절로 돌아가는 거죠. 그럴 때 보면 항상 기분이 좋은 것 같았어요." 이렇게 회고하는 걸 볼 수 있다.

── 박정희는 일본 무사를 떠올리게 하는 모습을 여러 차례 보였다고 지적하는 이들도 있지 않나.

박정희는 사무라이 영화에 대한 애착이 아주 강했다고 한다. 볼 만한 영화를 선정해 외교 행낭 편으로 필름을 청와대에 보내는 것이 해외 주재 중앙정보부 요원들의 중요한 임무에 속했다. 한 중앙정보부 간부는 "사무라이 영화나 메이지 유신 전후를 소재로 한 영화, TV 드라마는 거의 다 사 모아 고국에 보냈다"고 말했다. 박정희는 유교식의 가부장적 통치관과 함께, 충효 사상을 강조한 것도 이런 것과 관련이 있을 터인데, 사무라이적 사생관의 영향을 받았다고 보는 시각이 많다. 이러한 박정희의 성향, 지나친 친일 정책 같은 것과 관련해 박정희가 한국의 국가 지도자로 적합한가 하는 의문이 언제든 제기될 수 있었다.

박정희가 총애한 전두환조차
유신 말기 박정희 모습을 두둔하지 않았다

— 그동안 몇 차례에 걸쳐 되짚어본 여러 요인이 작용해 유신 독재는 무너졌다. 유신 체제가 천년만년 갈 수 있으리라는 망상이 7년 만에 깨졌다는 건 여러 가지를 생각하게 만든다.

전체적으로 볼 때 유신 체제를 끝까지 지켜줄 세력을 어디에서도 찾기가 어려웠다. 경상도 지역이 보루였다고 많이들 얘기하지만, 부마항쟁이 경상도 일각에서 일어난 것을 보더라도 경상도에서도 한 지역 중심으로만 박정희를 굳게 지켜준 것 아니냐는 생각을 갖게 한다. 제대로 된 2인자나 측근도 없었기 때문에 말년에는 차지철을 빼고는 바로 옆에서 정말 자기 몸처럼 알고 박정희를 지켜준 사람이 그리 많지 않았다. 총리 최규하나 국회의장 백두진도, 1978년까지 대법원장을 오랫동안 한 민복기 같은 사람도, 그리고 중앙정보부나 청와대 비서실도 정말 박정희를, 유신 체제를 끝까지 지키려 노력했겠느냐 하는 걸 생각해보면 대답하기가 쉽지 않을 것 같다. 특히 박정희가 지지하고 지원하며 일심동체가 되다시피 한 차지철의 전횡으로 그런 충성심은 점점 더 희박한 상태가 돼갔다.

또 하나의 보루인 군에서도 차지철의 오만 방자, 서열 무시, 지휘 계통 무시 같은 것들 때문에 거리를 두는 자들이 많아졌다. 박정희가 그렇게 키워주고 있었던 군내 사조직, 대통령이 그런 걸 키워준다는 건 용납할 수 없는 일인데, 그런 사조직인 하나회에서도 나중에 집권했을 때 박정희 정권과 거리를 두려고 했다. 전두환을 포함해서 그랬다.

지금까지 내가 쭉 말한 것들을 보면 박정희 유신 정권이 그렇게 강고해 보였지만 7년 만에 망한 건 당연하다고 생각할 수 있다. 심지어 박정희로부터 가장 신임을 많이 받은 자 중 한 명으로 얘기되는, 그래서 군 요직을 골고루 거쳤던 전두환조차 유신 말기의 박정희를 두둔하거나 찬양하는 언사를 하지 않았다. 냉소적인 태도를 취하거나 잘못돼도 크게 잘못됐다는 얘기를 했다. 차지철과 박정희의 관계에 대한 언급에서도 그렇고, 부마항쟁 때에도 계엄을 선포해도 제어가 안됐고 경찰이 데모 진압을 하려고 하지 않는 등 장기 집권, 부정부패 때문에 군부가 흔들려 김재규가 거사한 것이라고 주장한 데서도 그런 것을 엿볼 수 있다. 다만 계엄을 선포해도 제어가 안됐다고 한 건 당시 부마항쟁의 앞뒤 상황을 잘 모르고 한 소리로 보인다.

전두환에게 유신 체제 붕괴는 변괴가 아니었고 당연한 현상이었다. 권력의 핵심에서도 속으로는 그렇게 생각한 사람이 많았다. 겉으로는 '박 대통령을 쏜 건 정말 잘못이다', 이렇게 말해야 했지

1978년 1월 16일 박정희가 전두환 육군 제1사단장과 악수를 하고 있다. '박정희의 양아들'이라는 얘기까지 듣던 전두환도 유신 체제가 망하는 건 당연하다고 생각했다. 사진 출처: 국가기록원

만. "비서실 내부도 엉망이고 우군 싸움이 김일성이와의 싸움보다 더 심했어. 망하려니 그런가 봐"라고 하면서 "박 대통령이 돌아갔다는 걸 알게 된 순간 결국은 이렇게 오는구나 하고 생각했어", 이렇게 《전두환 육성 증언》에 나와 있지 않나. 전두환이 유신 말기 박정희를 오죽 부정적으로 봤으면 그랬겠나. 유신 체제가 망하는 건 당연하다고 유신 잔당 전두환조차 얘기하는 판이었으니 다른 사람들은 어땠겠나.

—— 세간에서 '박정희의 양아들'이라는 얘기까지 듣던 전두환의 그런 평가는 여러모로 인상적이다.

10·26 후 유신 체제를 지지하는 사람을 찾기가 굉장히 어려웠다. 군 상층부 분위기가 어떠했는지 정승화가 쓴 글에서 엿볼 수 있다. 1979년 11월 24일 육본 회의실에서 육군 전체의 사단장 이상 지휘관 회의가 열렸는데 회의가 끝난 후 몇몇 지휘관이 질문했다. "우리는 장병들에게 지금까지 유신 헌법의 장점과 그 당위성을 교육하고 그 법을 잘 지켜야 한다고 해왔습니다. 그 헌법이 적절치 못하니 개헌해야 한다는 정부 방침을 어떻게 장병들에게 교육해야 합니까?" 그때 정승화는 자신이 이렇게 말했다고 썼다. "유신 헌법은 제정 당시에는 타당성이 있었으나 점차 문제점이 노출되어 가던 중 박정희 대통령의 서거로 그 존립 근거가 없어졌소."

11월 10일 드디어 대통령 권한 대행 최규하가 10·26 이후 최초로 중요한 정치 일정에 대해 발표했다. 현행 헌법, 즉 유신 헌법에 규정된 시일 내에 헌법이 정하는 절차에 따라 대통령을 뽑고 그 대통령에게 정부를 이양하겠다는 것이었다. 그러면 자기가 대통령이 되는 것이었는데, 이건 권력 핵심들이 그렇게 합의한 것이다. 그러면서 최규하는 새 대통령이 전임 대통령의 남은 임기를 채우지 않고, 빠른 시간 내에 헌법을 개정해 그 새로운 헌법에 의해 선거를 실시한다는 정치 발전 일정을 제시했다. 이건 최규하 개인 의견이 아니었다. 군부를 중심으로 한 당시 권력 핵심들이 '이 길밖에 없다. 유신 체제는 더 이상 안 된다'는 것을 분명히 한 것이다.

박정희 국장 이틀 후인 1979년 11월 5일 국회는 본회의를 열고 의원직 사퇴서, 그러니까 김영삼 제명에 반발해 야당 의원들이 냈

1979년 11월 22일 최규하 대통령 권한 대행(중앙)이 김영삼 신민당 총재를 만났다. 공화당이건 야당이건 모두 1972년 유신 쿠데타 이전의 헌법으로 돌아가는 데 의견을 같이했다. 사진 출처: e영상역사관

던 그것을 일괄 반려하기로 결의했다. 속개된 11월 15일 본회의에서는 아까 얘기한 정치 일정 관련 내용이 포함된 최규하 대통령 권한 대행의 시정연설을 들었다. 그리고 12월 3일 백두진이 국회의장직 사퇴서를 제출했다. 그에 앞서 11월 26일에는 국회에서 만장일치로 헌법개정심의특별위원회 구성안이 가결됐는데 김종필의 공화당이건, 김영삼과 김대중의 야당이건 모두 1972년 유신 쿠데타 이전의 헌법으로 돌아가는 데 의견을 같이했다.

그렇지만 서울의 봄은
그야말로 살얼음판이었다

— 김영삼 제명안을 날치기 처리하는 과정에서도 박정희·차지철 친위대다운 면모를 유감없이 드러낸 백두진이 물러나는 건 당연한 수순이었다는 생각이 든다. 그런데 백두진 외에도 유신 체제에 빌붙어 잇속을 챙긴 이들은 많았다. 그 사람들은 어떤 모습을 보였나.

유정회건 공화당이건 지도적인 위치에 있었던, 간부직을 맡았던 자들도 유신 체제에 대해 비판적인 발언을 하고 있었다. 심지어 유정회 의장이었던 태완선은 박정희한테 강제 징집을 당했다는 식으로까지 얘기했다. 유신 헌법을 만드는 과정에서 이론적인 지주로 알려져 있는, 그래서 비난을 받았던 유정회 의원 한태연도 "헌법의 이론과 실제의 차이를 절감했다"고 얘기했다. 대개 이런 태도를 보였다. 그때 내가 만난 아주 극우적인 사람들도 "이제 민주화는 대세가 아니냐", 이렇게 얘기하고 있었다.

그렇지만 서울의 봄은 그야말로 살얼음판이었다. 5·16쿠데타를 일으킨 박정희나 김종필 못지않게 권력 지향적인 군인들이 이미 5·16쿠데타 직후부터 정치 문제에 관심을 강하게 보이고 있었다. 이자들은 하나회를 만들게 된다. 앞에서 말한 것처럼 유신 체제 말기에 대해 전두환은 비판적이었지만, 박정희가 만들어놓은 유신 체제는 전두환·신군부가 권력을 계승하고 유지하는 데 너무나도 좋은 모범 답안이 될 수 있었다.

이들이 정권을 잡는 데에는 심각한 경제 불황도 약간은 작용을 했다. 한국인들이 민주주의를 충분히 익힐 수 있는 기회나 여건을 많이 갖지 못했고 그런 속에서 군국주의 파시즘에 젖어 있는 자 또는 '한국 민족성이 나쁘다. 강권 독재 정치가 필요하다'고 얘기하면서 '언제부터 우리나라가 민주주의를 했느냐', 이런 사람들이 상당수 있었던 것도 얼마간 영향을 끼쳤다.

하나회를 중심으로 정치 군부가 쿠데타에 성공하자 유신 체제에 봉사했던 자들, 극우 정객이건 언론인이건 지식인이건 그자들은 10·26 후 민주화로 가는 것이 대세라고 하더니만 다시 그 대열에 들어갔다. 유신 잔당이 유신 체제를 약간 변형한 새로운 권력 체제에 줄지어 들어간 것이다.

나가는 말

　　독재자 박정희의 말로는 처참했습니다. 총으로 권력을 움켜쥔 박정희는 5·16쿠데타를 일으킨 지 18년 만에 부하의 총에 맞아 권력을 놓아야 했습니다. 민주주의를 요구하는 국민들을 향해 자신이 직접 발포 명령을 내리겠다는 무시무시한 발언을 서슴지 않던 독재자는 1979년 10월 26일 그렇게 생을 마감했습니다.

　　10·26은 박정희가 자초한 사건입니다. 그전부터 이미 균열을 넘어 붕괴 징후를 보이던(YH사건과 부마항쟁에서 이 점은 단적으로 드러납니다) 유신 독재는 10·26으로 막을 내리게 됩니다. 10·26이 한국 현대사에서 차지하는 비중이 결코 작지 않은 이유입니다.

　　그러나 10·26이라는 형태로 유신 독재의 막을 내린 것이 역사에 상당한 제약 요인으로 작용한 것 또한 사실입니다. 박정희가 키워준 전두환 일당이 1980년 5월 광주를 피로 물들이며 또다시 독재 정권을 만들어낼 수 있었던 것도 이 점과 무관치 않습니다. 박정희 없는 박정희 체제가 오랫동안 이어진 것 역시 마찬가지입니다.

　　《서중석의 현대사 이야기》14~15권에서는 그러한 유신 붕괴 과정을 집중 조명했습니다. 유신 독재가 어떻게 무너져갔는지, 10·26 형태로 붕괴한 것이 그 후 어떤 영향을 끼쳤는지 등을 제대로 파악하는 것은 한국 민주주의를 진전시키기 위해 필요한 작업이기도 합니다. 14~15권은 '서중석의 현대사 이야기' 연재 가운데 2016년 '유신

체제', '유신의 몰락'이라는 주제로 프레시안에 실린 것들 중 일부의
내용을 더 충실히 하고 새롭게 구성한 결과물입니다.

18년에 걸친 박정희 집권기에 대한 탐구는 이번 15권을 끝으로
마무리합니다. 다음부터는 유신 몰락 이후 한국 현대사의 흐름을 짚
을 예정입니다.

2018년 10월
김덕련

서중석의 현대사 이야기 ⑮

초판 1쇄 펴낸날 2018년 11월 1일

지은이   서중석 김덕련
펴낸이   박재영
편집   임세현
디자인   당나귀점프
제작   제이오

펴낸곳   도서출판 오월의봄
주소   경기 파주시 회동길 363-15 201호
등록   제406-2010-000111호
전화   070-7704-2131
팩스   0505-300-0518

이메일   maybook05@naver.com
트위터   @oohbom
블로그   blog.naver.com/maybook05
페이스북   facebook.com/maybook05

ISBN   979-11-87373-67-4 04900
            978-89-97889-56-3 (세트)

이 도서의 국립중앙도서관 출판시도서목록(CIP)은 e-CIP홈페이지(http://nl.go.kr/ecip)와
국가자료공동목록시스템(http://www.nl.go.kr/kolisnet)에서 이용하실 수 있습니다.
(CIP 제어번호 : CIP2018033705)

• 책값은 뒤표지에 있습니다. 잘못된 책은 바꾸어 드립니다.

이 책에 실린 사진은 저작권을 가지고 있는 분들과 기관의 허락을 받아 게재했습니다.
저작권자를 찾지 못하여 게재 허가를 받지 못한 일부 사진은 저작권자가 확인되는 대로
게재 허락을 받고 통산 기준에 따라 사용료를 지불하겠습니다.